성낙인의 법과사회 칼럼집

국민을 위한 사법개혁과 법학교육

서문

저자가 오랜 기간에 걸쳐서 발표한 칼럼 중에서 법원, 헌법재판소, 검찰, 경찰, 법학교육, 법교육, 법률구조 등에 관련된 칼럼을 모아서 '국민을 위한 사법개혁과 법학교육'이라는 제목으로 이 책을 상재한다.

법조계와 관련된 일련의 개혁작업은 사법개혁이라는 이름 아래 새 정부가 들어설 때마다 다양한 논의가 전개되어 왔다. 하지만 아직도 국민의 눈에 비친 사법은 국민을 위한 사법서비스와는 거리가 멀다는 게 일반적인 인식이다. 그만큼 우리 사법제도가 아직까지 국민 곁에 가까이 다가서지 못하고 있음을 반증한다. 저자는 그 동안 사법관련 작업에 직접 또는 간접적으로 동참하면서 사법개혁의 시동을 걸어보려 했지만 사법개혁의 완결판은 요원한 상태다. 하지만 이 과정에서 저자는 헌법학자로서 상아탑의 이론에만 머물지 아니하고 현실제도의 운용에 직접 참여함으로써 공리공론에서 벗어나려는 노력을 게을리 하지 않았다.

대법원을 비롯한 법원과 관련된 사법개혁의 작동과정에서는 대법원 최초의 외부 법관인사위원회 위원, 대법관후보추천위원회 위원, 사법연수원 운영위원으로 참여하면서 사법현실을 인식할 수 있는 계기를 마련할 수 있었다. 하지만 이들 위원회가 작동하는 과정에서 아직도 국민의 법감정과 부합하지 못한 일들이 일어나고 있다는 점에서 안타까움을 저버릴 수 없었다.

헌법재판소에서는 자문위원, 헌법재판소법개정자문위원회 위원장, 헌법재판소제도개선위원회 위원장, 헌법실무연구회 부회장, 도서 · 판례심의위원회 위원으로 참여하면서 헌법재판소의 앞날을 고민해 보았다.

법무부와 검찰의 개혁과정에서는 법무부 법교육연구위원회 위원장, 법교육위원회 위원장, 수사공보제도개선위원회 위원장, 사법시험관리위원회 위원, 헌법연구자문위원으로 참여하였다. 대검찰청에서는 인권존중과수사관행제도개선위원회 위원장, 진상규명위원회 위원장으로 활동한 바 있다. '검찰이 바로서야 나라가 바로선다'는 명제는 아직까지 연구과제로 남아 있다. 최근에는 경찰위원회 위원장으로서 경찰의 발전방향을 구현하기 위해 노력하고 있다. 검찰과 경찰의 갈등도 국민의 시각에서 접근하지 못한 한계를 드러내고 있다. 특히 법무부에서 법교육업무를 처음부터 기획하는 과정에서 참여할 수 있었던 것은 저자로서 매우 보람 있는 일이라 아니할 수 없다.

법학교육은 30년 넘게 저자가 평생을 바쳐온 본직이다. 그 사이 법학교육은 천지개벽할 정도의 변화를 맞이하고 있다. 오랜 기간에 걸쳐서 논의되어오던 소위 한국형 로스쿨이라 할 수 있는 법학전문대학원제도가 2007년에 입법화되어 2009년부터 신입생을 받아들이면서 전국의 25개 로스쿨에서는 전통적인 학부 법과대학이 폐지되기에 이르렀다. 하지만 아직도 넘어야 할 산이 태산 같은데 정작 그에 대한 보다 진솔한 논의는 잠복해 있는 상황이다.

저자는 그 동안 다양한 매체를 통하여 사법개혁과 법학교육의 방향과 과제를 제시하려고 노력하여 왔다. 이를테면 2002년 대통령선거에 즈음하여 동아일보에서 설치한 내셔날아젠다위원회 총괄위원장으로서 특히 정치개혁과 사법개혁을 집필하기도 했다. 2007년부터 2008년부터는 동아일보에 격주로 '성낙인의법과사회'라는 기명칼럼을 발표하면서도 사법개혁에 관한 논의를 소홀히 하지 않았다. 2009년부터 현재에 이르기까지 매일경제신문의 객원논설위원으로서 인사이드 칼럼을 집필해 왔다. 그 밖에도 조선일보, 중앙일보, 한겨레신문, 문화일보, 세계일보, 서울신문, 국민일보, 한국경제신문 등에서 고정 칼럼 또는 시론을 집필하였다. 또한 시사 월간지나 주간지뿐 아니라 대학언론, 이를테면 서울대 대학신문, 이대학보 등 여러 대학신문에도 저자의 소론을 펼칠 수 있는 기회를 가졌다. 특히 법률저널에서는 지난 2009년 이래 매달 첫 주에 성낙인 칼럼을 게재해 왔다. 이들 칼럼들을 모아서 이제 '국민을 위한 사법개혁과 법학교육'이라는 칼럼집을 출간하게 되었다. 하지만 시간적 거리가 너무 많기 때문에 가급적 2000년대 이후에 발표한 칼럼에 한정하여 출간하였다.

이번 칼럼집에서는 비록 시간 차이가 있음에도 불구하고 기존의 시대상을 정확하게 이해할 수 있는 계기도 마련하고 앞날을 내다본다는 의미에서 가급적 칼럼 원래 내용을 100% 그대로 유지하였다. 다만 독자들의

서문

이해의 편의를 위해서 칼럼의 게재 매체와 일자를 기재하였고, 미발표 칼럼의 경우에도 작성일자를 명기해 두었다. 일부 내용은 칼럼이 아니지만 독자들이 알아두면 좋을 것 같은 내용을 주로 성낙인 저 헌법학(제14판, 법문사, 2014)에서 발췌한 내용도 있음을 밝혀 둔다. 단순한 칼럼 차원이 아니라 헌법과 사법제도의 이해를 위해서는 성낙인 저 만화판례헌법 (1)(헌법과정치제도, 법률저널, 2012), 만화판례헌법 (2)(헌법과기본권, 법률저널, 2013)을 참조하면 좋을 것이고, 특히 헌법학입문(제3판, 법문사, 2013)은 사법제도와 헌법을 이해하는데 소중한 양식이 되리라 믿는다.

여러 가지로 부족한 내용과 어려운 출판여건에도 불구하고 흔쾌히 출간에 응해주신 법률저널의 공병익 발행인님과 이상연 편집국장님을 비롯한 관계자 여러분에게 감사드린다. 졸저를 통해서 우리나라 사법제도와 법학교육의 발전에 조금이라도 기여할 수 있었으면 하는 간절한 바람으로 이 책을 펴낸다.

2014. 2. 15. 음력 정월 대보름날에
관악산 기슭 연구실에서 성낙인 씀

contents

제1장 법원, 국민을 위한 사법으로 거듭 태어나야

contents

제2장 헌법재판소, 존재이유에 충실해야

제3장 검찰과 경찰, 국민의 눈높이에 맞춰야

제4장 법학교육의 새 지평

제5장 법률가의 도전과 응전

contents

제6장 한국적 법률문화의 창달

제7장 시민과 함께 하는 법교육과 법률구조

제8장 에필로그

제1장

법원, 국민을 위한
사법으로 거듭 태어나야

사법개혁, 동아 내셔널 어젠다委 제안 13

부정부패를 척결하고 국가 기강을 세우기 위해서는 사정司正의 중심 축인 검찰권의 공평무사한 행사가 필수적이다. '검찰이 바로 서야 나라가 바로 선다'는 말은 그래서 나온 것이다. 하지만 우리 검찰은 아직 바로 서 있지 못하다. 민주화에도 불구하고 검찰과 권력의 유착으로 인해 검찰의 정치 중립이 훼손되고, 검찰은 정치 바람에 휩쓸리고 있다.

그동안 '검찰 바로 서기'를 위한 노력이 없었던 것은 아니다. 검찰의 정치 중립을 담보하기 위해 검찰총장 임기제를 도입하고, 총장 퇴임 후 공직 취임을 제한하기도 했다. 이는 검찰총장이 임기 동안 정치권의 눈치를 보지 말고 소신껏 일하라는 주문이었다.

그러나 퇴임 후 공직 취임 제한은 헌법재판소의 위헌결정으로 없었던 일이 됐다. 총장 임기제는 남았지만 김대중金大中 정부 5년 동안 5명의 검찰총장이 나왔다는 사실이 보여주듯, 이마저도 유명무실해져 버린 것이 우리의 현실이다.

노무현盧武鉉 대통령당선자는 검찰총장을 비롯한 소위 '권력 빅4'에 대해 인사청문회를 실시한다고 했다. 당연히 인사청문회를 통해 검찰총장의 자질을 철저히 검증해야 한다. 그러나 일단 임명된 다음에는 소신껏 검찰권을 행사할 수 있는 풍토가 자리잡아야 한다.

이를 위해서는 첫째, 검찰총장이 임기 동안 검찰을 실질적으로 이끌 수 있도록 해줘야 한다. 현재 검찰 인사는 법무부 검찰국의 소관이다. 검찰 인사권이 법무부장관, 궁극적으로는 장관의 임명권자인 대통령에게 있다는 얘기다.

검찰총장은 검찰인사에서 일정한 거리에 떨어져 있다. 인사권과 예산권을 확보하지 못하고 있는 검찰총장에게 검찰을 지키는 책임만 주문하는 것은 무리다. 검찰총장이 임기 동안 한눈팔지 않고 공정한 검찰권을 행사할 수 있기 위해서는 검찰총장에게 인사권과 예산권을 줘야 한다. 대신 검찰총장의 독단을 배제하기 위하여 검찰인사위원회를 의결기관화하는 등의 보완책은 필요하다. 검찰인사위원회에는 검찰 내부 인사뿐만 아니라 제3자적 위치에 있는 외부인사도 포함시켜 인사의 공정성을 검증 받아야 한다.

둘째, 법무부와 검찰의 역할과 기능을 재조정, 검찰의 독립성을 높여야 한다.

법무부는 법무심의 보호 교정 출입국관리 등 국가의 법무 관련 행정업무 수행을 전담하는 것이 좋다. 국가 사정체계는 검찰이 전담토록 해야 한다. 법무부에 소속돼 있는 수사검사는 원래 위치인 검찰로 돌아오고, 법무부는 순수한 의미의 법무행정을 담당하는 법률가 중심 조직으로 만들어야 한다.

셋째, 지나치게 비대해진 검찰 조직도 손질해야 한다. 특히 고등검찰청의 역할과 기능에 대해서 전면적인 재검토가 이루어져야 한다. 고등검찰청 검사직이 경쟁에서 밀려난 검사들의 안식처가 되도록 해서는 안 된다. 현재의 고등검찰청의 구성은 검찰조직 원래의 위계질서와 체계에 전혀 맞지 않는다. 고등검찰청 검사들이 실질적으로 수사권을 행사할 수 있는 새로운 틀이 필요한 때가 됐다. 그들이 검찰에서 쌓아 온 경륜을 일선에서 발휘할 수 있도록 해야 한다. 이렇게 국가 사정체계를 재편할 경우 자칫 '검찰 공화국'으로 전락할 우려도 배제할 수 없다. 바로 여기서 검찰에 대한 국민적 감시와 견제가 필요하게 된다.

최근 대통령직인수위원회도 이와 관련한 안을 내놓았지만 특별검사제도입, 고위공직자비리조사처 신설, 경찰의 수사권 독립 등이 검찰에 대한 견제 장치로 검토될 수 있을 것이다.

검찰의 정치적 중립과 수사의 공정성이 담보되지 않는 한 현재와 같은 1회적이고 한시적인 특별검사제의 운영은 불가피하다. 김대중 정부 하에서 몇 차례 실시된 특별검사제는 국민적 의혹을 해소하는 데 상당히 기여한 바 있다. 그러나 장기적인 관점에서 보면 특별검사제는 결코 국가조직의 정상적인 작동에 도움이 되지 않는다. 특검제라는 특별한 제도가 일반화하는 것은 바람직하지 않다.

고위공직자비리조사처 신설은 기존 검찰조직과는 예산 및 인사에서 독립된 별개의 특별검찰기구를 제도화하는 것이다. 옥상옥의 위험이 없는 바는 아니지만 공직부패를 척결하고자 하는 새 정부의 의지를 굳이 폄훼할 필요는 없다고 본다. 다만 고위공직자비리조사처가 기존 검찰조직을 흔드는 형태여서는 안 된다.

헌법상 보장된 검찰권이 훼손되지 않는 범위 내에서 경찰의 수사권 독립도 인정돼야 한다. 즉, '검사의 신청에 의하여 법관이 영장을 발부하는' 원칙은 지켜져야 하지만, 범죄 수사에 있어서 검찰과 경찰이 상하관계가 아니라 상호보완적인 관계로 자리잡도록 할 필요성이 상존한다.

▼법원도 인사제도 바꾸자 ▼대법원장은 대법관 이하 법관에 대한 인사권을

갖는 등 사법부를 실질적으로 좌우하지만 그의 제청권과 지명권 행사에는 아무런 통제장치가 없다. 국민적 대표성을 직접 확보하지 않은 대법원장이 16명에 달하는 장관급 사법부 최고위직(대법관 13명, 헌법재판소 재판관 3명)의 인선을 사실상 독점하는 것은 바람직하지 않다.

일반 법관의 임면도 마찬가지다. 법관 인사는 대법원에 설치된 법관인사위원회를 거치도록 돼 있지만, 법관인사위는 법원 내부기관이자 심의기관에 불과하다. 법관인사위에 법원 외부 인사도 참여토록 하고 이를 의결기관화함으로써 인사의 공정성을 높여야 한다.

사법연수원 수료 성적에 따라 초임부터 지방법원 부장판사 때까지 보직이 자동 결정되다시피하는 법관 인사의 서열주의도 극복돼야 한다.

지방법원 부장판사에서 고등법원 부장판사로의 승진 과정에서 일어나는 병목현상도 문제다. 이 과정에서는 대법원장의 선택에 의해 서열주의가 일시에 깨지면서 과반수의 지방법원부장판사가 승진 탈락과 더불어 사표를 낸다. 승진과 탈락을 대법원장이 독단으로 결정할 것이 아니라 법관들이 이를 객관적으로 수긍할 수 있도록 투명성이 보장돼야 한다.

재판에 대한 불신해소 방안도 마련되어야 한다. 대법원에서 지방법원에 이르기까지 잘못된 판결에 대한 검증과 문책이 있어야 한다. 이를 위해 헌법재판소에 법원의 재판에 대한 헌법소원심판권을 부여할 필요가 있다. 소송 남발의 폐해를 시정하기 위한 제도적 장치를 설정하면 가능한 일이다.

법원의 잘못된 재판은 판사의 업무량 과다에 주 원인이 있다. 특히 대법관의 업무량은 살인적이다. 일반 사건 재판은 대법원에 부를 설치해 대법관 1인이 재판장을 맡고, 배석판사를 부장판사로 보임하는 식으로 운영한다면 대법원에 대한 불신을 해소할 수 있을 것이다.

▼신체의 자유 보장 급선무▼지난해 서울지방검찰청 본청에서 형사 피의자가 검사 및 검찰 수사관의 고문으로 사망하는 충격적인 사건이 있었다.

우리 헌법은 피의자 및 피고인에 대한 무죄추정 원칙을 명시하고 있다. 모든 국민은 법원의 유죄 확정판결을 받기 이전에는 선량한 시민으로 대접받아야 한다.

인간에게 있어서 자유는 그 첫째가 목숨 그 자체이고, 그 다음이 신체의 안전이다.

그러나 지난 권위주의시대에는 신체의 자유가 제대로 확보되지 못했다. 권위주의 시대의 민주화운동은 일차적으로 신체의 자유를 지키기 위한 투쟁이었다고 해도 과언이 아니다.

신체의 자유 즉, 고문 금지와 인신 구속 및 체포 절차 등을 규정한 현행 헌법 12조가 우리 헌법에서 가장 긴 조문이 된 것은 그런 과거에 대한 반성이 녹아들어 있기 때문이다.

이 같은 헌법정신을 실천하기 위해서도 이제 불구속수사 관행을 정착시켜야 한다. 자신의 신체적 활동이 자유로운 상태에서만 인간은 자유의지에 따라 진술할 수 있다. 구속 상태에서 인간은 정상적으로 사고하고 발언하기 어렵다.

검찰은 오래 전부터 불구속 수사의 원칙을 강조하고 있지만, 현실은 이런 다짐과는 거리가 멀다. 언제까지 '수사인력 부족' 운운할 일도 아니다.

검찰의 영장청구시에 피의자가 법관 앞에서 자신의 입장을 밝히고 그에 대해 법관이 구속의 타당성 여부를 판단할 수 있는 영장실질심사제도가 모든 국민의 권리로 자리잡아야 한다. 이때 법관은 실질적으로 피의자의 신체 안전을 확보할 수 있도록 적극적으로 법을 해석 적용하는 자세가 필요하다.

불구속 재판이 일반화할 경우 죄 있는 자에게 반드시 벌이 돌아가는, 형사사법적 정의가 제대로 구현될 수 있느냐 하는 문제가 남는다. 결국 최종 부담은 법관에게 돌아갈 수밖에 없다는 얘기다. 유・무죄 판단에 있어 법관의 엄정한 법 적용이 요청된다.

동아일보 정치_2003. 1. 21.

사법개혁 건전한 상식에서 출발해야

촛불집회와 교수들의 시국선언에 관한 1심 재판부의 서로 다른 판결로 국민들은 어리둥절한 상태다. 법원에 대한 비판이 고조되면서 집권 여당인 한나라당이 먼저 사법개혁안을 제시한 가운데 새삼 사법개혁 논란이 뜨겁게 진행되고 있다. 법조계는 누가 뭐래도 우리나라에서 좋은 학교 나와서 어려운 시험에 합격한 우리 사회의 최고 엘리트 집단이다. 그런데 그들이 사회적 갈등을 스스로 해결하지 못하고 여론의 표적이 된다.

한나라당의 사법개혁안을 성안한 여상규 의원이나 국회사법개혁특위 위원장을 맡은 이주영 의원 모두 법관 출신이다. 그런데 한나라당 안에 대해 박일환 법원행정처장(대법관 겸임)이 다소 거친 어조로 사법권 독립을 침해하는 안이라는 비판을 제기했다. 이어 대법원이 자체 법원개혁안을 제시했다.

첫 번째, 논란의 핵심인 대법원의 과중한 업무부담을 줄이기 위해 대법관을 현재의 14인에서 24인으로 늘리자는 한나라당 안에 대해 대법원은 고등법원에 상고심사부를 설치하는 안을 제시했다. 작년에만 대법원에 제기된 상고사건이 3만 2000건에 달함에 따라 대법관의 업무 폭주를 어떠한 형태로든 완화해야 한다는 데에는 아무도 이의를 제기하지 않는다. 이에 과거에는 상고허가제를 실시하기도 했으나 국민의 최고법원인 대법원의 재판을 받을 권리를 침해할 우려가 있다는 비판에 따라 폐지되었다. 현재는 상고심리불속행上告審理不續行 제도라는 다소 낯선 제도가 시행되면서 연간 60% 이상의 상고사건이 기각되고 있지만 여전히 대법원의 과중한 업무부담을 해결하지 못하고 있다. 지난 20년간 상고사건이 4배나 늘어났기 때문에 대법관 수를 늘리자는 한나라당의 안도 일리가 있다. 하지만 대한변협의 주장대로 대법관 수를 파격적으로 50인으로 늘리지 않는 한 대법원의 사건부담을 해소하기는 어렵다. 이에 대법원 안은 고등법원에 상고심사부를 설치해 상고사건을 미리 통제하자는 것이다. 노무현 정부 시절 대법원의 사법개혁 안인 고등법원에 상고부를 설치하는 안보다는 다소 진전된 안이다. 하지만 헌법상 '법원은 최고법원인 대법원과 각급 법원으로 조직된다.'는 규정에 비추어 본다면 헌법에도 명시적인 규정이 없는 고등법원에서 최고법원의 재판을 받을 수 있는지를 결정하는 것은 바람직하지 않다.

대법원의 구성을 이원화하는 것도 한 방안이다. 즉 현재 대법관만으로 구성된 대법원의 각 부를 대법관이 재판장을 맡고 대법관이 아닌 대법원 소속의 판사가 배석법관을 하면 된다. 이렇게 되면 대법원 재판연구관 수를 줄이면서 대법관의 업무를 획기적으로 경감할 수 있다. 무엇보다도 유사한 사건에서 1심법원의 판결이 서로 상이한 형태로 나타나는 한 국민의 삼세판 인식은 불식되지 않을 것이다. 하급 법원의 강화가 필요한 이유가 여기에 있다.

두 번째, 법관인사위원회의 역할과 기능에 대해 한나라당은 법관 3명 외에 법무부, 변협, 법학계 관계자 각 1명씩 모두 6명으로 구성하는 안을 제시했다. 이에 대해 대법원은 전혀 언급도 하지 않음으로써 사실상 반대의사를 분명히 하고 있다. 지금도 법관 인사의 객관성을 담보하기 위해 법관인사위원회에 외부 인사가 참여한다. 하지만 실질적인 법관 인사는 대법원장이나 법원행정처에서 주도하고 있다.

로스쿨이 정착되면 변호사시험합격자가 바로 법관으로 임용돼서는 안 된다는 데 공감대가 형성되고 있다. 현재 사법연수원 졸업생이 바로 법관으로 임용되는 유럽식의 장점도 많지만 미국식 로스쿨을 도입한 이상 경력법관제는 불가피하다. 경력법관제를 시행하게 되면 법관은 검사 · 변호사 · 법학교수 중에서 충원된다. 그런 점에서 법관 지원자가 근무한 조직을 대표하는 직역의 대표가 추천한 인사가 참여하는 것은 당연하다. 법관인사위원회의 구성을 대법원장이 추천한 법관과 다른 직역에서 추천한 인사의 비율을 동률로 하면 별 무리가 없을 것이다. 법관 선발의 주체가 소수에 머무는 것도 새로운 문제의 씨앗을 뿌릴 수 있기 때문이다.

서울신문_2010. 4. 2.

사법개혁, 인식의 전환이 필요하다

작년에 최초의 여성 대법관인 김영란 판사가 퇴임하자 '변호사로 개업하면 몸값이 100억원쯤 되며, 열심히 하면 1년에 50억원도 벌 수 있다고 한다'는 주변 사람들의 말에 많은 이들이 눈살을 찌푸렸다. 하지만 김 판사는 변호사가 아니라 대학을 택했고, 얼마 후 국민권익위원장으로 다시 공직에 취임했다. 반면 그 무렵 정동기 감사원장 후보자는 대검 차장 퇴임 후 로펌에서 받은 월 1억원의 급여가 '국민정서법' 위반에 걸려 청문회에 서 보지도 못한 채 자진 사퇴했다.

1948년 정부 수립 이래 법조 인력 충원은 소수정예주의를 지속해 왔다. 1981년 이전에는 그해에 충원이 필요한 판 · 검사만 선발했다. 사법고시만 합격하면 100% 판 · 검사 임용이 보장됐다. 그 시절 변호사는 판 · 검사를 끝낸 이들이 하는 인생 2모작이었다. 아들처럼 젊은 판사가 진행하는 재판에 백발의 노 변호사가 고개 숙이고 법정에 입장하는 모습이 일상적이었다. 하지만 사법시험 합격자 수가 80년대에 300명 선에서 90년대에 500명을 넘어 2000년대에는 1000명으로 확대되었다. 한 해에 변호사가 1000명이나 배출되면서 몇 천 명에 불과하던 변호사 숫자가 1만명을 넘어섰다.

그 사이 법조계 풍속도도 많이 달라졌다. 대형 로펌들이 등장했고, 젊은 변호사들이 법정을 활보한다. 젊은 법조인 의식도 예전과는 사뭇 다르다. 하지만 엘리트주의에 안주하는 그들만의 리그라는 비판도 여전하다.

법률가에 대한 불신은 국민의 사법 참여로 이어진다. 87년 체제 탄생의 화두는 직선 쟁취였다. 주권자는 국정에 직접 참여하기를 원한다. 대통령과 국회는 선출된 권력기관이다. 그런데 사법부는 임명된 권력기관이다. 세상 사람들은 법률가란 공부 잘해서 좋은 대학을 나와 어려운 시험에 합격했다고 뽐내는 오만한 집단 정도로 치부한다. 참여민주주의가 활성화하면서 어떻게 사법이 작동하는지 알고 싶어한다. '국민의 형사재판 참여에 관한 법률'을 통해서 배심원으로 재판에 참여한다. '스폰서 검사' 파동에 휘말린 검찰도 '검찰시민위원회'를 통해 국민의 지혜를 구한다. 이제 사법도 국민 눈높이에 호응하는 근본적인 변화가 뒤따라야 한다.

국회 사법제도개혁특별위원회(사개특위)가 제시한 재판 지연 해소를 위한 대법관 증원, 대검의 중수부 폐지와 특별수사청 신설, 양형제도 혁신, 전관예우 제한은 나름 일리가 없지는 않다. 하지만 이는 역대 정부의 사법개혁 때마다 단골메뉴로 등장하는 진부한 소재다. 대법원의 재판 지연 해소를 위해 마련한 한글사전에도 없는 상고심리불속행上告審理不續行 제도는 전직 대법관의 이름 빌려주기 전관예우를 확대 재생산시킨다. 이런 와중에 대법관 증원, 상고허가제는 눈가림에 불과하다. 대검의 중수부 폐지가 권력형 비리나 재벌 비리를 척결하는 컨트롤타워 부재를 초래해서는 안 된다. 굳이 부패 척결을 위한 특별수사청을 설치하려면 판·검사뿐만 아니라 정치인·관료·경제사범에까지 확대돼야 한다.

내년이면 변호사 2500명이 배출된다. 변호사 업계에 지각변동이 예상된다. 엘리트 지상주의에 빠져서는 법조계 미래가 없다. 대중화한 법조인력에 대한 근본적인 대처가 필요하다. 법조시장 확대는 민주법치주의를 안착시킬 수 있는 소중한 소여다.

내년부터 당분간 사법시험 합격자와 로스쿨 졸업자가 병존한다. 과도기적 상황에서 사법연수원생들에 대한 신뢰이익은 보호되어야 한다. 법학교육의 새로운 장을 마련하기 위해 설치한 로스쿨이 성공하지 못한다면 국가적으로 불행한 일이 아닐 수 없다. 이제 법률가들도 잇속이나 챙기는 법률상인이 아니라 투철한 윤리의식으로 무장한 공익의 구현자로 거듭나야 한다.

어렵고 힘들게 진입한 법률가들이 왜 국민에게 사랑을 받지 못하고 있는지에 대한 자기 성찰도 필요하다. 난마처럼 얽혀 있는 사법개혁을 위해서는 스스로를 던지는 인식 전환이 필요하다.

매일경제_2011. 4. 12.

가까운 이웃 같은 친근한 사법

법률, 법률가, 법전, 법원, 검찰, 판사, 검사, 변호사, 법학자, 법조계. 이 모든 용어에서 감지되는 공통분모는 무엇일까. 아마도 그것은 딱딱함, 불친절, 배타성, 근엄함, 권위의식, 권위주의 등일 것 같다. 동양에서는 치자의 최고의 덕목은 덕치이고, 하지하는 법치로 치부하여 왔다. 따라서 법은 정밀한 균형추로 발전되지 못하였다. 그 때문에 18세기 서세동점 과정에서 동양의 전통적인 법은 송두리째 사라지고 서양의 합리주의에 기초한 법이 계수되었다. 서양의 법 또한 그 뿌리는 귀족들의 전유물이나 마찬가지였다. 귀족들이 독차지하는 직업 중의 하나가 법률가였다. 그러니 독일의 대문호 괴테도 원래는 법학을 공부하였다. 프랑스 혁명으로 세습귀족은 폐지되었지만 이제 그 세습귀족들이 법률가직을 독차지함에 따라 이를 비꼬아 법복귀족noblesse de la robe이라고 하였으니 말이다.

법정法廷은 전통적으로 어두운 색깔로 치장되고 법관이 앉는 법대는 일반인보다 월등히 높아서 감히 범접하지 못하게 되어 있다. 게다가 무슨 역사적 유물인지 법률가의 법복도 검정색 일색인데다가 그 위에 깃털 같은 장식에다 가발까지 쓰고 있으니 그야말로 구시대의 유물 같은 상황이라고도 폄하할 수도 있을 것이다. 우리나라 법정도 이러한 범주를 벗어나지 못하고 있다. 일반법원뿐 아니라 최근 대법원에서 공개재판을 하면서 일반국민들에게 보여준 대법정의 모습은 검은색 일색에다 대법관들이 앉은 법대는 높디높기만 했다. 1987년 제6공화국 헌법에서 국민의 자유와 권리 보장의 새로운 보루로 등장한 헌법재판소 대법정도 대법원의 대법정의 모습과 진배없다. 20년 전쯤 헌법재판소 개설 초기 단계에 필자도 헌법재판소 대법정의 공개변론 과정에서 참고인 진술을 한 적이 있다. 근데 참고인은 서 있어도 재판관보다도 낮은 위치에 있게 되어 있었다.

2004년 필자가 서울대 법대 학장 보직을 받고 얼마되지 않아서 독일 프라이부르크 법대와 국제학술대회에 참가한 이후 잠시 틈을 이용하여 독일법에 정통한 서울대 법대 호문혁 교수 부부와 함께 칼스루헤Karlsruhe에 있는 독일연방헌법재판소를 방문할 기회를 가졌다. 아무런 선약도 없이 점심시간에 들이 닥친 동양의 이방인에 대해서 헌법재판소 사무차장의 친절한 지시로 안내원이 헌법재판소를 견학시켜 주었다. 2층에 자리 잡은 헌법재판소 법정은 처음 보는 이방인으로서는 당혹스럽기까지 하였다. 필자가 종래 가지고 있던 법정에 대한 거무칙칙한 인상과는 완전히 거리가 멀었기 때문이다. 전반적으로 법정의 법대나 색조는 오렌지 빛이 감도는 밝은 톤의 색조가 주류를 이루었다. 재판관의 의자도 우리나라 헌법재판관이나 대법관의 의자와는 달리 그냥 편안한 보통의자였다. 게다가 법대는 강의실의 연단보다 조금 더 높은 정도였다. 그러니 당사자나 참고인 또는 심지어 방청객이 일어서면 그 눈높이가 재판관의 눈높이와 같은 수준이었다. 너무나도 편안하고 너무나도 권위 의식이 완전히 배제된 법정의 모습에 나름 문화적 충격까지 안고 돌아왔다.

독일은 제2차 세계대전에서 저지른 범죄행위에 대한 반성으로서 1949년에 제정된 기본법(헌법) 제1조에 인간의 존엄성을 규정하고 있다. 필자가 과문한 탓이 아니라면 대부분의 근대 입헌주의 헌법에서는 헌법 총강은 당해 국가의 정체성을 확인하는 일련의 규정을 두어 왔다. 이는 1919년 독일의 바이마르헌법이나 우리 헌법도 예외가 아니다. 그런데 독일기본법의 예는 비정상적이긴 하지만 스스로 철저한 반성의 결과물이라는 점에서 나름 평가할 만하다. 그 인간의 존엄성을 구현하기 위한 상징적 제도가 바로 연방헌법재판소이다. 따라서 연방헌법재판소는 그 건물의 외관에서부터 내부 법정 모습에 이르기까지 종래 재판소나 법원의 권위적 모습을 철저하게 벗어난 것이라는 평가를 받는다.

우리나라도 민주화의 상징으로 도입된 헌법재판소가 독일의 예를 벤치마킹하였더라면 하는 아쉬움을 갖게 한다. 대한민국 건축상을 휩쓴바 있는 재동의 헌법재판소 건물은 화강암으로 둘러친 육중한 외관 못지않게 그 내부의 법정 모습은 전통적이고 고답적인 법정의 틀을 벗어나지 못하고 있다.

법률저널_2013. 6. 7.

법관의 길

법관의 길에 대해서는 언제나 논쟁적이다. 우리나라는 독일이나 프랑스와 같이 법대 졸업 후 법조인 자격을 취득하자마자 바로 직업법관이 되는 평생 직업으로서의 법관 시스템을 채택해 왔다. 이에 대한 비판도 자주 제기되었다. 세상물정 모르는 청년 판관判官들이 함부로 재판한다는 것이다. 높디높은 법대에는 앳된 젊은 법관이, 그 아래에 아버지뻘 되는 백발의 변호사가 머리를 조아리는 모습이 장유유서長幼有序의 유교적 사고에 젖어 있는 국민감정에도 어울리지 않는다는 것이다. 세상에서 일어나는 모든 송사의 실체적 진실은 오로지 전지전능하신 하나님만 알고 있을 터인데 이를 대신해서 속세의 법으로 재단하는 법관은 경륜과 지혜를 동시에 갖추어야 한다는 점에서 사회의 원로급 인사가 담당하는 게 옳다는 지적이다.

실제로 최근 물의를 빚고 있는 일부 법관들의 일탈행동에 대해서 이와 같은 지적이 더욱 설득력을 가지게 되는 것도 사실이다. 이는 법관들에 대한 사회적 기대와 요구가 매우 높다는 점도 영향이 있다. 불과 몇 십 년 전만 해도 대법원장을 포함한 전국의 법관이 불과 5백 명 남짓했기 때문에 그 시절에는 대법원장도 초임 법관의 신상명세를 자세히 알 정도였다. 하지만 법관 숫자가 3천명에 육박하는 오늘날 이들 모두가 성인군자이길 바라기는 하지만 몇 명의 일탈은 불가피한 현실로 받아들여야 할지도 모를 일이다. 이는 헌법이 보장하는 사법권의 독립이라는 명제에만 안주하여 법관에 대한 자체 정화기능이 제대로 작동되지 못하고 있다는 점을 증명하는 현상이기도 하다.

"법관은 헌법과 법률에 의하여 그 양심에 따라 독립하여 심판한다"(헌법 제103조). "법관은 탄핵 또는 금고 이상의 형의 선고에 의하지 아니하고는 파면되지 아니하며, 징계처분에 의하지 아니하고는 정직 · 감봉 기타 불리한 처분을 받지 아니한다." "법관이 중대한 심신상의 장해로 직무를 수행할 수 없을 때에는 법률이 정하는 바에 의하여 퇴직하게 할 수 있다"(헌법 제106조). 헌법이 이와 같이 법관의 재판과 신분에 있어서 강력한 독립성을 보장하고 있는 것은 법원과 법관의 독립이 그만큼 중요하기 때문이다. 검찰의 수장인 총장도 헌법상 명시된 탄핵대상이 아닌데 법관만은 초임 법관도 탄핵심판의 대상으로 규정한 헌법의 취지를 되새겨 보아야 한다. 그럼에도 일부 법관들이 그 독립성을 자신만의 유아독존적 성체를 구축하는 독립성으로 곡해하여 사법부 독립의 본질을 훼손하는 것은 유감스럽기 그지없다.

법원의 제 식구 감싸기도 비난받아 마땅하다. 10년차 법관의 재임용에 탈락한 법관이 유사 이래 5명밖에 되지 않는다. 다수의 법관들이 불미스러운 일로 퇴직함에도 불구하고 사표수리만으로 그만이다. 변호사협회도 물렁하기는 마찬가지다. 비리 법관으로 물러나도 공식적인 징계가 내려지지 않는 한 변호사 등록에는 큰 문제가 없다. 바로 그런 점에서 처음 도입당시에는 논쟁적이었지만 이제 법관 재임용제도를 적극 활용해야 할 때가 되었다. 물론 그 재임용제도의 엄격한 설계에는 반드시 투명하고 공정한 과정이 전제되어야 한다. 지금처럼 법관에 대한 평가와 징계가 베일 속에 가려져서는 아니 된다. 법관에 대해서도 이제 공개적인 검증이 필요한 시점에 이르렀다. 그런 점에서 초기에는 엄청난 비판에 직면하기도 했던 변호사협회의 법관의 재판 태도나 진행능력에 대한 평가는 충분히 수긍이 간다. 비행 판사가 내린 판결, 무능력한 판사가 내린 판결에 국민들은 승복하기 어렵다.

로스쿨의 도입과 더불어 향후 법관은 법조인으로서의 상당기간 실무경력을 갖춘 사람에 한하여 등용된다. 대법원이 제시한 로드맵에 따르면 현재 로스쿨 재학생들은 졸업 후 10년이 지나야 법관이 될 수 있다. 법학교육뿐 아니라 법관임용제도도 미국식으로 전환된다. 평생 직업으로서의 법관이 아니라 사회에서 존경받는 원로로서의 법관제도가 어떠한 모습으로 정착될 것인지는 많은 의문점을 남긴다. 사법부가 젊고 때 묻지 않은 엘리트의 성체로 그 존립의 역사적 사명을 다했다고 할 수도 있겠지만, 청년기를 속세에서 온갖 풍상을 겪으면서 살아온 노회한 법률가들의 법관 진출이 어떠한 모습을 보여줄지 걱정 반 기대 반이다.

법률저널_2013. 7. 5.

권위주의 벗고 서비스 법복 입어라

법과 원칙에 입각한 민주법치국가의 건설이 이 시대 소명이다. 그런데 모범을 보여야 할 법조계가 국민을 불편하게 한다. 평생 법학교육에 몸담은 필자로서 송구스럽다. 2008년 촛불집회 때 많은 시민은 '대한민국은 민주공화국이다' 헌법 제1조를 외쳤다. 민주공화국은 국민이 참주인이 되는 세상이다. 역사적으로 공화국은 절대군주제를 철폐시킨 혁명적 구호와 연계된다. 군주제와 귀족제를 폐지했지만 법률가들은 법복귀족noblesse de la robe으로 환생한다. 법률가 직업은 귀족의 전유물이었기 때문이다.

신뢰 잃은 사법은 존재 이유 없어

광복 이후 사법부는 일제강점기의 법조인으로 채워졌다. 그분들은 대한민국의 법적 기초를 닦는 데 기여한 공로에도 불구하고 태생적으로 권위주의 사법으로부터 자유롭지 못했다. 고시제도는 육법전서에 매몰된 채 전인교육에 소홀했다. 타인을 법적으로 재단하는 법률가는 성직자와 같은 자세를 가져야 한다. 그런데 고급 직장인으로 전락한 일부 사법관의 언행이 타의 모범이 되기는커녕 당사자에게 씻을 수 없는 인격적 상처를 안겨준다.

이래서는 안 된다. 첫째, 사법관도 철저하게 서비스 정신으로 무장해야 한다. 검찰을 포함한 사법은 임명된 권력이다. 임명된 권력이 국민 위에 군림해서는 안 된다. 국민적 신뢰를 상실한 사법은 존재 이유가 없다. 국민의 자유와 권리를 수호하기 위한 최후의 보루인 사법은 공역무public service 수행기관으로 거듭 태어나야 한다.

둘째, 사법관이 되는 과정뿐만 아니라 재임 중에도 인성교육이 필요하다. 인간은 금수와 달리 고유한 인격적 존재이다. 사람을 수단으로 대하지 말고 인격으로 대해야 한다. 모든 국민은 인간으로서의 존엄과 가치와 행복을 추구할 권리를 가진다. 평생 법원이나 검찰에 가지 않고 사는 게 행복한 삶일 수 있다. 그만큼 사법적 판단을 받는 것은 곤혹스러운 일이다. 재판 결과 여하를 떠나 법관의 따뜻한 말 한마디가 당사자의 쓰린 가슴을 어루만져 줄 수 있다.

셋째, 권위주의적 외관을 벗어야 한다. 법정의 모습도 바뀌어야 한다. 법원과 검찰청 건물도 너무 고압적이다. 독일 연방헌법재판소의 법정은 권위적 외투를 벗어던진 법정의 상징이다. 어둡고 칙칙한 법정을 밝고 환한 색상으로 바꿨다. 당사자와 재판관이 지근거리에 있고 당사자가 일어서면 재판관과 같은 눈높이다.

넷째, 지혜로운 젊은 법관은 덕성이 부족하다. 국민은 후덕한 법관을 원하는 것 같다. 현행 법관 충원구도는 유럽 국가와 유사하다. 미국은 기성법조인 중에서 법관을 선발한다. 로스쿨 도입과 더불어 미국식을 채택할 가능성이 높다. 어느 경우이든 간에 사법관에 대한 여과 장치가 필요하다. 서울변호사회가 법관에 대한 평가결과를 내놓았다. 새로운 변화의 조짐이다.

심리-판결 공개원칙도 실천해야

다섯째, 이용훈 대법원장의 취임 일성은 구술심리주의 강화였다. 맞는 말이다. 하지만 폭주하는 업무에 쫓긴 나머지 제대로 된 구술심리를 할 수 있는 상황이 아니다. 사법관의 막말도 이와 무관치 않다. 미제 사건은 쌓여만 가는데 수사나 재판 과정에서 당사자의 주장을 경청할 여유가 없다. 법률가의 대량 배출시대에 걸맞게 헌법이 보장하는 변호사의 도움을 받을 권리가 현실화돼야 한다.

끝으로 사법절차의 공개성과 투명성을 제고해야 한다. 변협이 요구하는 동영상 공개까지는 어렵더라도 헌법이 명시한 심리와 판결 공개원칙을 적극적으로 실천하려는 의지가 필요하다. 사법의 생명인 권위를 세우려면 권위적 사법의 구각舊殼을 벗어나야 한다.

동아일보_2010. 2. 9.

법관은 판결로 말하라

최근 한 · 미 자유무역협정FTA 체결 과정에서 야기된 갈등이 국론을 분열적으로 몰고 가는 안타까운 상황이다. 논쟁이 격화되면 될수록 각자 자신의 논리에 매몰될 가능성도 커진다. 자신의 주장을 강조하는 것은 민주시민으로서 당연한 권리이다. 더구나 국가적 현안에 표현의 자유를 통한 참여는 억제돼서는 안되고, 오히려 권장해 공론의 장을 확대해야 한다. 그런데 시민이 아닌 공직자의 경우에는 사정이 달라진다. 공인의 모든 언행에는 높은 도덕성과 윤리성을 요구받는다. 바로 그러한 이유로 헌법에서는 근로삼권을 비롯해서 국민이 누리는 자유와 권리에 대해 공무원이라는 이유로 제한을 가하고 있다. 또한 공법상 특수신분관계이론에 따라 공직자에 대한 일련의 기본권 제한은 당연시되고 있다.

공직자 중에서도 가장 특수한 공직자가 바로 법관이다. 헌법은 사법권 독립이라는 특수한 목적에 기초해 법관의 독립을 보장하고 있다. "법관은 헌법과 법률에 의하여 그 양심에 따라 독립해 심판한다"고 하여 물적 · 재판상 독립을 보장한다. 다른 한편 "법관은 탄핵 또는 금고 이상의 형의 선고에 의하지 않고는 파면되지 아니하며, 징계처분에 의하지 않고는 정직 · 감봉 기타 불리한 처분을 받지 아니한다"고 하여 법관의 인적 · 신분상 독립을 명시하고 있다. 왜 이렇게 법관에 대해 헌법에서 특별히 신분을 보장하고 있는지 이유는 자명하다. 법관은 그 어떠한 외부의 압력을 받지 아니하고 독립적으로 재판해야 하기 때문이다. 헌법에서 그 어느 직도 법관만큼 신분을 보장하는 직업이 없다. 이렇게 강력한 신분보장을 받는 만큼 법관은 그에 상응하는 높은 윤리적 · 도덕적 책무뿐 아니라 법적 책임을 다해야 한다.

법관의 언행은 법관이라는 직의 특수성에 비추어 사회적 파장이 클 수밖에 없다. 그런데 요즘 일부 법관의 돌출적 언행은 과연 법관이라는 공직자가 가져야 할 품격이 무엇인지를 생각하게 한다. 법관의 정치적 발언에 대해 문제의 심각성을 인지한 대법원장이 대법원 공직자윤리위원회에 이 문제를 회부했다. 위원회는 법관들에게 분별력 있고 신중한 언행을 권고한 바 있다. 이에 대해 젊은 법관 사이에 찬반 양론이 치열하게 개진되고 있는 것 같다.

법관도 시민의 한 사람으로서 자유롭게 의사를 표현할 수 있어야 한다. 그러나 그 표현은 적절한 시간과 장소를 선택할 수 있는 지혜를 가져야 한다. 이를테면 법관도 친구나 가족 모임에서 얼마든지 정치적인 찬성과 비판을 할 수 있다. 하지만 그것이 인터넷 공간일 경우에는 달라져야 한다. 단순한 개인과 개인 사이의 이메일이나 문자메시지 정도라면 이 역시 자유롭다. 그러나 같은 이메일이라도 집단적으로 전달되는 체제에서는 제한이 불가피하다. 전체 법관에게 보내는 메일이 그에 해당될 수 있다. 그러므로 비록 법원 전용통신망이라 할지라도 법원게시판을 통해 의견을 표출할 경우에는 제약이 불가피하다. 이를 사적인 공간으로 볼 수는 없다. 오히려 법원게시판은 공적 공간으로 보아야 한다.

특히 21세기에 들어와 소셜네트워크서비스SNS를 통한 정보 전달이 매우 활성화되고 있다. 이는 종전의 일대일 전달체계가 아니라 정보의 대량적 · 집단적 전달체계이다. 이는 순수한 사적 공간이 아니라 공론의 장으로 보아야 한다. 그 공론의 장에서 공직자, 특히 법관이 자신의 정치적 견해를 표현하는 순간 사회적 편향성을 드러내게 된다. 공직자에 대한 헌법과 법률의 요구는 정치적 중립이다. 따라서 현행법상 법관은 물론이고 일반 공직자도 정당에 가입할 수 없다. 그 취지는 정치적 편향성이나 편가름에 대한 우려에서 비롯된 것이다. '법관은 판결로 말한다'는 법언의 깊은 의미를 다시 한번 곱씹어 보길 바란다.

세계일보 시론_2011. 12. 1.

사법부에 대한 信賴가 추락하고 있다

연말이라 그렇지 않아도 분위기가 어수선한 터에 우리 사회에서 그래도 국민의 자유와 권리의 마지막 보루堡壘라는 사법부조차도 홍역을 앓고 있다. 정봉주 전 의원에 대한 대법원의 유죄확정 판결과 더불어 사법에 대한 비판이 위험 수위를 넘어서고 있다. 이 지점에서 우리 사회에 드리운 사회적 공론의 장場의 미숙함과 천박함이 드러난다. 민주사회에서 비판적 성찰은 당연한 일이다. 다만 그 비판에 있어서 최소한의 예의를 갖춰야 한다.

정봉주 전 의원에 대한 대법원의 최종적인 유죄 판결에 대한 비판은 사법의 근간根幹을 훼손시킬 정도다. 특히 야권의 주장대로 BBK사건은 현재 진행형인지도 모른다. 하지만 주권적 의사표현의 신성한 정치과정을 왜곡歪曲시키는 행위는 그 어떤 경우라도 용납하기 어렵다. 특히 선거는 매우 짧은 기간에 이뤄지기 때문에 실체적 진실을 밝히려 하면 이미 선거는 끝나버린다. 그러므로 선거기간에 이뤄진 온갖 마타도어와 위법행위에 대해서는 끝까지 추적해 실체적 진실을 밝혀야만 다시는 이 같은 일들이 재발하지 않는다.

그런데 현직 법관들까지 가세한 일탈逸脫된 언행이 또 다시 논쟁을 촉발한다. 법관은 대법원장에서부터 초임법관에 이르기까지 엄중하게 그 신분을 보장받는다. 법관의 신분보장 없이는 사법부의 독립을 보장할 수 없기 때문이다. 그래서 나라의 기본법이자 최고법인 헌법에서 사법권의 독립을 보장하고 있다. 사법권의 독립은 입법부나 행정부로부터 사법부의 독립과 사법부의 구성원인 법관의 독립으로 구분된다. 사법부 독립의 핵심은 법관의 독립이다. "법관은 탄핵彈劾 또는 금고禁固 이상의 형의 선고에 의하지 아니하고는 파면되지 아니한다." "법관은…징계처분에 의하지 아니하고는 정직停職·감봉減俸 기타 불리한 처분을 받지 아니한다." 또한 법관의 직무상 독립을 보장하기 위해 "법관은 헌법과 법률에 의하여 그 양심에 따라 독립하여 심판한다." 법관에 대한 특별한 예우는 헌법뿐만 아니라 법률에서 더욱 드러난다. 사법시험에 합격하면 사법연수원 2년간 사무관 예우를 받는다. 초임법관은 부이사관급(3급) 상당으로 예우한다. 행정고시 합격 후 국장급인 부이사관이 되려면 20년 이상 근무해야 한다. 그만큼 특별한 예우를 하는 것은 법관의 인적 독립이 중요하기 때문이다.

그만큼 법관은 우리 헌법과 법률상 특별한 존재다. 그런데 최근에 일부 법관이 보여준 언행은 과연 이들에게까지 특별히 보호해 줄 만한 가치가 있는 것인지에 대한 회의를 자아내게 한다. 물론 법관들도 나름 소통疏通의 공간이 있어야 한다. 다원화된 사회에서 법관에게만 똑같은 목소리를 요구해서도 안 된다. 오히려 법관들만이라도 사회의 다원화된 현상에 귀를 기울여 소수자 보호에 충실해야 한다. 그것이 자유민주주의가 지향하는 다원적 민주주의의 현실적 구현이다.

그러나 때와 장소를 잘 가려서 법관다운 언행을 해야만 사법에 대한 국민적 신뢰信賴도 제고할 수 있다. SNS 공간이나 법원의 게시판은 개인의 내밀한 비밀영역으로서의 폐쇄적 공간이 아니라 사실상 공개된 공론의 장이다. 그 공간에서 보여준 일부 법관들의 일탈된 언행은 차마 거론하기조차 거북살스럽다. 저자거리의 언행도 이보다 못하지는 않을 것이다.

일부 법관들의 일탈된 행동이 그동안 대한민국 사법부가 쌓아 올린 금자탑金字塔에 누를 끼쳐서는 안 된다. 어렵고 힘든 시절에 그래도 사법부만은 정의와 자유를 위해 나름 헌신해 왔음을 국민은 잘 알고 있다. 그래서 사법부에 대한 최소한의 예의와 신뢰를 갖고 있다. 그런데 이제 그 기대와 희망이 무너져가고 있다. 법관들의 자기성찰이 절실한 시점이다.

문화일보 포럼_2011. 12. 29.

대법원의 재판지연 안된다

대법관 1인당 한 해에 3000건 이상의 사건을 처리한다. 가히 살인적인 숫자다. 주말을 제외하면 하루 평균 11건 이상을 처리한다. 사건당 처리 시간이 1시간을 채 넘기 어렵다. 대법관 임기 6년 내내 과다한 업무에 시달리다 보니 오죽했으면 대법관에 임명되는 날만 행복했다는 자조의 한숨이 절로 나올까.

대법원에서 심리기간 2년을 넘긴 장기미제 사건 464건이 또 한 해를 넘겼다. 베트남전 참전 용사들이 낸 고엽제 소송은 1999년 제소된 이래 대법원에만 8년째 계류 중이다. 칠순에 이른 노인들이 언제 세상을 떠날지 모르는 상황에서 재판은 지연만 거듭한다. 외국인노동자들의 노조설립신고 사건, 한・미 FTA 반대 시위 사건도 오리무중이다. 외형적으로는 대법원의 평균 심리 기간은 100일을 조금 넘는 정도다. 그 정도면 참을 만하다. 하지만 논쟁적인 사건일수록 심리 기간은 수년을 훌쩍 뛰어넘는다. 당사자들은 언제 나올지 모르는 재판결과를 울며 겨자 먹기 식으로 하염없이 기다려야 한다.

재판의 생명은 실체적 진실 발견이다. 하지만 진실을 발견하느라 시의성을 상실한다면 그 진실은 자칫 휴지조각이 돼버리기 십상이다. 그래서 재판의 공정성 못지않게 중요한 덕목이 신속성 즉 가부간에 빨리 결론을 내려주는 것이다. 우리 헌법도 '모든 국민은 신속한 재판을 받을 권리를 가진다. 형사피고인은 상당한 이유가 없는 한 지체 없이 공개재판을 받을 권리를 가진다'제27조 제3항라고 하여 신속한 재판을 받을 권리를 보장하고 있다.

하지만 현실적으로는 1심, 2심을 거쳐서 대법원까지 재판받다 보면 승패 여부를 떠나 이미 패가망신했다는 조소가 넘쳐난다. 대법원도 할 말이 많을 것이다. 우리 국민들은 일이 났다 하면 삼세판에 익숙하다 보니 무조건 대법원에 상고하고 본다. 그러니 대법원에 사건이 넘쳐난다. 대법관의 사건 처리를 돕는 부장판사급인 재판연구관만 100명이 넘는다. 대법관의 사건이 적체되다 보니 어지간한 사건은 재판연구관들이 처리한다고 하여 심지어 대법원의 재판이 연구관재판이라고 비하되기도 한다.

대법원도 신속한 재판을 위해 상고를 줄이는 방안을 고민해 왔다. 상고허가제를 도입해 봤지만 국민의 재판을 받을 권리를 침해하는 위헌적 소지가 있다는 비판에 직면했다. 이에 우리말 사전에도 없는 상고심리불속행上告審理不續行 제도를 만들어 실질적인 상고허가제를 시행하고 있음에도 재판은 계속 지체되고 있다.

이제 피상적인 제도개혁으로는 대법원의 재판지연 문제를 해결하기 어렵다. 가장 손쉬운 방법은 대법관 숫자의 대폭 증원이지만 현시점에서 그리 쉬운 일도 아니고 바람직하지도 않다. 대법관 몇 명의 증원으로도 해결될 수 있는 문제가 아니다. 그렇다면 다른 해결책을 찾아야 한다. 고등법원에 상고부를 설치하자는 주장도 있지만 무릇 상고上告는 대법원으로 가는 것을 의미한다. 국민들의 일반적인 법감정도 최고법원의 재판을 한번 받아보자는 입장이다.

결국 지금보다 신속하게 재판할 수 있는 유일한 방안은 대법원에 재판부를 획기적으로 늘리는 것이다. 즉 대법관이 재판장을 하면서 고등법원 부장판사급이 배석하는 방식으로의 혁신적인 전환이다. 이렇게 하면 지금 대법원에 설치된 3개 부가 12개 부로 증가된다. 네 배 이상의 부가 증가되면 재판은 저절로 빨라질 것이다. 이는 현행 헌법 체계에서 가능한 모델이다. 헌법은 '대법원에 대법관을 둔다. 다만, 법률이 정하는 바에 의하여 대법관이 아닌 법관을 둘 수 있다' 제102조 제2항라고 규정하고 있다.

최고법원인 대법원은 자유와 권리를 침해당한 국민이 하소연할 수 있는 최종·최후의 보루이다. 이제 더 이상 국민들이 대법원의 재판 결과를 바라보다가 목이 빠지는 상황은 없어야 한다.

국민일보 시론_2013. 1. 7.

법원 · 검찰, 국민 눈높이에 맞춰야

서초 전철역을 사이에 두고 고래등 같은 건물들이 들어서 있다. 한쪽에 대법원과 대검찰청, 길 건너편에는 지방법원과 지방검찰청이 각기 위용을 자랑한다. 법원과 검찰은 소위 재조在曹의 쌍두마차다. 하지만 두 조직은 매우 이질적으로 작동한다.

5년마다 찾아오는 권력교체의 계절에 삼권분립의 한 축인 법원은 무풍지대다. 사법권의 인적 독립을 위해서 법관은 임기가 보장되고 탄핵 · 형벌이 아니고는 파면되지 않는다. 판사가 법정에서 증인을 "늙으면 죽어야 한다"고 해도 견책 처분에 그친다. SNS에서 '가카 새끼 빅 엿'을 내질러도 속수무책이다. 하지만 국민의 눈높이에 맞춰서 법원도 이제 내려놓을 것은 과감하게 내려놓아야 한다. 평생법관제와 대등재판부를 도입한 상황에서 굳이 고법부장이 차관급일 필요는 없다. 133명의 차관급 숫자는 스스로 과하다고 생각하지 않는지 묻고 싶다.

법원은 삼권의 한 축이다. 하지만 임명된 권력인 사법권이 국민을 위한 서비스를 제대로 해왔는지에 대한 근본적인 성찰이 있어야 한다. 임명된 권력의 생명은 국민적 신뢰에 있다. 아직도 국민은 법원을 가장 불친절한 국가기관으로 본다. 군림하는 사법은 법원에 대한 불신에서 더 나아가 판결에 대한 불복으로 이어진다. 법원은 국민의 자유와 권리 보장을 위한 최후의 보루다. 법관의 기본 덕목은 기록을 잘 읽고 당사자의 말을 귀담아들어 주는 데 있다.

검찰권력의 향배는 5년마다 초미의 관심사다. 지난 대선과정에서 검찰은 개혁의 대상이었다. 검찰의 꽃인 대검의 중수부 폐지가 임박했다. 당선인 측 정치쇄신의 책임을 맡은 안대희 전 중수부장조차 가세했으니 검찰로서는 가히 사면초가 상태다. 지난 수십 년 동안 사회적 거악과 권력형 비리를 척결해 온 중수부가 역사 속으로 사라진다.

당선인은 상설특검을, 문재인 후보는 고비처고위공직자비리조사처를 주장했다. 문제는 OECD 국가 중에서 고비처나 상설특검을 설치한 나라가 전혀 없다는 데 있다. 고비처는 싱가포르 같은 도시국가 정도에서 존재하고, 상설특검의 유일한 본고장인 미국도 클린턴 전 대통령의 성추문 사건 이후 21세기 들어와서 전혀 가동되지 않는다. 우리나라에서는 10차례의 비상설특검을 채택해 봤지만 단 한 번도 소기의 성과를 거두지 못했다. 오히려 당사자들에게 면죄부만 부여하지 않았는가. 대검 중수부가 꼭 찍어서 직접 수사하는 것도 바람직하지 않기는 마찬가지다. 그렇다면 결국 도쿄지검 특수부처럼 지검에서 직접 수사하도록 하되 수사에 있어서 정치적 중립성과 독립성을 보장하면 된다.

이를 위해 법무부 장관은 직을 걸고 정치적 방패가 돼야 하고, 검찰총장은 명예를 걸고 실체적 진실 발견의 후견자가 돼야 한다. 차제에 무소불위의 검劍을 휘두르면서 고위직만 독차지한다는 비난으로부터 자유롭기 위해서도 54개에 이르는 차관급을 내려놓아야 한다. 예컨대 지검의 차장, 법무부와 대검의 실·국장만 내려놓아도 숫자가 적지 않다.

대선과정에서 야기된 검찰총수의 공백 상태는 오늘 이 시점에서 검찰이 처한 위기를 단적으로 드러낸다. 검찰의 위기는 자업자득한 측면도 있다. 스폰서 검사·벤츠검사·성검사의 오욕에도 불구하고 자체 정화가 제대로 작동되지 않았다. 스스로 해결하지 못하고 결국 정치권에 의해 강요당하는 개혁은 최고 사정기관으로서 수치다.

1987년 체제의 등장에 따라 민주화 시대를 연 지 어언 사반세기를 넘어섰지만, 법원·검찰이 과연 권위주의 시대와 무엇이 달라졌는지 묻고 싶다. 구시대의 기득권은 그대로 유지한 채 과거에 대한 통절한 반성도 없이 민주화 시대에 무임승차한 결과 오늘의 불신과 비난의 표적이 되었다. 이제 기득권을 과감하게 내려놓아야 한다. 내려놓으면 새 길이 보일 것이다.

매일경제 인사이드 칼럼_2013. 1. 15.

법관 비난에 단호히 대처한다고…

양승태 대법원장이 새해 시무식에서 법관들에게는 진중한 자세를 당부하는 한편으로 법관에 대한 원색적 비판에 단호하게 대처하겠다고 했다. 양곤마에 처한 사법부 수장의 아픈 현실 인식을 드러낸 것이다. 권위주의 정권 시절에는 사법부도 권력에 굴종하기도 했다. 하지만 시대의 상흔이었기에 '민주화의 화신'고 김근태 고문도 법관을 탓하지는 않았다.

일부 법관의 품격 잃은 행태 유감

그런데 최근 법원을 둘러싼 분란의 상당 부분은 자업자득인 측면이 많다. 한미 자유무역협정FTA에서의 투자자 · 국가소송제도ISD 논쟁으로 증폭된 일부 법관의 품격 잃은 어설픈 행태는 사회적 비난을 면하기 어렵다. 그들의 도에 넘친 언행이 야기한 불행의 씨앗은 법정에서 피고인이 재판장의 제지에 아랑곳하지 않고 막말로 달려드는 상황에 이르렀다. 이는 권위주의 정권 시절 민주인사들이 재판정에서 보여준 항의소동과는 전혀 다른 차원의 문제다.

더 심각한 것은 법원의 판결에 대한 도전이다. 정봉주 전 의원에 대해 대법원이 공직선거법 위반 혐의로 징역 1년을 선고했다. 법원이 정치적 판결을 내렸다는 거친 비판이 난무한다. 심지어 주심 대법관에 대한 신상 털기까지 벌어지고 있다. 이 또한 새로운 양상이다. 종래 형사사법의 두 축인 법원과 검찰의 작동 과정에서 검찰이 정치검찰이라는 비난은 난무했어도 재판에 대해서만은 수긍하고 겸허하게 받아들였다. 최근 양상은 시민들이 자신들의 권리만 주창하는 과정에서 사법에 대한 신뢰를 훼손한다.

선출된 권력이 아닌 임명된 권력의 생명은 주권자의 신뢰로부터 비롯된다. 사실 사법부는 예로부터 다른 어느 조직보다 많은 특혜를 누려 왔다. 사법연수원 수료 후 곧바로 법관에 임명되는 순간 중앙부처 국장급 예우를 받는다. 고등법원 부장판사가 되면 국가로부터 승용차와 운전사를 배정받는 차관급 예우를 받는다. 고등법원에는 법원장, 수석부장판사, 부장판사 모두가 차관급 예우를 받는 기현상이 벌어진다.

법관직의 특수성에 비춰 최고급 예우가 필요한 측면도 있다. 그러나 예우에 걸맞은 스스로의 자정 노력이 부족했던 점을 지적하지 않을 수 없다. 법관으로서의 책무와 자연인으로서의 권리를 혼동해서는 안 된다. 예컨대 법원 내부 통신망은 일반인이 이용할 수 없다는 점을 제외한다면 사실상 법원 내부의 공론의 장이다. 이는 법원의 공식적인 홈페이지라는 점에서 더욱 그러하다. 소셜네트워크서비스SNS도 예외일 수는 없다. 트위터를 통한 의사소통은 함께하는 수많은 사람들과의 다면 대화라는 점에서 이를 순전히 사적인 내밀한 영역으로서 보호할 가치가 있는 사생활로 볼 수는 없다. SNS에 올라타는 순간부터 공론의 장으로 인식해야 한다.

법관과 자연인의 권리 혼동 말아야

이번 사태를 기화로 우리 사회에서 최고도의 지적 훈련을 받은 인텔리 집단인 법관들이 새롭게 옷매무새를 가다듬는 전화위복의 계기로 삼아야 한다. 일부 법관의 일탈된 행동에 대해 전체 법관을 매도하는 것은 바람직하지 않다. 그러나 다른 직업과 달리 법관은 각자 독립된 재판관이기에 단 한 명의 법관도 법관으로서의 독립을 스스로 훼손한다면 이는 바로 그 법관이 담당하는 재판에 직접적인 위해를 초래할 수밖에 없다. 우리 헌법도 법관의 엄격한 신분 보장을 통한 인적 독립과 '헌법과 법률 그리고 양심에 따른 재판'을 통한 법관의 물적 독립을 보장한다. 그런데 법관들이 혜택만 누리고 헌법, 법률, 법관윤리강령을 제대로 지키지 않는다면 이미 법관으로서의 품격을 상실한 것이나 마찬가지다.

사법부와 법관이 국민적 신뢰를 잃으면 결국 국민의 자유와 권리가 제대로 보장받을 수 없다. 국민에게 감동을 주는 사법부의 조용한 자기 혁신이 필요하다. 외부 압력이나 비판에는 좀 더 겸허하고, 내부에는 좀 더 엄격해야 한다.

동아일보 시론_2011. 1. 4.

하늘 찌르는 전관예우의 폐해

'전직 대통령 예우에 관한 법률'에 따른 예우처럼 전관예우前官禮遇란 전직 고관에게 베푸는 예우다. 그런데 인터넷 사전에서는 전직 판 · 검사 출신 변호사에게 유리하게 봐주는 대한민국 법조계의 잘못된 관행으로 규정한다. 그만큼 전관예우는 법조계에 만연해 있고 그것도 한국에만 특유한 현상이다. 민주법치국가 건설의 사표가 돼야 할 법률가들이 사회적 비난의 대상으로 전락한 셈이다. 만시지탄의 감이 있지만 개정변호사법에서 변호사는 퇴임 1년 전까지 근무한 기관의 사건 수임이 금지된다.

대형 로펌에는 회계사 · 변리사뿐 아니라 금융 · 조세 · 공정거래 영역에서 비롯된 고문단에 최근에는 거의 모든 부처 전관들이 약진한다. 전직 총리에서부터 입법 · 행정 · 사법부의 쟁쟁한 전직들이 포진해 있는 초대형 로펌의 수뇌회의는 그 면면이 국무회의 수준이라 한다. 한국경제의 세계화와 더불어 로펌들이 송사 못지않게 비즈니스에 직접 연계되면서 각계 전문가에 대한 수요가 많아졌다. 그러나 전관을 이용한 청탁성 로비가 너무 만연해 있다. 로비스트법이 없는 상황에서 불거진 우회 현상이다.

법조계와 달리 재정금융계의 전관예우는 독과점적이다. 국책 재정금융기관은 기획재정부 출신의 독무대다. 금융기관들의 감사 자리는 금감원 출신이 싹쓸이한다. 공직자윤리법을 회피하기 위해 경력을 조직적으로 세탁해 왔다. 환란換亂 이후 국민적 고통이 가중되는 가운데 금감원과 기재부 출신들의 모피아Mofia가 그들만의 철옹성을 쌓아 왔다.

어떤 기관에서는 또 같은 직책에 실세가 있을 때에는 몇 배의 급여를 지급했다가 실세가 영전하자마자 급여가 원상 복귀됐다는 사실은 공공연한 비밀이다. 산업은행 총재에 전직 재경부 장관이 부임하면서 급여를 대폭 상향 조정하려다 여론의 비판에 밀려 무산됐다. 전관예우의 폐해가 하늘을 찌르고 있는데도 어느 누구 하나 책임졌거나 책임질 사람이 없다. 그러니 공직자에 대한 국민적 신뢰가 땅에 떨어지게 마련이다.

작금에 드러난 전관 비리는 이를 방치한 정부의 책임도 크다. 공정사회 구현이라는 구호만 요란한 채 실천적인 각론이 없었다는 증좌다. 일이 터지면 우선

면피에 급급하다. 이제 실상을 정확하게 진단한 후에 이상과 현실을 조화하는 법과 매뉴얼을 개발해야 한다. 기울어지고 비뚤어진 저울추를 바로세우는 방책은 명확하고 정밀해야 한다.

경력세탁 방지를 위해 취업제한 기간을 대폭 확대해야 한다. '이해충돌 가능성이 있는 업무'에서부터 순차적으로 '이해충돌 가능성이 매우 높은 업무'를 세분화해 전관 취업이 제한되는 업무 영역을 구체화해야 한다. 그 위험의 정도에 따라 취업제한 기간도 2년에서 5년까지 늘려 나가야 한다. 이 과정에서 취업제한 대상 업체의 범위도 자연스럽게 확대돼야 한다.

또한 퇴임 후 2년까지로 돼 있는 재산등록도 직급에 따라 5년까지로 확대해야 한다. 내부고발이 활성화될 수 있도록 특별한 보호가 필요하다. 공직자윤리위원회가 통과의례 기관이 되지 않도록 하려면 실질적인 심사 기능을 제고해야 한다. 무엇보다 독과점적인 규제 · 감독 시스템의 정비 없이는 이 모든 제도 개혁은 무의미해질 수 있다.

그러나 사적私的 영역에서 전관들은 소중한 자산이다. 절대 다수를 차지하는 이 땅의 선량한 전관들이 일부 전관의 잘못된 행태로 인해 공공의 적敵이 돼 버린 현실이 안타깝다. 이제 한국 사회도 고령사회를 앞두고 있다. 1회성의 눈앞에 보이는 이득 챙기기에 급급하기보다는 인생 2모작을 준비하는 아름다운 전관이 더 많을수록 한국 사회도 들꽃같은 풋풋한 향기가 가득해질 것이다.

문화일보_2011. 6. 1.

'法그릇 다툼'엔 사법의 미래 없다

2007년 7월 '법학전문대학원 설치 · 운영에 관한 법률' 제정, 2008년 25개 대학에 법학전문대학원 설치 인가, 2009년 한국판 로스쿨 신입생 2000명 입학.

미국식 로스쿨의 도입 여부에 관한 논쟁만 무성했을 뿐 구체적 실천 방안을 마련하지 않은 채 로스쿨을 설립했다. 로스쿨의 취지는 학부에서 다양한 전공을 이수한 학생들을 상대로 대학원 교육을 통한 법률가의 양성에 있다. 이는 사법시험으로 상징되는 시험을 통한 인재 선발 시스템의 근본적인 변화를 의미한다. 로스쿨에서는 변호사시험에 얽매이지 않고 다양한 전공을 이수하도록 해야 한다. 그런데 변협은 변호사시험 합격률을 50% 이하로 주장했다. 이에 전국의 로스쿨 학생들이 정부과천청사로 몰려가 항의하는 소동이 벌어졌다. 결국 75% 이상으로 정해졌지만 변호사협회장 선거 과정에서 50%론이 다시 나왔다.

합격률에 이어 판검사 임용 방식에 관한 갈등이 시작됐다. 사법연수원 입소식에서 연수생들이 집단행동과 성명서를 발표한 것이다. 이번 사태의 단초는 법무부가 제공했다. 법무부는 3학년 1학기에 재학 중인 학생 중에서 로스쿨 정원의 비율로 원장 추천을 받아 검사 사전선발제를 도입하려 했다. 로스쿨 교육의 정상화를 위한 배려는 좋으나 우수한 인재를 미리 확보하겠다는 의지가 앞선 결과다. 대형 로펌들은 1학년 학생까지 예약하고 있다. 법원도 공식적인 입장 표명은 없지만 판사 실무수습과 법정경연 등을 통해 인재 확보에 나서고 있으며, 변호사시험 합격자를 재판 보조자인 로 클러크law clerk로 영입해 법관으로 임용할 가능성도 점쳐지고 있다.

어떤 명분으로도 학생들을 상대로 한 입도선매식 검사 예약은 바람직하지 않다. 대형 로펌이나 법원도 사전 예약을 자제해야 한다. 학생은 오로지 학업에 정진해야 한다. 그런 점에서 사전선발제를 비판하는 재야 법조계와 사법연수생들의 주장에 수긍이 간다. 하지만 로스쿨 졸업 후 변호사시험에 합격한 사람의 검사 임용까지 반대하는 것은 납득하기 어렵다. 자신들은 2년간 국가공무원으로서 월급까지 받고 연수 후 바로 판검사에 임용되면서, 로스쿨생은 3년간 자비로 공부하고 변호사시험에도 합격했는데 판검사로 임용하면 안 된다는 주장은 편협한 이기적 발상이다.

내년부터 연수원이 마감되는 2019년까지 법률가의 배출은 투 트랙two track이다. 사법시험 합격자 수는 지속적으로 감소한다. 다만 향후 수년간 2000명이 넘는 법조인이 배출되기 때문에 사법연수원생들의 판검사 임용에 특별한 배려가 필요하다. 로스쿨 졸업생의 검사 임용으로 인해 연수생들이 선배들에 비해 현저하게 임용이 줄어들면 신뢰 이익의 보호에 어긋난다.

사법시험 시대에서 로스쿨 시대로 접어들면서 법률가 사이의 갈등은 더욱 빈발할 것 같다. 이번 사태를 거울삼아 조속한 제도적 정비가 필요하다. 학업에 전념해야 할 연수생과 로스쿨생이 더는 시대의 희생양이 돼서는 안 된다. 법조인이나 예비법조인의 집단적 의사 표현은 자칫 사법 전체에 대한 국민적 불신을 자아내게 된다. 결국 밥그릇 싸움 아니냐는 비아냥거림의 대상이 돼서는 법률가에게 미래는 없다. 법조 선배들이 연수생과 로스쿨 출신 후배들을 끌어안고 그들의 꿈을 키워줘야 한다. 법조인의 대량 배출로 법률가 세계도 무한경쟁에 돌입하고 있다. 법률시장 개방에 따라 거대한 다국적 로펌들이 상륙하는 상황에서 집안 식구끼리 다툴 때가 아니다. 지금이야말로 대한민국 최고의 엘리트 집단인 법률가들이 안으로는 민주법치국가 건설의 초석이 되고 밖으로는 세계를 향한 경쟁력을 발휘할 때다.

동아일보_2011. 3. 5.

'사법참여제' 한국형 모델 만들자

과거 각 지역의 행정 수장인 원님이 재판관을 겸해 하던 원님재판은 권력이 분립되지 않았던 결과였다. 오늘날에는 입법 행정 사법의 3권 분립이 정립된 입헌주의 헌법을 채택하고 있다. 국회의원과 대통령은 각각 국민이 직접 선출하기 때문에 국민적 정당성을 확보하고 있다. 임명직인 사법관은 국민으로부터 직접 정당성을 확보하지 않고 있다. 하지만 그간 재판은 사법 엘리트의 전유물로 인식돼 왔으며 주권자인 국민은 재판 과정에 아무런 참여를 할 수가 없었다.

시민법관 공평한 평결 내릴까

우리 헌법은 다른 나라 헌법보다 엄격하게 "모든 국민은 헌법과 법률이 정한 법관에 의하여 법률에 의한 재판을 받을 권리를 가진다"(제27조 제1항)라고 명시하고 있다. 법관이 아닌 자의 재판 참여를 봉쇄하는 규정으로도 해석될 수 있다. 그동안 법관의 자격을 엄격하게 규정하고, 법관이 아닌 자가 재판에 관여하는 것 자체가 위헌이라는 논리가 팽배해 왔다.

민주화 과정에서 정부와 의회의 개혁과 더불어 국민의 사법 참여를 보장하는 사법 개혁이 새로운 화두로 등장하고 있다. 방향은 여러 갈래로 논의되어 왔다. 기술입국 시대를 맞이해 독일식 기술법관 제도의 도입을 주장하기도 했으나 결국 특허법원 설립과 기술심리관 제도로 정착됐다. 기술심리관 제도는 법관이 아닌 자가 재판에 참여하는 첫 모델이다.

국민 일반이 재판에 널리 참여할 수 있는 제도로는 배심제와 참심제가 있다. 배심제는 시민으로 구성된 배심원단이 직업 법관과 독립하여 사실 문제에 대해 평결을 내리고, 법관도 배심원의 사실 판단에 대한 평결에 구속되는 제도다. 참심제는 일반 시민인 참심원이 직업 법관과 같은 권한을 갖고 재판에 참여하는 제도다.

'국민의 형사재판 참여에 관한 법률안'은 학계와 시민사회의 요구를 수렴해 '한국형 사법참여 제도'를 제시하고 있다. 중죄의 형사재판에 한해 피고인이 원할 경우 국민 참여 재판을 선택할 수 있다. 이 경우 무작위로 선정된 일반 국민으로 구성된 배심원단은 형사재판에 직접 참여해 유무죄를 판단한 뒤 판사에게 권고적 효력을 지닌 평결을 제시한다.

법관은 배심원단의 평결에 기속되지는 않는다. 하지만 배심원단의 평결을 배척하려면 정당한 이유를 제시해야만 한다. 권고적 효력만 부여한 이유는 위헌 논의를 잠재우기 위한 불가피한 측면이 있지만 동시에 새로운 제도 도입에 따른 점진적 제도 정착과 연계된 결과물이다. 국민 참여 재판의 대상 범죄를 매우 제한적으로 설정한 것도 같은 취지다.

그간 모의재판과 공청회를 통해 많은 문제점을 보완해 왔다. 하지만 지연, 학연, 혈연이 강한 한국 사회에서 어떤 사람이 배심원으로 참여할지, 배심원이 공평무사한 평결을 내릴 수 있을지에 대한 현실적 의구심이 남아 있다.

외국제도 무분별 도입 안될 말

한편 형사소송법 개정안은 재정신청 대상을 모든 고소사건으로 확대하고 있다. 재정신청이란 고소, 고발사건을 검찰이 불기소 처분할 때 법원에 기소 여부를 재심리해 달라고 요청하는 제도다. 재정신청이 확대되면 영장실질심사제, 구술심리주의 확대와 더불어 국민의 사법 불신 해소에 상당히 기여할 것으로 예상된다. 또 헌법소원 사건의 70%를 차지하는 검찰의 불기소 처분에 대한 헌법소원도 대폭 정리될 것이다. 그러나 남소의 폐해를 어떻게 시정할 것인가란 새로운 과제를 던져 준다.

국민의 사법 참여 확대를 통해 사법은 민주적 정당성과 투명성을 제고할 수 있다. 그러나 새로운 제도 도입에 따른 부작용 또한 간과해서는 안 된다. 외국제도의 무분별한 도입이 아니라 우리의 현실에 부응하는 한국적 모델을 정착시키는 지혜를 법조계와 국민이 함께 고민해야 할 때다.

동아일보_2007. 4. 21.

대법원장은 이런 사람이 돼야 한다

사법부 수장인 대법원장은 6년마다 교체된다. 대법원장은 9월에 임기가 만료된다. 사법 권력은 임명된 권력이기 때문에 간접적으로라도 국민적 정당성을 확보해야 한다. 대법원장은 선출된 권력의 두 축인 국회의 동의를 얻어 대통령이 임명한다. 임명된 이후에는 사법권 독립을 위해 그 어떠한 외압으로부터 자유로워야 한다. 하지만 유아독존적 독립이 아니라 국민과 소통하는 독립이어야 한다.

헌법상 대법원장의 권한은 외국헌법에서 그 예를 찾아보기 어려울 정도로 강력하다. 대법관 전원을 임명 제청한다. 사법의 또 다른 축인 헌법재판관 3분의 1을 지명한다. 중앙선거관리위원의 3분의 1도 지명할 뿐만 아니라, 관행적으로 대법관인 위원이 위원장을 겸임하기 때문에 실질적으로 선관위원장 지명권까지 가진다. 모든 법관에 대한 인사권을 6년간 행사한다. 그런데 대법원장의 권한행사에 대한 견제장치는 실질적으로 거의 없다. 결국 대법원장의 합리적 권한행사는 그의 인격에 의탁할 수밖에 없다. 바로 그 점 때문에 새 대법원장에 대한 기대가 크다.

정치적 이념적 중립성 지켜야

첫째, 차기 대법원장은 지금처럼 이데올로기 논쟁이 극심한 상황에서는 정치적으로나 이념적으로 무색무취한 인물이어야 한다. 법원 내부에까지 광범위하게 퍼져있는 법관들 사이의 이념갈등을 지혜롭게 승화시킬 수 있는 큰 어른이어야 한다.

둘째, 인사권자인 대통령도 발상의 전환이 필요하다. 대법원장은 대법관 중에서 승진하는 자리일 필요는 없다. 대법관 승진 구조로는 대변혁의 시대에 능동적인 발상의 전환이 쉽지 않다. 역대 헌재소장은 초대 소장을 제외하고는 세 분 모두 대법관 출신이다. 대법원장에 헌재재판관 출신이 임명된다면 대법원과 헌법재판소의 갈등을 소통의 장으로 승화시키는 계기를 마련할 수 있다. 더 나아가 대법관이나 헌재재판관 출신이 아니면서도 인격과 덕망을 갖춘 훌륭한 법조인도 눈여겨보아야 한다. 연수원 기수나 연령에도 구애될 필요가 없다.

셋째, 사법부 수장은 시대 변화의 흐름을 꿰뚫어 볼 수 있는 예지를 가진 리더십을 가져야 한다. 법조 인력충원은 사법연수원 시대에서 로스쿨 시대로 바뀐다. 법조일원화에 따라 평생법관시대가 열린다. 젊고 참신한 엘리트 법관시대를 마감하고 세상의 살아가는 이치를 터득한 노회한 법관으로 대체된다. 대법원장이나 법원장의 눈치를 보는 관료화된 사법은 해체된다. 하지만 자기정화와 자기도태가 없는 평생법관제도는 또 다른 재앙일 수 있다.

넷째, 사법도 서비스 시대를 열어야 한다. 법관의,법관에 의한 사법이 아닌 국민의 사법을 위해 국민의 사법참여를 확대해야 한다. 가장 폐쇄적이고 권위적인 법원문화를 획기적으로 개혁해야 한다.

다섯째, 소극적 요건에 매몰되다 보면 국가적 인재를 놓칠 수도 있지만 그래도 지켜야 할 것은 지켜야 한다. 대법원장 후보가 실정법 위반자이어서는 안 된다. 준법遵法의 전범典範이어야 할 헌법재판관, 대법관, 법무장관, 검찰총장 후보자의 실정법 위반에 국민들의 실망이 크다. 대법원장만이라도 준법의 상징적인 인물이 되어야 한다.

시대변화 꿰뚫는 예지 필요

여섯째, 대법원장은 이 시대 최고의 법률가, 3부의 수장으로서 책임과 권위를 함께할 인사여야 한다. 변협이 추천한 5인의 대법관 후보자는 전원 로펌 대표를 포함한 개업 변호사다. 이용훈 대법원장은 대법관 퇴임 후 6년간 60억원을 벌어들였음에도 청문회에서 이를 받아들였다. 그런데 정동기 감사원장 후보자의 사퇴 여파로 지금 이런 분을 받아들일 수 있을지 의문이다. 하지만 실정법보다는 국민정서법에 지나치게 얽매여서는 안 된다. 청렴성도 중요하지만 더 중요한 것은 능력이다.

국민일보 시사풍향계_2011. 7. 31.

사법개혁 이제부터다

입법・행정・사법의 권력분립은 헌법상 국가조직의 기본원리다. 그중 행정부 수반인 대통령, 입법부의 성원인 국회의원은 국민의 직접선거에 의해 선출됨으로써 민주적 정당성을 확보하고 있다. 그러나 사법부는 그 특성상 선거에 의한 구성이 어렵다. 그 때문에 국민을 대신해 대통령과 국회가 최고법원 구성에 개입하고 있다.

대법관 제청파문 '변화'의 기회로

대법원장은 13인의 대법관과 3인의 헌법재판관을 제청할 수 있지만, 헌법상으로는 제청권자일 뿐이다. 임명동의권은 국회에 있으며, 최종 임명권은 대통령에게 있다. 대법원장은 국회와 대통령이 납득할 후보자를 제청해야 할 책무가 있다. 그렇지만 역대 대법원장은 이 권한을 다분히 자의적으로 행사해 온 것이 사실이다.

사법부도 이제 시대의 변화를 수용해야 한다. 관료화하고 노쇠한 사법부는 '국민의 사법부'로 자리 잡기 어렵다. 대법원장이 대법관추천자문위원회를 구성한 것은 변화의 첫걸음이었다. 그러나 이번 자문위원회는 대법원장이 제시한 3인의 후보자만을 대상으로 논의해야 한다는 '한계선'을 그음으로써 일부 위원들이 사퇴하는 파행을 자초했다. 위원회에서 자유로운 토론을 통해 후보자를 추천하자는 제도의 취지가 반영되지 못한 것이다.

그것이 일부 법관들의 반발에 이어 '전국 판사와의 대화'까지 열지 않을 수 없게 된 현 사태의 배경이다. 제도는 마련했지만 이를 형식적 기구로 전락시킨 대법원장의 책임이 크다. 판사와의 대화에서 대법원장이 제시한 후보자를 수용키로 의견을 모음으로써 이번 사태가 일단락된 것은 다행스러운 일이다. 그러나 대법원장은 이번에 제기된 비판을 수용하기보다는 헌법재판관 지명 때 참작하겠다는 방식으로 우회하는 등 논란의 여지를 남겼다.

앞으로가 중요하다. 지금부터라도 진정한 사법부 개혁을 위한 방안을 차분하게 모색해야 한다. 이러한 점에서 대법관후보자 추천 문제가 진보와 보수라는 편 가르기 식의 잣대로 재단되는 것도 곤란하다. 그렇지 않아도 정치권 등 사회 전체가 분열돼 있는 마당에 법이념에 기초해 법적 안정성을 추구해야 할 사법부까지 이런 소용돌이에 휘말리는 것은 결코 바람직하지 않다.

다만 최고법원의 구성에 있어 변화와 개혁이라는 시대정신을 외면할 수는 없다. 지금처럼 20대부터 시작해 평생 법관생활을 한 50대 후반의 법원장급 인사만이 대법관이 되는 관행이 바뀌지 않는 한 최고법원의 재판에 사회의 다원화된 목소리를 반영하기는 어렵다.

최고법원의 다원성은 그 구성에서부터 출발해야 한다. 변호사 법학교수뿐 아니라 국제화시대에 부응해 국제법 전문의 외교관까지도 수용할 수 있어야 한다. 국가최고사법기관이 헌법재판소와 대법원으로 이원화되어 있는 우리나라의 체제에서는 각기 그 기능을 전문화, 특성화하는 작업도 병행할 필요가 있다.

다원화-전문화로 신뢰 회복해야

헌법재판소는 국회, 정부, 법원과 같은 국가권력기관에 대한 헌법적 통제기관으로 자리 잡아야 한다. 반면 대법원은 국민의 구체적 쟁송사건에서 최종 최후의 권리보장기관으로 거듭나야 한다. 우리나라에는 '삼세판'이라는 말이 있다. 국민의 법감정은 재판도 지방-고등-대법원의 3심제를 원하고 있다. 그러나 지금처럼 대법관들이 1인당 월 120건 이상 사건처리 부담을 지는 상황에서는 그 구성이 아무리 다원화돼도 재판의 질적 향상을 기할 수 없다.

대법원 구조의 전면적인 혁신이 요구되는 이유가 바로 여기에 있다. 최종심인 상고심이 내실화, 실질화돼야 국민의 신뢰를 회복할 수 있다. 자유・평등・정의는 대법원 청사 푯말용이 아니라 국민을 위한 사법서비스의 기본지표여야 한다.

법률저널_2003. 8. 26.

총체적 전환기의 법조수장과 리더십

금년은 1948년 대한민국 정부 수립 이후 법원·검찰에 대한 총체적인 전환기의 첫 해를 기록할 것 같다. 무엇보다도 법조인력 충원의 근본적인 변화를 초래한다. 로스쿨 1기생의 졸업과 더불어 당분간 법조인 충원은 사법연수원 졸업생과 로스쿨 졸업생이 병존하는 체제이지만 조만간 로스쿨 졸업생으로 전면 교체된다. 그에 발맞추어 종래 사법연수원 졸업 후 곧바로 임용되던 판·검사 충원 구조가 일정한 실무수습 기간을 거친 기성법조인 중에서 선발하는 제도로 바뀐다. 이는 단순히 기성법조인 중에서 판·검사를 충원한다는 의미를 벗어나서 법원의 고등부장 승진이나 검찰의 검사장급 승진, 더 나아가서 대법관 충원이나 검찰총장 신규임명 시에 동기생들이 사표를 내는 소위 기수期數 문화도 사라질 가능성이 높다. 이는 평생 판·검사 시대를 예고한다. 그렇게 되면 우려하는 전관예우도 자연히 사라질 것이다. 하지만 비록 임기제를 두고 있다고 하지만 거의 그 기능을 못하고 있는 상황에서 평생 판·검사 시대에 접어들면 젊고 참신한 피의 수혈이 매우 어려워질 것이다.

그간 엘리트 의식이 넘쳐나는 젊은 판·검사에 대한 비판이 오늘날 새로운 법조인력 충원 시스템의 한 요인이 된 것은 틀림없다. 반면에 세상 물정을 아는 노회한 판·검사의 정년 보장 시대로 접어들면 자리에 안주하는 새로운 문제점도 야기될 수 있다. 더구나 법원· 검찰이 로클럭 제도를 어떻게 시행할 것인지, 그 숫자는 어떻게 할 것인지 등에 대한 기본적인 제도 설계도 못하고 있는 상황에서 로스쿨 1기생 상당수는 부득이하게 유일한 취업 창구인 로펌으로 떠밀려 가고 있다. 2007년에 로스쿨법이 통과되었음에도 불구하고 아직까지 제도의 기본 설계도 제대로 갖추지 못한 법원·검찰 수뇌부는 비판을 받아 마땅하다.

그런 와중에 8월에는 법무부장관·검찰총장이 교체된다. 더 나아가 9월에는 사법부의 수장인 대법원장이 교체된다. 노무현 정부에서 임명된 이용훈 대법원장이 이명박 정부에서 지난 3년 반 동안 이끄는 과정에서 다소간의 우여곡절도 있었지만 무사히 6년의 임기를 마치는 것은 경하할 일이다. 사법부가 정치권력의 교체에 휘둘려서는 안 되기 때문이다. 87년 체제 이후 한 동안 불안정하던 대법원이 윤관·최종영·이용훈 대법원장에 이르는 18년간 정권교체에도 불구하고 임기를 다 채움으로서 상대적으로 안정을 구가해 왔다.

새 대법원장은 법조계의 대변혁을 이끌어 갈 좌장이어야 한다. 헌법재판소장과 더불어 사법의 두 수장이지만 헌재는 법조 인력 충원과 관련된 논의의 중심으로부터 벗어나 있다. 따라서 새 대법원장 체제가 앞으로 어떻게 법원을 설계해 나가느냐에 따라서 향후 사법의 백년대계가 좌우된다.

재조인력 충원은 그리 간단한 문제가 아니다. 미국형 로스쿨을 도입했다고 해서 완전히 미국식으로 판·검사 충원이 되기는 어려울 것이다. 하지만 아무래도 비슷한 공통분모를 많이 가질 가능성이 높다. 예컨대 로클럭 제도나 일정 기간 실무 수습 후에 판·검사로 임용되는 구조가 그러하다. 그렇지만 실무수습 기간이나 채용 방식과 같은 구체적인 문제에 부닥치면 상당한 차이를 드러내게 마련이다. 그렇다고 우리 식의 사법연수원을 마치자마자 판·검사로 임용되는 프랑스나 독일의 제도도 되돌아갈 수도 없는 상황이다. 바로 그 점 때문에 새로운 제도의 구체적인 청사진을 하루 빨리 제시해야 한다. 수뇌부가 한꺼번에 바뀌는 총체적인 지휘부 교체와 맞물려 법원·검찰이 인사문제로 어수선한 상황을 빨리 정리해서 새 출발을 해야 한다. 기성법조인들이 엉거주춤하고 있는 와중에 미래 한국을 이끌어갈 신세대 법조인들의 마음만 멍들어 간다.

법원·검찰이 하루 속히 불안정을 마무리하고 안정을 되찾아 로스쿨 시대에 법조계의 새로운 청사진을 제시해야 한다. 동시에 대변화의 시대에 법원·검찰을 이끌어갈 수뇌부의 사심 없는 헌신을 기대한다. 젊은 차세대 법률가들의 미래를 밝혀주고 법치국가의 초석을 다지기 위해 자신을 던질 줄 아는 지도자의 모습을 그려본다.

법률저널_2011. 8. 4.

최고법원의 다양성과 다원성

새 헌법이 작동하기 시작하면 임기가 비교적 장기인 상원이나 최고법원의 구성은 3분의1씩 개선함으로써 기관의 정상적인 운영을 제고하는 방향으로 설계된다. 그런데 1987년 체제에서 새롭게 구성하면서 전원 6년 임기로 시작하였기 때문에 금년에 임기 만료되는 헌법재판관과 대법관이 많다.

금년 7월에는 4명의 대법관이 동시에 교체된다. 종래 대법원에서 임의로 설치한 대법관제청자문위원회가 작년 법원조직법 개정을 통해서 법정기관으로 자리를 잡았다. 이에 따라 대법관의 임명절차는 대법관제청자문위원회의 추천→추천된 사람 중에서 대법원장이 대통령에게 임명제청→대통령의 국회 임명동의안 제출→국회 인사청문회→대통령의 임명이라는 비교적 복잡하고 다단계를 거친다. 하지만 실제로는 대법원장과 대통령이 사실상 전권을 가진다. 대법관제청자문위원회의 구성을 보더라도 당연직인 외부인사로 법무부장관 · 대한변호사협회장 · 한국법학교수회장 · 법학전문대학원협의회이사장을 제외하면 실질적으로 내부인사들로 채워진다. 즉 선임대법관 · 법원행정처장은 당연직이고, 대법원장이 지명하는 1인의 부장판사와 외부인사 3인으로 구성된다. 일각에서는 대법원 구성에 외부인사의 개입 특히 법무부장관의 간여에 부정적인 견해가 있다. 하지만 전 세계에서 대법원 구성에 대법원장이 임명제청권을 가지고, 그것도 실질적인 권한을 행사하는 나라가 우리나라밖에 없다. 헌법상 같은 임명제청권인 국무총리의 국무위원 임명제청권과 대법원장의 대법관 임명제청권에 대해서 국무총리의 제청권은 형식적인 것으로 이해하고 대법원장의 제청권은 실질적이어야 한다고 보는 견해가 지배적이다. 사법부 수뇌부 구성에서조차 대법원장에게 절대적인 권한을 부여하고 있고 또 이를 당연시한다.

더 나아가 대법원장은 헌법재판관 3인의 지명권을 갖는다. 이 경우에는 대법관제청자문위원회의 자문이나, 대법관회의의 심의 · 의결 같은 것도 필요 없고 오로지 대법원장의 재량적 권한으로 작동된다. 또 다른 최고사법기관의 구성에 있어서 그 3분의 1을 대법원장이 재량권을 행사한다는 것 자체가 바람직하지 않다. 역설적으로 헌법재판소장이 대법관임명에 전혀 관여할 수 없는 것과도 대비된다. 바로 그런 점에서 우리나라 대법원장의 권한이야말로 제왕적이라고 하지 않을 수 없다.

헌법규범을 떠나 현실적으로 최고법원의 구성에 대해 비판이 제기된다. 관례적인 1인의 검찰출신 보임에 대해서도 비판적이다. 하지만 준사법기관인 검찰출신 인력의 충원을 통해서 대법원 구성에 최소한의 다양성을 확보한다는 점을 받아들여야 한다. 또한 왜 서울법대 출신의 50대 중후반의 남성이냐 하는 비난이다. 이들이 사법시험에 합격할 즈음에 절대 다수가 바로 이들이었다는 시대적 특성을 이해하여야 한다.

여성 법조인에 대한 특별한 배려가 필요하다는 점에서 이번에는 아쉽기도 하다. 더구나 어렵게 2인을 확보했던 대법관에서 1인으로 후퇴했다는 점에서 더욱 그러하다. 하지만 이 문제는 조금만 기다리면 해결될 문제이다. 근자의 신규법관임용의 현황을 보면 조만간 오히려 남성에 대해서 적극적 평등실현조치 affirmative action라도 실시해야 할지 모를 일이다. 김영란 대법관은 선배 기수인 전수안 대법관을 제치고 먼저 임용되었다. 50대 중반에 임기를 마친 김 전 대법관은 결국 정부직으로 들어갔다. 대법관까지 마친 분이 정부에 들어가는 것은 바람직하지도 않고 좋아보이지도 않는다.

하급법원과 달리 대법원이나 헌법재판소는 국가최고사법기관이다. 특히 헌법재판소의 구성에 있어서 우리나라처럼 오로지 '법관의 자격을 가진 사람'으로 구성되는 나라는 없다. 그런 점에서 이제 헌법재판소부터 그 구성에 있어서 헌법학자뿐 아니라 경제학자 · 정치학자 더 나아가 인권운동가까지 포용하는 열린 자세가 필요하다. 이들의 역할이 판사 · 검사출신 법률가보다 오히려 더 요구된다. 대법원도 마찬가지다. 검찰관뿐 아니라, 법학교수 · 직업외교관까지 대법관으로 포용하는 일본 최고재판소의 예를 외면해서는 안 된다. 헌법재판소와 대법원의 구성이 법조인의 틀 속으로 매몰되어 있는 한 진정한 국민의 사법으로 갈 길이 멀다.

법률저널_2012. 7. 7.

열린 사법, 양승태 대법원장에 거는 기대

사법부의 두 수장인 대법원장과 헌법재판소장은 6년마다 교체된다. 6년의 이용훈 대법원장 시대를 마감하고 새로 양승태 대법원장이 9월 26일에 취임했다. 대법원장 임명동의안과 민주당이 추천한 조용환 헌법재판관 임명동의안이 맞물려 자칫 사법수장의 공석상태가 연출될 수 있다는 우려가 제기되었으나 민주당 손학규 대표의 결단에 따라 무사히 국회를 통과하였다. 민주화 이후에 정권교체나 정쟁의 소용돌이 속에서도 윤관, 최종영, 이용훈으로 이어지는 대법원장의 안정을 구가할 수 있었던 것은 한국 사회의 성숙성을 반영한 결과이다. 더 나아가서 대통령의 대법원장 임명제청권이 편파적이지 않았다는 점을 증빙하기도 한다. 이제 막 업무를 개시한 양승태 대법원장에게는 무거운 짐이 부과되어 있다.

첫째, 법조인력 충원이 근본적인 변화를 초래한다. 2017년에는 고등고시 사법과에 이어 사법시험으로 연결된 법조인 배출제도가 종언을 고한다. 대신 내년부터 법학전문대학원을 졸업하고 변호사시험에 합격한 새로운 자원이 이를 대체하기 시작한다. 그런데 새 제도의 시행에도 불구하고 향후 법조인 충원시스템에 대한 청사진이 보이지 않는다. 로스쿨 졸업생들을 로클럭으로 법원에 임용할 것인지, 임용한다면 언제 어떻게 임용하며 그 역할과 기능은 어떻게 할 것인지 등에 대한 본론이 전혀 보이지 않는다. 이 와중에 우수한 로스쿨생들은 대형 로펌으로 내닫는다. 이 모든 책임은 대법원과 법무부에 귀착된다. 이는 단순히 법조인력 충원의 문제만이 아니라 대한민국 사법부의 미래를 어떻게 설계할 것이냐 와도 직결되는 사안이다.

둘째, 법원검찰을 포함한 법조 전체에 대한 국민의 곱지 않은 시선을 직시해야 한다. 법관은 선출된 권력이 아니라 임명된 권력이다. 그만큼 국민의 뜻과 관계없는 이들이 3권의 한 부를 장악하고 있다. 국민의 살아 있는 감시의 틀 속에 있는 국회나 정부와는 달리 유아독존으로 내비칠 소지가 많다. 실제로 최근 법관들의 일탈된 행동이나 판결에 대한 국민적 의구심이 깊어 간다. 국민의 생명 · 재산 · 자유와 권리의 최종 · 최후의 수호자인 법관에 대한 국민적 기대를 저버려서는 안 된다. 법관은 헌법과 법률과 양심에 따라 재판한다. 이 때의 양심은 개인의 주관적 양심이 아니라 대한민국 법관으로서의 직업적 양심에 투철해야 한다. 개인적인 호 · 불호를 떠나 무엇이 이 시대의 법관이 가져야 할 윤리적 · 도덕적 책무인가를 명심해야 한다. 어쩌면 이 문제는 법원의 수장인 대법원장 마음대로 할 수 있는 일이 아닐 수도 있다. 하지만 대법원장은 법원의 큰 어른으로서 법관의 바람직한 재판과 삶의 방향을 제시하고 이를 조타하는 역할을 결코 소홀히 해서는 안 된다. 대법원장은 단순히 대법관에서 승진한 자리가 아니라 사법부를 책임지는 막중한 위치에 걸맞는 행동과 양식이 필요하다. 양승태 대법원장 자신은 보수와 진보 어느 쪽도 아니라고 한다. 무엇보다 보수 진보라는 일원적인 편 가름이 아니라 법관은 어두운 곳에 빛을 비출 수 있는 시대의 등불이어야 한다.

셋째, 사법도 서비스여야 한다. 사법은 입법부의 법제정에 집행부의 법집행이 제대로 되었는지를 제어하는 법선언적 작용에 터 잡고 있다. 일반 국민들은 행정의 투명성이 제고되면서 관청의 문턱이 대폭 낮아지고 있다는 것을 실감한다. 하지만 법원의 문턱은 여전히 높다. 가장 불친절하다는 점에서도 우등감이다. 보통 사람들은 평생 법원에 갈 일이 없다. 무엇인가 불편하고 부당한 일을 당한 사람들만이 법원을 찾는다. 어렵게 하소연하고 싶은데 정작 법원은 싸늘하기 그지없다는 게 중론이다. 이래서는 안 된다. 또한 일반 국민들도 법원이 과연 무엇을 어떻게 잘 하고 있는지 여부를 판단하고 감시할 수 있는 기회를 가져야 한다. 국민의 사법참여가 형사재판에서 활성화되면서 법원에 대한 인식도 상당히 긍정적으로 작동한다. 더 나아가 재판의 공정성과 정확성도 중요하지만 신속성을 외면해서는 안 된다. 그런 점에서 대법원의 개혁도 필요하다. 대법관 증원에 반대하는 논리만으로는 국민들을 설득시킬 수 없다. 법관의 법관에 의한 법관을 위한 사법이 아니라 시대 흐름에 부응하는 열린 사법만이 국민의 신뢰를 받는 사법으로 승화할 수 있다.

법률저널_2011. 10. 7.

법감정과 사법적 판단의 괴리

근래 한국사회에서 전개되고 있는 법조계를 둘러싼 일련의 사태는 도를 넘어 심각한 수준이다. 영장청구와 관련된 법원과 검찰 사이의 해 묵은 갈등에 더하여 강기갑 의원의 소위 '공중부양' 무죄 판결과, 2008년 이명박 정부 출범과 더불어 온 나라를 광우병 공포에 몰아넣는 결정적 동인을 제공한 MBC PD수첩 프로그램 제작자에 대한 무죄 판결은 법률가집단 전체에 대한 국민적 감정의 갈등을 증폭시킨다.

"법관은 헌법과 법률에 의하여 그 양심에 따라 독립하여 심판한다"(헌법 제103조). 여기서 양심이란 법관 개인의 주관적 양심이 아니라 사회적 객관적 양심이어야 한다. 그런데 법관이 내린 판결에 대하여 수많은 이론異論이 제기될 수 있다. 세간의 관심을 끄는 사건일수록 일반 국민들의 평균인적 법감정과도 부합하면 이상적이다. 하지만 다원화된 현대사회에서 그렇게 일의적으로 결론이 나지 않는 경우가 많다.

중국 전국시대의 병법가 손자가 쓴 일벌백계一罰百戒는 하나에게 벌을 줌으로써 만인에게 경종을 울리는 전술전법이다. 우리 사회에도 흔히 일벌백계가 통용된다. 강기갑 의원의 기소를 통해서 국회 폭력에 대해 경종을 울리고자 하는 취지에는 누구나 쉽게 공감할 수 있다. 민의의 전당인 국회가 더 이상 폭력 앞에 무방비 상태에 빠져서는 안 된다. 하지만 국회에서 폭력을 일으킨 의원이 어디 강 의원 뿐인가라는 반론에 대하여 제대로 된 답변을 내 놓기가 쉽지 않다. 바로 여기에 검찰권 발동의 한계가 문제된다. 국회 폭력에 대한 국민적 비난 여론과 폭력의 원천적 차단을 요구하는 시대의 목소리는 맞다. 하지만 특정 의원만을 국회 폭력의 원흉으로 삼아서 형사처벌을 가하는 것이 옳은 것이냐는 별개의 문제다. 그간의 논의에서는 그 구별의 획이 없는 상태에서 혼란을 더욱 부채질한다.

PD수첩 건은 또 다른 문제이지만 따지고 보면 근본에 있어서는 별 차이가 없다. PD수첩은 프로듀서들이 제작보도하는 우리나라의 최장수 프로그램이다. PD수첩이 PD저널리즘이라는 새 분야를 개척하였다고 축배를 들 정도다. 방송프로그램의 일종이기 때문에 보도의 자유도 만끽한다. 때로 정론의 날을 세우다가 방송사 습격까지 당할 정도로 나름의 자존을 지켜온 프로다. 하지만 PD수

첩의 광우병 특집은 사실 인정에 있어서 왜곡된 측면이 존재한다. 시간을 다투는 뉴스 보도와 달리 PD수첩의 보도 내용은 오랜 기획을 통한 탐사보도 형식이기 때문에 상대적으로 오류가 발생할 소지가 적다. 그럼에도 상당부분에서 오류가 지적되었다. 스스로도 정정보도청구를 인용했다. 보도로 인한 손해에 대해서는 손해배상청구소송이 진행되고 있다. 이번 판결은 형사처벌을 할 것이냐의 여부에 있다. 법원은 이 정도로는 형법상 명예훼손죄가 성립되기 어렵다는 입장이다. 결론에 일응 동의할 여지가 많다. 언론의 자유가 갖는 민주주의의 생명선에 대한 소중함을 일깨워주고 있다. 하지만 무죄의 결론 즉 언론보도를 형사처벌하지는 않는다고 하더라도 판결문 속에 잘못된 언론보도에 대해서는 분명히 옥석을 가려주어야 했다. 즉 이미 제작진 측에서 인정한 오류뿐 아니라 고등법원의 판결을 통하여 인정한 정정보도청구부분에 대해서는 아무리 언론의 자유가 중요하다고 하더라도 더 이상 잘못을 저질러서는 안 된다는 점을 분명히 적시해야 했다.

두 사건의 와중에 법원 내 진보적인 성향을 가진 법관들의 모임인 우리법연구회가 도마에 올랐다. 이번 판결과 우리법연구회 및 그 회원과는 무관하다. 그럼에도 우리법연구회가 논란의 표적이다. 심지어 군사정권시대의 하나회에까지 비견된다. 법관들이 자치적으로 연구모임을 갖고 연구 활동을 계속하는 것은 바람직하고 오히려 권장해야 한다. 하지만 아무리 동기가 순수하고 좋은 일을 한다고 하더라도 사회적 물의를 일으키고 조직에 누가 된다면 문을 닫고 휴면하는 게 순리다.

이제 좀더 냉정을 되찾아 이성적 자세를 갖고 사법의 본질이 무엇인지, 사법개혁의 방향은 무엇인지, 추진은 어떻게 하여야 할 것인지에 대해 고민을 할 때다. 특정 사건에 일희일비해서는 안 된다. 문제의 근본을 파고 더는 자세가 필요하다. 차제에 법률가에 대한 국민적 기대에 제대로 부응하고 있는지에 대한 근본적 성찰이 필요하다.

법률저널_ 2010. 2. 5.

법조계의 세대교체와 내일을 향한 설계

'사'(士 또는 師)자字가 들어간 직업을 선호하는 경향은 양의 동서를 막론하고 변함없는 듯하다. 특히 우리나라에서는 1997년 IMF를 겪으면서 결정적으로 심각해지고 있다. 시체말로 의대, 치대, 한의대, 약대 다음에 다른 대학이 있다고 할 정도로 이공계에서의 이들 사자 직업군을 배출하는 대학의 편중현상은 노골적이다. 인문계에도 전통적으로 판사 · 검사 · 변호사를 배출하는 사법시험이나 회계사시험이 소위 고시라는 이름으로 젊은 엘리트들의 각축장이 되고 있다. 사자 직업군 때문에 상대적으로 행정, 입법, 외무고시가 밀리는 추세다. 이들 행정시험은 임용시험이기 때문에 자격이 부여되지 않고 있는 탓에 자격시험을 선호하는 결과다.

사자 직업의 자격을 선호하는 이유는 무엇보다도 실직失職이 되지 않는다는 점에 있을 것이다. 이들 자격증은 시효가 없는 것도 특징이다. 이를테면 죽을 때까지 안고 갈 수 있는 자격이다. 실제로 변호사 · 의사 · 약사는 평생 일을 한다. 대학이나 법원 · 검찰을 떠나서도 활동을 계속하고 있으니 일반인들의 부러움을 살만한 직업임에 틀림없다. 더구나 전관예우까지 받으면 그야말로 금상첨화錦上添花다. 돈도 있고 여유가 있을수록 출근할 데가 없는 것만큼 서글픈 일이 없는 듯하다. 그래도 변호사들은 출근할 사무실이 마련되어 있다. 이래저래 조금만 신경 쓰면 사무실 유지비 정도는 마련되는 모양이다. 정 안되면 변호사 사무실 간판을 집에 걸어 놓는 분도 있다.

그런데 세상이 바뀌고 있다. 평생직업이 보장된다는 변호사업계에도 찬바람이 불기 시작했다. 고령화 사회에 접어들면서 건강한 장수는 늘어 가는데 오히려 직업전선의 퇴임 시기는 빨라진다. 한국을 대표하는 재벌기업 삼성은 이건희 회장의 '젊음' 화두와 더불어 CEO 연령이 50대 초반으로 내려왔다. 변호사업계도 예외는 아니다. 환갑을 지나면 서서히 은퇴준비를 해야 하는 세상이다. 과거에 사법시험 합격자 전원이 판검사로 임용되던 시절에는 판검사 퇴임 후에 변호사로 활동해 왔다. 앳된 판검사 앞에서 부모 뻘 되는 백발이 성성한 노변호사의 변론이 이어졌다. 이제 그런 법정의 풍속도도 옛날 얘기다. 젊은 변호사들이 대량으로 배출되면서 송무 일도 이들의 차지다. 이런 상황이다 보니 예컨대 대한변협 회장에 취임하시는 분들은 회장 재임시에 변호사 사무실을 사실상 접어둘 뿐만 아니라 회장 퇴임 후에도 변호사로서의 활동을 거의 하지 않는다.

이번에 서울변협회장 선거에 돌풍이 일어났다. 비록 낙선하기는 했지만 쟁쟁한 선배 변호사들을 제치고 30대 초반의 새내기 변호사가 근소한 차이로 2위를 기록했다. 젊은 변호사들의 위기의식이 표심으로 드러난 것이다. 청춘을 담보해서 나라에서 제일 어려운 시험에 합격하고도 미래가 보장되지 못하는 현실을 안타까워한다. 지금 같은 분위기라면 2년 후에는 30대 서울변협회장이 탄생하지 말라는 법도 없다. 더구나 내년이면 사상 처음으로 로스쿨 졸업생도 변호사 대열에 동참한다. 내년에는 적어도 2천명 이상의 변호사가 배출된다. 그 많은 변호사를 소화할 여력이 있는지 의문이다. 낙관론과 비관론이 교차한다. 사법연수생들은 그래도 연수원에서 단일한 창구를 통해서 통일적으로 진로지도가 가능하다. 그런데 로스쿨의 경우는 전국 25개 대학에서 각기 알아서 취업지도를 해야 하는 상황이다. 더구나 사법연수생은 1천 명 중 그래도 2~3백 명 정도는 판검사로 진출하기 때문에 나머지 6~7백 명 정도가 로펌이나 공공기관에 취업한다.

그런데 로스쿨 졸업생들은 곧바로 판검사로 임용될 것 같지도 않은 상황이고 보면 1천 5백 명에 이르는 졸업생들이 어디로 가야할지 오리무중인 상황이다. 1년 후면 로스쿨 졸업생이 배출되는데 법원이나 검찰은 아직까지 이들을 언제 어떻게 채용할지에 관해서 아무런 청사진도 제시하지 않고 있다. 2007년 로스쿨법이 통과되고 내년이면 졸업생을 배출하는 시점에도 불구하고 미래 한국법조를 이끌어갈 인재들을 불안한 광장으로 내모는 현실이 안타까울 뿐이다. 로스쿨의 시계추를 되돌릴 수는 없다면 비록 갈 길이 멀고 험하더라도 내일을 향한 설계를 더 이상 늦춰서는 안 된다.

법률저널 사회_2011. 2. 11.

판검사 충원시스템의 새로운 설계

당분간 법률가의 길은 투 트랙two track으로 진행된다. 사법시험 합격 후 사법연수원 2년 과정을 수료한 경우와 로스쿨 3년 과정을 이수하고 변호사시험에 합격한 경우이다.

대법원은 로스쿨 출신 변호사를 바로 법관으로 임용하지 않을 것은 확실해 보인다. 그렇다면 향후 법관은 미국식으로 법원에서 '로클럭'law clerk으로 근무하는 경우와 변호사와 검사 중에서 충원하게 될 것이다. 하지만 로클럭 제도는 자칫 몇 년 전에 폐지된 예비판사제도의 부활이 아닌가 하는 의구심도 갖게 된다. 만약 로클럭 출신이 대부분 법관으로 임용된다면 예비판사와 다른 것이 없을뿐더러 법조일원화에도 도움이 되지 않는다. 따라서 로클럭 제도를 도입하더라도 매우 제한적인 범위 내에서만 작동되어야 할 것이다.

한편 법무부는 로스쿨을 졸업한 변호사에 대해 새로운 검사충원 방안을 발표하였는데, 로스쿨졸업 및 변호사시험 합격자 중에서 서류전형과 면접을 거쳐서 선발하는 경우는 지금의 연수원 졸업생을 검사로 채용하는 것과 별반 차이가 없다. 그런데 사전선발제도가 논란의 중심에 있다. 전국 25개 로스쿨 원장의 추천을 받아 3학년 1학기에 재학 중인 학생을 학교별 정원에 비례하여 후보군을 선발한 다음에 방학 동안에 검찰 심화실무실습과 연말의 면접을 거쳐서 예비검사를 선발하겠다는 것이다.

사전선발의 적실성과 문제점을 살펴보면 첫째, 우수한 검찰인력을 미리 확보하겠다는 취지가 담겨 있다. 하기는 요즈음 로펌을 선호하는 트랜드에 편승하여 대형 로펌들은 로스쿨 1년생까지도 입도선매하고 있는 상황이고 보면 엘리트 선점 시장에 검찰이 뛰어드는 것도 무리가 아닐 것이다. 하지만 로펌이라는 기업은 별론으로 하더라도 최고의 윤리를 요하는 공익의 실현자인 검사를 변호사시험도 거치지 않은 이를 미리 뽑는다는 것은 납득하기 어렵다.

둘째, 법무부의 사전선발제도는 로스쿨의 조기정착을 바라는 국가적 책무를 반영한 것으로 이해할 수도 있다. 로스쿨의 핵심은 법률가를 시험을 통한 선발에서 교육을 통한 양성에 있다. 그런데 변호사시험이 지금의 사법시험과 유사한 형태로 떨어뜨리기 위한 시험이 된다면 로스쿨 교육은 황폐화될 수밖에 없다. 바로 그 점 때문에 법무부는 재야 법조계의 거센 반발에도 불구하고 로스쿨 입학생의 75% 이상이 변호사시험에 합격하도록 설계한 바 있다. 25개 로스쿨은 이에 화답하여 교육의 질적 제고를 다짐하는 방안을 제시하고 있다. 로스쿨이 교육의 장이 아니라 시험의 장으로 전락하는 순간 이미 그것은 로스쿨로서의 생명력을 잃어버린 것으로 보아야 한다. 이에 따라 법무부는 원장의 추천을 받아 학교에서 성실하게 학업을 이수한 학생에 대해 우선적으로 배려하겠다는 것이다. 하지만 전국의 로스쿨을 일률적으로 정원에 비례하여 선발하는 것 또한 또 다른 로또 뽑기 식이 될 우려가 크다. 변호사시험이 자격시험이 되어야 한다는 점에는 이의가 있을 수 없겠지만 로스쿨 사이의 선의의 경쟁은 필수적이다. 정원에 비례한 검사선발이 자칫 로스쿨의 하향 평준화를 초래하는 제도로 전락해서는 안 될 것이다.

결론적으로 로클럭이던 사전선발이던 간에 법원과 검찰의 기본입장은 우수한 인력을 빨리 많이 확보하겠다는 취지로 보인다. 현실적으로 진행되고 있는 시장의 거센 도전 앞에 법원검찰의 위기감을 이해 못할 바는 아니다. 또한 우수한 인재들이 공직에서 더 많은 국가사회적 기여를 해야 하는 것도 당연한 이치다. 하지만 법원검찰이 로펌이라는 시장을 상대로 너무 속 보이는 듯한 태도를 보이는 것은 바람직하지 않다. 동시에 기성 법조계에서도 이제 로스쿨제도의 당부를 시시비비할 때는 지났다는 점을 고려하여 대승적 차원에서 사안의 본질에 접근해야 한다. 설사 사법시험을 통한 법률가 충원시스템이 바람직하다고 하더라도 이미 로스쿨로 법제화된 현실을 외면하거나 거부해서는 안 된다. 사법시험의 대를 이을 로스쿨 출신의 차세대 법률가들에 대한 애정과 격려가 필요한 시점이다. 로스쿨 출신의 충원시스템을 현대판 음서蔭敍제도라고까지 폄하할 필요는 없다. 어차피 전 세계적인 공직자 충원 시스템은 시험을 통한 선발이 아니라 인재를 두루 찾아나서는 방향으로 전환되고 있다. 우리도 이미 행정부의 사무관충원이 행정고시 출신보다는 특채가 더 많은 게 현실이다.

법률저널 사회_2011. 3. 4.

경력법관제, 너무 늦추면 안 된다

로스쿨제도가 도입되면서 법조계 전반에 지각변동이 일어날 조짐을 보인다. 사법시험 합격자 1천명시대에 접어들면서 전국의 개업변호사가 금새 1만명을 훌쩍 넘어섰다. 이제 로스쿨 졸업 예정자만 2천명에 가까운데 여기에 더하여 사법시험합격자도 그 숫자가 줄어들긴 했어도 여전히 상당수를 차지한다. 즉 2012년의 경우 2009년 사법시험 합격자 1천명이 사법연수원을 수료하고 동시에 로스쿨 졸업자도 변호사시험에 합격한다. 그렇게 되면 한 해에 적어도 2천5백명 이상의 법률가가 배출된다.

변호사 숫자만 늘어나는 것이 아니라 현재의 판검사 충원구조도 전면적인 변화가 불가피하다. 지금과 같이 사법연수원 졸업생이 바로 판검사가 되는 시스템은 유럽식이다. 현재의 판검사 충원 구조는 젊을 때부터 소위 세속에 때 묻지 않은 상태에서 올곧게 현직에서 봉사할 수 있다는 장점도 분명히 있다. 승진경쟁에서 조직 내부의 적자생존의 원칙이 비교적 철저하게 지켜지고 있는 것도 장점이다. 하지만 승진에서 탈락한 판검사들이 울며 겨자먹기 식으로 옷을 벗어야 한다. 속된 말로 법관 경력 20여년차에 이르러 이제 막 법률가로서 물이 오른 상태에서 방출되는 문제점이 드러난다. 아까운 인재들이 평생직장으로 봉사하지 못하는 것은 바람직하지 않다. 또 다른 한편으로는 그 사이 우리 국민들은 젊은 법관으로부터 재판을 받는 것에 대한 불만이나 불안감이 불식되지 않고 있다. 하급심법원에서 흔히 볼 수 있는 새파랗게 젊은 법관이나 검사 앞에서 백발의 변호사가 변론하는 모양새를 별로 내키지 않는 장면으로 생각한다.

로스쿨이 도입되면서 법관 충원을 법조유경력자로 해야 한다는 견해가 지배적이다. 혹여 이러한 생각들이 로스쿨 졸업생의 법조실무능력을 폄하해서 하는 것은 아니기를 바란다. 로스쿨 학생들은 지금 방학 때마다 실무수습을 하고 있다. 이들이 시험에 얽매이지 않고 자유롭게 학습함으로써 오히려 개방적 사고를 가진 법조인이 될 수도 있다. 재학 중에 나름대로 충분히 연수를 하고 있기 때문에 로스쿨 졸업 후 판사는 사법연수원에서 검사는 법무연수원에서 6개월 정도의 실무수습만 마치면 지금의 사법연수원 졸업생보다 못할 것이 없다. 다만 로스쿨 자체가 미국식을 모델로 삼은 것인 데다가 국민여론도 경력법관제를 원하고 있는 점에 비추어 본다면 경력법관제를 굳이 반대하고 싶은 생각은 없다.

그런데 한나라당과 대법원의 경력법관에 관한 인식에 차이가 드러난다. 대법원은 5년 이상 검사·변호사 경력자 중에서 법관을 임용한다는 잠정안을 제시하고 있다. 한나라당의 안은 10년 이상의 검사·변호사·법학교수 경력을 가진 자를 법관으로 임용하자는 것이다. 초임법관의 연령을 기준으로 본다면 아무리 빨리 로스쿨에 입학해도 졸업연령이 평균 28세를 상회한다. 여기에 남학생은 3년의 군법무관을 지내야 한다. 그렇게 되면 법률가로서 사회 첫 출발은 30세를 훌쩍 넘어선다. 여기에 10년의 재야 법조인 생활을 거치면 40세 이상이 돼야 법관이 될 수 있다. 40세면 공자 말씀이 불혹不惑의 나이에 접어든다고 했다. 자기 인생에 대해 어느 정도의 설계가 끝난 상태다. 그렇다면 검사·변호사·법학교수로서 나름대로 성공적인 삶을 살고 있는 법률가라면 굳이 나이 40에 초임 판사를 할 이유가 없을 것이다. 그것도 배석법관부터 시작해야 한다. 따라서 특별한 경우가 아니면 각 직역에서 성공적인 법률가로서의 삶을 살아가고 있는 사람은 새삼 법관을 지원할 이유가 없다면 아무래도 최고의 법률가가 법관을 지원한다는 보장이 없다.

따라서 경력법관제를 실시하더라도 5년 이상의 법조경력자에게 폭넓게 법관으로 수용하는 것이 바람직해 보인다. 그렇게 되면 대체로 3십대 중후반의 나이에 법관의 길을 갈 것인지 아니면 다른 법률전문직에 평생 종사할 것인지 결단을 내릴 수 있다. 경력법관제가 법률가로서의 완성품을 요구할 것이 아니라 미완의 대기大器를 키우는 과정으로 정착되는 것이 바람직하다. 그래야만 우수한 자원이 법관직에 취임하여 평생직장으로서의 법관을 계속할 수 있을 것이다.

법률저널_2010. 4. 2.

국가인력충원 체계의 재구축

임진년 새해가 밝아왔다. 특히 금년은 87년 헌법체제 아래에서 20년만에 총선과 대선이 함께 진행된다. 그만큼 정치적으로 격변을 예고하고 있다.

정치의 계절 못지않게 사법부도 새로운 시대의 원년을 맞이한다. 사법연수원 졸업생 1천명 시대를 마감함과 더불어 법학전문대학원 소위 로스쿨 출신이 법조인으로 진입한다. 과도기적 양상이긴 하지만 연수원 출신과 로스쿨 출신이 겹치면서 법조인 숫자가 혁명적으로 늘어난다. 법관과 검찰관의 충원 시스템도 변화를 맞이한다. 특히 연수원출신이 곧 바로 법관으로 임명되는 것은 금년으로 마감한다. 대신 로클럭이라는 새로운 제도를 통해서 법관보조관으로서 실무를 수습하게 한다. 향후 법관은 일정한 실무경험을 가진 자로만 선발하게 된다. 이에 따라 법조일원화가 구현된다. 상당기간 실무수습을 거친 후에 법관으로 부임한다는 점에서 재판에 임하는 능력은 훨씬 향상될 것이다. 이를 통해 평생법관제도로 나아갈 예정이다. 이미 법관의 정년도 63세에서 65세로 상향 조정되었다. 하지만 사법부의 보수화와 폐쇄적 상황이 가중될 것이라는 우려에도 귀를 기울여야 한다.

무엇보다 로스쿨을 통해서 다양한 학문적 배경을 가진 법학도를 양성한다고 하지만 이상과 현실의 조화는 그리 녹록하지 않아 보인다. 사회경제적 여건도 그리 좋지 않은 상황이라 법률가의 취업의 문은 갈수록 좁아든다. 돌파구의 하나로 제시된 준법지원인 제도에 대해서 경제계에서는 직역이기주의라는 식의 비판적 인식이 만만찮다. 로스쿨 시대를 맞이하면서 법률가들도 기존의 법원·검찰을 중심으로 송무에만 매달릴 것이 아니라 법적 기재가 작동하는 현장에서 실사구시의 자세를 견지해야 한다. 어차피 송무는 한정되어 있고 공직도 기회가 제한적이다. 그렇다면 미래 법조계의 블루 오션은 경제계일 수밖에 없다. 준법지원인도 좋지만 좀더 낮은 자세로 임해야 한다. 초급 법률가로서 겸허하게 배운다는 자세로 임한다면 충분히 그 능력과 자질을 발휘할 기회가 부여될 수 있을 것이다.

정부당국자나 경제계도 법률가에 대해 좀더 개방적인 자세로 받아들여야 한다. 고등고시 사법과나 사법시험을 통한 법률가 충원이 로스쿨로 대체되듯이,

고등고시 행정과나 행정고시를 통한 행정관료의 배출도 새로운 변화가 불가피하다. 기존의 행정고시 시스템만으로는 다원화된 시대가 요구하는 인재를 충원하는 데 한계가 있다. 실제로 사무관의 신규진입은 행정고시보다는 특별채용을 통한 전문가 충원이 앞서가고 있다. 현대행정은 법치행정으로 나아갈 수밖에 없다면 행정관료도 법률가의 수혈이 불가피하다. 특히 외무관료 충원시스템의 혁신적 변화는 공적 인재의 리크루팅에서 새로운 혁신이다. 국립외교원은 시험을 통한 인재의 선발이 아니라 교육을 통한 인재의 충원 시스템이라는 점에서 로스쿨과 일맥상통한다. 다만 국립외교원 입시에 외무고시 과목처럼 너무 많은 것을 요구하는 아쉬움이 있다.

경제계도 마찬가지다. 어차피 경제계의 인력충원도 공직과 경쟁관계에 놓일 수밖에 없다. 어렵고 가난하던 시절에는 고위공직에 오르는 고시만이 유일한 출세의 통로였다. 하지만 세계 10위권 경제대국에 이르면서 공직보다 명예는 덜할지 모르지만 비교적 자유롭게 사생활을 영위하고 경제적 여유를 갖는 경제계로 최고급 엘리트가 몰리는 경향이다. 이는 곧 공직과 사직 사이에 인력충원이 경합적이고 경쟁적인 관계로 변모했음을 의미한다. 기업경영도 이제 글로벌한 보편적 법과 원칙에 입각해야 하기 때문에 우리나라를 대표하는 엘리트 계층인 법률가를 경제계에서도 적극적으로 수용하여 윤리경영의 토대를 마련해야 한다. 준법지원인 제도도 법률가의 직역이기주의 산물로 볼 것이 아니라 기업경영에 있어서 법률가의 도움이 얼마나 필요한지를 스스로 체득할 수 있는 호기로 삼아야 한다.

사법인력 충원의 대변혁을 맞이한 원년에 정부, 법조계, 경제계가 힘을 합쳐서 법조인력 충원의 새 틀을 마련해야 한다. 법률가는 불편한 이웃이 아니라 반드시 필요한 도움이라는 인식이 우리 사회에 팽배할 때 민주법치국가로의 새로운 초석을 마련할 수 있을 것이다. 법률가들도 좀 더 낮고 겸허한 자세로 국민들 편에 가까이 다가설 준비를 해야 한다.

법률저널_2012. 1. 6.

신뢰의 위기에 선 법조계

대중문화가 시대를 압도하는 현상이 오늘의 세태를 반영한다. 정보의 대량적 · 집단적 유통이 일상화된 초고속 정보사회에서 펼쳐지는 정보전쟁은 언제나 한 편의 드라마는 방불케 한다. 그 와중에 '법관은 판결로만 말한다'라는 법언이 말해주듯 은둔이 오히려 필요한 최소한 덕목으로 여겨지던 법조계조차도 새로운 시대 환경에 변신이 불가피해 보인다.

주권자로부터 선출된 권력인 대통령을 중심으로 하는 정부나 국회는 그 스스로 국민적 정당성을 확보하고 있다는 점에서 정치적 우월성을 담보하고 있다. 다만 이들은 끊임없이 주권자의 심판대상이라는 점에서 언제나 여론의 흐름에 민감할 수밖에 없다. 반면에 3권분립의 또 다른 축을 이루는 사법부는 임명된 권력이지만 엘리트로서의 자부심과 자긍심이 국민적 신뢰를 담보해 왔다. 그런데 민주화 이후에 국민들의 주권의식이 제고되면서 왜 입법이나 행정과는 달리 사법에는 국민적 참여가 봉쇄되어야 하느냐 하는 비판이 제기되기에 이른다. 이에 국민이 재판에 참여하는 '국민의 형사재판 참여에 관한 법률'이 제정되고, 소위 스폰서 검사 문제가 불거 터지면서 검찰권행사에도 국민의 참여를 보장하는 검찰시민위원회가 작동하기에 이른다.

하지만 국민들의 사법작용에 대한 불만은 고조되기만 한다. 이 와중에 폭발한 영화 '도가니'와 '부러진 화살'은 사법 불신을 정조준하기에 이른다. '도가니'는 우리 사회의 일그러진 초상을 총체적으로 고발하면서 그 와중에 법원도 예외가 아니라는 점을 강조한 정도라면, '부러진 화살'은 사법부를 정조준한 영화라는 점에서 그 파장은 결코 만만치 않다. 물론 둘 다 영화 즉 픽션임에도 불구하고 사실fact에 기초해 있다는 점을 강조함으로써 더욱 더 논쟁을 가열케 한다. 사법부는 영화는 어디까지나 영화일 뿐이라면서도 그 사회적 파장에 당혹해 한다. 그러나 대부분의 국민 대중은 이게 바로 오늘날 사법의 현실이라고 생각한다. 여기에 국민과 사법부 내지 법조계와의 간극이 존재한다.

김대중 전 대통령이 야당 총재이던 시절에 검찰 공안부에서 하루 종일 신문을 받고 나오면서 한 말이다. '좋은 대학 나와서 어려운 시험에 합격하여 검찰에 있는 사람들이 기껏 이런 일들이나 하고 있나'라는 탄식이었다. 그가 대통령이

된 이후에 검찰에 내린 휘호는 '검찰이 바로서야 나라가 바로 선다' 였다. 그만큼 법원이나 검찰의 중요성을 강조한 경구이다.

하지만 대한민국 법조계가 국민적 기대에 부응해 왔는지 깊이 성찰해 보아야 한다. 실제로 법원 · 검찰에서 직면하는 사건은 당사자들이 더 잘 알 수 있는 사안들이다. 실체적 진실을 발견하려는 법률가들의 노력이 만약 진실에 어긋난다면 당사자들 중 일방은 비웃고 있을 따름이다. 전지전능한 하느님만이 실체적 진실을 알 수 있을 텐데 법률가는 그 실체적 진실을 현실 속에서 찾아내야만 한다. 그 얼마나 어려운 일인가. 성직자가 해야 할 일을 법률가가 대신하고 있는 것이다. 하지만 법률가들은 저들만의 성체를 쌓아둔 채 대중들에게 '너희들은 모르는 일이다'라고 단언할 수 있을 것인지 되돌아보는 지혜가 필요하다. 법률가적 사고에서 비록 옳다고 하더라도 국민 일반의 건전한 상식에 어긋난다면 그것이 아무리 진실발견을 위한 노력의 결과라 하더라도 국민적 비판으로부터 자유롭기 어렵다.

최근에 일부 법관들의 저속하기 이를 데 없는 막말 소동이나 국민감정에 부합하지 않는 판결들을 보면서 이 시대에 법률가들에게 필요한 덕목이 무엇인지를 다시 한 번 반추하게 한다. 더구나 최근에 국민감정과 가장 괴리된 판결로 지목되는 재판부가 변호사협회에서 선정한 가장 우수한 재판장이라는 점에서 더욱 법률가의 세계와 일반 국민의 세계와의 차이를 극명하게 보여준다.

어려운 상황에 처할수록 법률가들은 스스로만의 동굴에 갇힐 것이 아니라 좀 더 국민에게 다가서는 자세가 필요하다. 임명된 권력의 약점을 보완하는 길은 국민적 신뢰를 회복하는 길밖에 없다. 아무리 유능하고 훌륭한 판결과 수사를 하더라도 국민적 신뢰를 잃어버리는 한 그 사법작용은 정상적으로 작동될 수 없음을 다시 한 번 명심해 주길 바란다.

법률저널_2012. 2. 3.

최고법원으로서의 대법원

대법원의 비교법적 지위는 ㉠ 사법제도국가와 행정제도국가, ㉡ 독립된 헌법재판소제도의 설치 여부에 따라 구별된다. 이는 주로 영미법계와 대륙법계의 차이로 볼 수도 있다.

미국의 연방대법원은 위헌법률심사기관, 기본권보장기관, 상고심재판기관, 제1심재판기관관할사건의 지위를 가진다. 연방대법원 아래 고등법원항소법원과 지방법원이 있다. 연방특수지방법원으로서는 연방조세법원, 연방청구법원, 연방국제거래법원이 있다. 각 주에도 각급법원이 설치되어 있다. 연방대법원은 주최고법원의 상고사건도 관할한다.

일본의 최고재판소는 위헌법률심사기관, 기본권보장기관, 상고심재판기관, 사법행정기관의 지위를 가진다.

독일의 연방헌법재판소는 헌법보장기관 · 위헌법률심사기관이자 동시에 최고의 상고심재판기관이다. 연방법원으로서는 연방일반법원, 연방행정법원, 연방재정법원, 연방노동법원, 연방사회법원이 있다. 각 주에는 주헌법재판소와 일반법원이 있다.

프랑스의 헌법위원회는 위헌법률심사권을 가지고 있기 때문에 헌법재판소라고도 한다. 민 · 형사사건의 최고법원은 파기원이다. 파기원 아래에 고등법원항소법원과 지방법원이 있다. 지방법원에는 원칙적으로 민사법원과 형사법원이 있다. 예외적 민사법원으로는 상사법원, 노사조정법원, 농업법원, 사회보장법원 등이 있다. 한편 행정사건의 최고법원은 국사원이다. 국사원 아래에 고등행정법원항소행정법원과 지방행정법원이 있다. 그리고 행정사건과 일반사건의 관할을 정하는 관할법권한쟁의법원이 있다. 그 밖에도 정치재판기관이라 할 수 있는 고등법정과 공화국정의법원이 있다.

영국에서는 그간 '법률귀족'Law Lords으로 불리는 상원의원 12명으로 구성된 상원 내 항소위원회Appellate Committee of the House of Lords가 대법원의 역할을 수행하여 왔다. 그러나 헌정개혁법Constitutional Reform Act 2005에 따라 2009년 10월 1일 새로 대법원이 개설되었다. 대법원은 원장 · 부원장을 포함한 12명의 대법관으로 구성되는데 종전의 법률귀족이 그대로 대법관으로 임명되었다. 향후 대법관이 공석될 경우 대법관선발위원회Selection Commission에서 후임자를 선임한 후 총리의 제청을 거쳐 여왕이 대법관을 임명하고, 신임대법관은 귀족의 작위를 받거나 상원의원직을 가질 수 없다.

우리나라에서는 종래 대법원이 명실상부한 유일의 최고법원으로 작동하였으나 1987년 헌법에서 헌법재판소를 도입하고 그 헌법재판소의 역할과 기능이 매우 활성화됨에 따라 대법원과 헌법재판소 사이에 갈등이 야기되고 있다. 하지만 헌법재판소는 그 권한이 다섯 가지 헌법에 열거된 사항에 한정되어 있으므로 여전히 일반 사건에서 대법원의 역할과 영향력을 절대적이다. 다만 헌법재판소가 작동되고 있는 상황에서 전통적인 사법일원적인 대법원에 대한 견해도 재고되어야 한다는 점에서 새로운 대법원의 위상을 정립할 필요성이 제기된다. 특히 대법원의 민형사사건의 최고법원으로서 지나치게 일반 사건에 매달리는 상황은 결국 대법원의 국민의 재판을 받을 권리를 실질적으로 제약하는 지연재판이 문제될 수밖에 없다. 여기에 대법원의 개혁필요성이 제기된다.

성낙인, 헌법학 제14판에서 발췌

제2장

헌법재판소,
존재이유에 충실해야

헌법재판소와 대법원 구성의 합리성 담보

헌법재판소를 설치하고 있는 나라에서 헌법재판소가 최고사법기관의 하나라는 데에는 이론의 여지가 없다. 다만 일반법원으로서의 대법원과의 관계가 나라마다 차이가 있을 뿐이다. 예컨대 독일은 5개 연방법원을 아우르는 최고법원의 설치를 예정하고 있었으나 연방헌법재판소가 명실상부한 최고사법기관으로서의 역할과 기능을 다하고 있기 때문에 더 이상 최고사법기관의 설치가 필요하지 않게 되었다. 한편 프랑스의 경우는 일반 최고법원으로는 파기원(파훼원)이, 행정사건에 대해서는 지방행정법원과 항소행정법원을 거쳐서 최고행정법원의 역할과 기능을 국사원의 소송부가 담당한다. 다른 한편 헌법위원회가 설치되어 있는데 2007년 헌법개정과 더불어 헌법위원회가 사후적인 위헌법률심판권을 갖게 됨에 따라 이제 헌법재판소라고 명명하고 있다. 이에 최고사법기관이 헌법재판소, 파기원, 국사원의 3각 관계가 이루어지고 있다.

우리 헌법상 헌법재판소는 제5장 법원과 별도로 제6장에서 따로 규정되어 있다. 제5장 법원에서는 "법원은 최고법원인 대법원과 각급법원으로 조직한다" 제101조 제2항라고 규정하고 있어 헌법재판소와 대법원이 각기 최고사법기관인 셈이다. 다만 헌법재판소는 그 기능의 특성상 헌법에서 부여한 다섯 가지 권한 즉 위헌법률심판, 탄핵심판, 위헌정당해산심판, 권한쟁의심판, 헌법소원으로 한정되어 있다. 두 개의 최고법원이 병존하는 상황이어서 때로는 두 기관 상호간에 판례의 불일치 문제가 야기되기도 하지만 크게 보아서 지난 25년간 무난하게 작동하여 왔다. 그런 점에서 우리나라 사법기관의 성숙성을 읽을 수 있다.

그런데 최고사법기관의 구성에 관해서는 여전히 민주성과 합리성 담보에 의문이 제기된다. 헌법재판소는 국회에서 선출하는 3인, 대법원장이 지명하는 3인, 대통령이 직권으로 임명하는 3인을 포함한 9인을 대통령이 임명하고 그 중에서 대통령이 소장을 임명한다. 물론 그 과정에서 국회의 인사청문회를 거치기는 하지만 대법원장이 임명하는 3인은 대법원장의 전적인 재량사항으로 되어 있다. 실제로도 대법원장은 전원을 현직 법원장급 법관 중에서 헌법재판관을 임명해 왔다. 헌법재판소장은 대법관을 지명할 권한이 없는데 대법원장만 헌법재판관을 지명하는 것 자체가 최고사법기관의 균형을 위해서 바람직하지 않다.

더 나아가서 국회와 대통령이 선출 또는 임명하는 재판관조차도 현직법관들을 중심으로 이루어지고 있다. 9인 중 7인의 법원장급 인사는 현직에서 곧 바로 재판관으로 부임했다. 나머지 2명은 검찰출신이다. 이래 가지고는 헌법재판의 다양성과 다원성을 확보하기 어렵다. 이는 초대 헌법재판관의 구성에서 변호사, 판사, 검사, 국회의원 출신들이 다양하게 포진했던 것에 비하면 오히려 퇴보한 것이라 하지 않을 수 없다.

대법원의 구성은 더 심각한 상황이다. 대법관은 대법원장의 임명제청에 따라 대통령이 국회의 동의를 얻어 임명한다. 그런데 대법원에 대법관후보추천위원회를 구성하고 있지만 실질적으로는 대법원장의 뜻이 크게 반영된다. 현재 대법원은 대법원장을 포함한 14인의 대법원 구성원 전원이 전 · 현직 법관 출신으로 채워져 있다. 특히 수 십 년간 이어온 검찰 출신 자리마저 현직 법관으로 채워졌다.

게다가 대법원이나 헌법재판소 할 것 없이 한 두 명의 예외를 제외하고는 서울법대 출신의 50대 일색이다. 물론 그 당시에 사법시험 합격자 대부분이 서울법대 출신이었기에 불가피하다는 반론도 가능하겠으나 변화된 시대에 걸 맞는 최고사법기관의 변신이 필요하다. 또한 대법관들의 성향 또한 보수화됨에 따라 대법원 전원합의체에서는 대부분 만장일치 또는 극히 일부의 소수의견이 있을 뿐이다.

이웃한 일본만 하더라도 최고재판관에 외교관, 법학교수, 변호사 출신들이 다양하게 포진하고 있다. 우리는 오히려 퇴영적으로 현직 법관들의 승진직으로 일원화하는 양상이 더 심화되고 있다. 최고의 엘리트들이 법관으로 재직하고 있다는 점에 관해서는 어느 누구도 이의를 달지 않을 것이다. 그렇지만 최고법원이 이렇게 현직법관들의 승진처로만 작동하는 것은 바람직하지 않다.

법률저널_2014. 2. 7.

헌재소장 임명의 헌법공학

1988년에 출범하여 이제 겨우 자리잡아가는 듯하던 헌법재판소가 새삼 소장 임명문제로 법적, 정치적, 사회적 논란에 휩싸이고 있다.

헌법 규정을 보면 헌재는 소장을 포함한 9인의 재판관으로 구성되며, 재판관은 대통령이 임명한다. 이 중 3인은 국회에서 선출하는 자를, 3인은 대법원장이 지명한 자를 임명한다. 헌재의 장은 국회의 동의를 얻어 "재판관 중에서" 대통령이 임명한다. 재판관의 임기는 6년으로 하며 연임이 가능하다(제111조 및 제112조). 또한 인사청문회법이 제정되어 중요공직자 중에서 헌법상 국회의 동의를 얻어야만 하는 직과 그렇지 않은 직의 인사청문이 구별되어 있다.

이를 헌재소장 임명절차에 적용하면 다음과 같다. 재판관 겸 소장 후보자는 먼저 해당 상임위원회법사위의 인사청문회를 거친 후 대통령이 재판관으로 임명하고, 다시 헌재소장 후보자로서 인사청문특별위원회를 거쳐 국회본회의에서 동의를 얻어야 한다.

이번에 대통령은 전효숙 후보자를 소장으로 지명하여 국회에 임명동의를 요청하였다. 그런데 대통령은 소장의 임기 6년을 보장하기 위하여 이미 3년간 재임한 바 있는 후보자의 재판관직을 사직케 하고 새로 소장으로 지명하였다. 비록 현직 재판관을 강제로 퇴직시킨 정서상의 잘못이 있을지언정 헌법과 법률이 정한 절차를 충실히 밟았더라면 전혀 문제될 것이 없다. 하지만 정부여당이나 야당 모두 새로 도입된 인사청문제도를 제대로 파악하지 못하고 재판관 후보자에 대한 인사청문회를 생략한 채 소장 후보자에 대한 인사청문회만 개최하다가 새삼 헌법공학constitutional engineering적 논쟁에 휩싸이고 말았다.

헌법상 대통령 5년, 국회의원 4년뿐만 아니라 대법원장, 대법관, 헌법재판관 6년의 임기는 명시하고 있으면서도 대법원장과 같은 예우를 받는 헌재소장의 임기에 관해서는 아무런 언급이 없다. 이는 입법의 미비 또는 흠결로 볼 여지도 있다. 하지만 법의 미비를 악용하여 자의적으로 6년 보장을 위한 편법을 동원한 것은 바람직하지 않다. 오히려 법의 미비라기보다는 "재판관 중에서" 임명한다는 헌법규정의 취의는 소장의 6년 임기보장보다는 오히려 재판관 중의 1인으로서의 소장을 강조한 것으로 해석할 여지도 있다. 개인적 의견으로는 이번 사태의 잘잘못을 떠나서 헌법재판소의 안정을 위하여 소장의 6년 임기를 헌법에 보장하여야 한다고 본다.

국가최고기관의 하나인 헌재가 소장임명문제를 둘러싼 정치적 소용돌이에 휘말려서는 정치사법적 분쟁의 권위있는 해결장이 되기 어렵다. 대통령이나 국회와 달리 국민적 정당성을 직접 확보하고 있지 아니한 사법은 공정하고 객관적인 판결을 통하여 무엇이 정의이며 법인가를 국민 앞에 제시하여야 한다. 하지만 그 구성에서부터 정치적 논란의 대상이 된 사법부가 국민적 신뢰를 얻을 수 있을지 의문이다.

이제 우리 사회도 민주화 이후의 민주주의를 굳건하게 재정립하여야 할 때다. 힘과 완력에 의한 통치시대는 끝내야 한다. 논쟁적 사안이 발생하면 무엇이 법과 원칙에 부합하는가에 따라서 정확하게 결론을 내려야 한다.

대학신문(서울대)_2006. 10. 1.

헌법재판에 대한 오해와 진실, 정치제도의 균형추

헌법재판소가 미디어법 결정으로 또 한번 난타 당했다. 법을 모르는 일반인이 보면 헌재의 결정은 뭔가 이상하다. 국회의 의결절차에 위법이 있는데도 법은 왜 유효하냐 말이다. 법과 재판의 세계를 잘못 이해한 패러디가 난무하면서 헌재를 더욱 희화화시킨다. 예컨대 부정선거는 위법이지만 당선은 유효하다는 패러디는 반드시 맞는 말이 아니다. 선거소송은 대법원이 최종적으로 관장한다. 공직선거법상 후보자가 100만원 이상의 벌금형을 받으면 의원직이 박탈당한다. 하지만 벌금이 100만원 미만이면 의원직이 유지된다. 많은 선출직 공직자가 공직선거법을 어기고도 현직을 유지하고 있다. 이는 위법하지만 당선은 유효한 전형적인 경우다.

헌재가 이번에만 이런 결정을 내린 것은 아니다. 1997년 노동법 사건에서도 날치기는 위법하지만 법은 유효라고 판시한 바 있다. 2004년 탄핵사건에서는 대통령 노무현이 공직선거법을 위반했지만 탄핵할 정도는 아니라고 결정했다. 2005년 행정수도 사건에서는 헌법학자들에게도 낯선 관습헌법이론에 입각하여 위헌결정을 내린 바 있다. 그러니 정치권뿐 아니라 일반 국민들도 헌재의 결정에 일희일비한다. 내게 좋으면 박수를 치지만 내게 나쁘면 비난 일색이다. 탄핵 때는 정부여당이 박수를 친 반면에 야당은 깊은 수렁에 빠졌다. 반면 행정수도 이전 위헌결정에는 집권세력의 거친 비난이 난무했다.

민사·형사·가사·행정 재판은 대법원을 정점으로 하는 일반법원에 속한다. 헌재는 헌법에 명시된 특별한 사항만 재판한다. 위헌법률심판·헌법소원심판·탄핵심판·권한쟁의심판·위헌정당해산심판만 헌재소관사항이다. 즉 헌재는 정치제도와 국가권력의 정상적인 작동과 직결되는 사항을 심판한다. 이들 사건을 일반 법원에 맡겨 두기에는 적절치 않기 때문에 오늘날 다수의 입헌주의 국가는 헌법재판소를 설치하고 있다. 또한 헌법재판관의 자격도 법률가에 한정하지 않는 나라도 많다. 재판 결과도 판결이라 하지 않고 결정이라 한다.

헌재의 결정 유형도 특이하다. 단순히 합헌·위헌만 결정하는 것이 아니라 소위 변형결정도 내린다. '헌법에 합치하지 아니한다'(헌법불합치)라고 하여 위헌이지만 잠정적으로 효력을 부여하기도 한다. 최근의 야간옥외집회에 관한 결정이 그러하다. 더 나아가 일부위헌이나 한정위헌 결정도 있다. "…로 해석하는 한 헌법에 위배되지 아니한다"라는 한정합헌결정도 내린다. 이는 우리 헌재만 그런 것이 아니고 다른 나라에서도 다 있는 결정유형이다. 국민의 대표기관인 국회의 입법권을 존중하고 법적 안정성을 추구하려는 취지가 깔려 있다.

의결정족수도 유별나다. 권한쟁의심판을 제외하고는 소장을 포함한 9인의 재판관 중 6인 이상의 찬성을 얻어야 위헌결정이 가능하다. 9인 중 5인이 위헌, 4인이 합헌이라 해도 합헌결정(위헌불선언)을 내린다. 이는 임명된 권력(헌재)이 선출된 권력(국회 또는 정부)의 작용을 함부로 위헌판단을 하지 못하도록 하는 제도적 안전장치다. 민주적 정당성을 최대한 존중해야하기 때문이다.

미디어법의 국회 의결과정은 위법한 점이 있다는 점을 헌재는 적시한다. 하지만 사안의 본질은 미디어법 내용의 위헌여부를 심판하는 위헌법률심판이 아니라 법률제정과정에서 권한침해 여부만을 따지는 권한쟁의심판이다. 국회가 스스로 저지른 싸움질의 과정을 헌재더러 잘 싸웠는지 잘못 싸웠는지 판정관이 돼 달라는 것 자체가 정치 코메디다. 국민의 대표기관으로서의 품격을 잃은 행동이다.

지난 10년간 집권한 민주당이나, 10년 고생 끝에 집권한 한나라당이나 어제의 아픔을 오늘의 기쁨으로 반기는 것은 좋으나 내일의 미래를 생각한다면 좀 더 자중자애해야 한다. 국민의 대표기관인 국회가 신뢰를 잃으면 결국 선량한 국민들에게 그 피해가 되돌아간다. 잘나갈 때 조심하고 못나갈 때 은인자중하는 지혜가 필요한 시점이다. 87년 헌법체제에서 그래도 대표적인 성공작품이 헌법재판이다. 헌재를 탓하기 이전에 정치권도 좀더 성숙한 자세로 국정에 임해야 한다. 선출된 권력이 임명된 권력에 의탁하는 한 대의민주주의는 퇴보하고 사법관에 의한 통치, 사법적 민주주의로 귀결될 뿐이다.

미발표칼럼_2009. 11. 13.

헌법재판소 20년, 그 성과와 과제

1987년 헌법은 1948년 헌법제정 이후 40년 동안에 자행된 헌법의 불안정을 종식시키고 이 땅에 헌법의 안정을 가져왔다. 두 번의 평화적 정권교체를 통하여 나라의 민주화도 달성하였다. 그 과정에서 특히 주목을 받은 기관이 헌법상 논쟁을 재단한 헌법재판소다. 제2공화국의 짧았던 민주주의의 봄날에 채 피지도 못하고 져버린 헌법재판소는 87년 민주헌법으로 환생했다. 하지만 헌법재판소를 도입할 시점에만 하더라도 그 장래에 대하여 기대와 우려가 교차하고 있었다. 심지어 헌법학자들조차도 우려의 시선으로 바라보고 있었다. 그 헌법재판소가 이제 20돌을 맞이하고 있다.

헌법재판이란 헌법적 분쟁에 관하여 정부나 국회가 아닌 사법기관의 일종인 헌법재판소가 사법적 판단을 가하는 제도이다. 대통령을 정점으로 하는 정부나 국회는 국민으로부터 민주적 정당성을 부여받은 선출된 권력기관이다. 그런데 국민으로부터 아무런 권력을 직접 수탁 받지 아니한 사법기관이 선출된 권력에 대하여 메스를 가하는 것이 가능하냐의 의문이 제기된다.

사실 근대시민혁명 이래 착근된 대의민주주의는 국민의 대표기관인 의회의 작용에 대하여는 그 어떠한 통제도 불가능하다는 명제에 기초해 있었다. 즉 국민주권은 곧 의회주권을 의미하였다. 헌법이 국가의 최고 규범이라는 점에 대해서는 이의를 제기하지 않았지만, 의회가 제정한 법규범이 비록 헌법에 어긋난다고 하더라도 이에 대하여 그 잘잘못을 따질 수 없다는 '법률은 국민의 일반의사총의의 표현'이라는 명제에 이르면서 의회주권이 법률주권으로 귀결된다.

하지만 주권적 수임기관이라도 잘못이 있으면 헌법의 이름으로 재단하여야 한다는 명제는 입헌주의의 실질화를 위한 헌법재판제도의 정립으로 이어졌다. 대의민주주의의 한계를 극복하고 헌법국가를 정립하기 위한 노력은 전통적인 사법체계의 틀을 뛰어넘는 헌법재판기관의 독자적 존재이유를 제시한다.

의회민주주의의 전통이 뿌리내린 유럽에서 헌법재판제도의 정립은 이와 같은 시대적 흐름을 반영한 것이다. 바로 그런 의미에서 일천한 의회민주주의의 전통 속에서 도입된 한국의 헌법재판제도에 대해서는 우려가 앞설 수밖에 없었다. 하지만 성숙한 민주주의는 법치주의의 착근으로 이어져야 한다는 점에서,

대의민주주의에 대한 부담을 안고서라도 입헌주의의 정립은 뿌리칠 수 없는 시대적 소명으로 자리 잡게 되었다.

헌법재판제도의 핵심은 위헌법률심사제도이다. 그런데 국민의 대표기관인 의회에서 제정한 법률에 대하여 그 잘잘못을 따지는 것 자체가 의회민주주의에 대한 도전일 수밖에 없다. 법률에 대한 위헌결정은 곧 의회의 본원적 권한인 입법권 그 자체에 대한 도전일 수도 있다. 그럼에도 국회는 그 스스로 해결하여야 할 문제조차도 헌법재판에 의탁하면서도 부끄러워할 줄 모른다. 헌법재판 20년을 통하여 300건에 이르는 법률에 대한 위헌결정은 한국적 입헌주의와 법치주의가 작동되고 있음을 의미하지만 동시에 그것은 의회를 중심으로 하는 대의민주주의의 취약성을 보여주는 것이기도 하다.

행정수도이전 위헌결정, 대통령에 대한 탄핵심판 등을 통하여 국민에게 강하게 각인된 헌법재판소가 이제 국민의 이름으로 작동될 수 있는 발전적 계기를 마련하여야 한다. 헌법재판 20년의 성과에 만족하지 않고 헌법재판소 스스로 공동체의 의사와 가치를 충실히 대변할 때 비로소 헌법재판소는 대한민국과 영원히 함께 할 수 있을 것이다. 대법원과의 관계설정, 법원의 재판에 대한 헌법소원, 헌법재판관 구성의 다원성 확보는 헌법재판소가 국민과 함께 풀어 나가야 할 과제다.

헌법재판의 활성화는 사문화되어 있던 헌법규범에 생명력을 불어넣었다. 이제 헌법은 더 이상 국민생활과 유리된 공리공론의 대상이 아니라 국민생활의 전범典範으로 자리 잡고 있다. 무엇보다도 헌법재판의 소중한 결과물은 헌법학을 풍요로운 연구의 장으로 인도한다. 헌법은 낡고 오래된 법이 아니라 이 시대의 국민생활에서 오늘과 미래를 밝히는 등불이어야 한다.

법률저널_2008. 9. 5.

아시아 헌법재판의 현재와 미래

헌법재판을 일반재판과 구별하기 위해 창안된 헌법재판소제도는 제1차 세계대전 후에 오스트리아에서 시작되었지만 1949년 독일연방공화국의 헌법재판소를 통해서 본격적으로 꽃을 피워 왔다. 20세기 후반에 이르러 헌법국가의 최고 화두는 헌법재판이라 해도 과언이 아니다. 1987년 프랑스 파리와 엑스-언-프로방스에서 개최된 제2회 세계헌법학자대회의 주제가 헌법재판이었다는 사실이 이를 단적으로 보여준다.

지난 5월 20일부터 24일에 아시아헌법재판소연합 창립총회 겸 학술대회가 서울에서 개최되었다. 돌이켜보면 우리나라 헌법재판은 굴절된 헌정사와 함께 할 정도로 다양한 체험을 하여 왔다. 제2공화국의 헌법재판소는 1961년 5 · 16 군사쿠데타로 인해 구성되지도 못한 채 문서만의 제도로 사라졌다. 1987년 민주헌법에서 새로 도입된 헌법재판소 제도에 대해 일반 국민들뿐만 아니라 헌법학자조차도 시큰둥한 반응을 보였다. 헌법재판소 제도를 도입해 보았자 실질적인 기능을 제대로 할 것 같지 않았기 때문이다. 그런데 예상을 뒤엎고 제도 시행과 더불어 예상을 초월할 정도로 활성화도기 시작하였다. 지난 세월 동안에 헌법재판이 쌓아 올린 금자탑은 한국 민주주의의 성공적 안착과 그 궤를 함께 한다.

산업화와 민주화를 대내외적으로 밝혀주는 중요한 징표의 하나가 사법적 정의의 구현이다. 사법의 생명은 독립적이고 건전한 판단을 통해서 국민적 지지를 확보할 때 직접적으로 확보하지 못한 국민적 정당성을 보완할 수 있다. 선출된 권력이 아니라 임명된 권력의 정당성의 기초는 바로 정의의 실현에 있다. 입헌주의적 헌법질서 구현의 중심에 헌법재판소가 있다. 그 헌법재판소가 이제 아시아를 넘어 세계의 중심축에 자리 잡고 있음은 대한민국이 법과 정의가 지배하는 사회임을 밝혀주는 것이기도 하다. 이웃 일본이 1946년 헌법 이후 단 8건의 위헌결정뿐인데 우리는 지난 24년 동안에 무려 300건에 이르는 위헌결정이 있었다는 사실이 이를 잘 반영한다.

세계 속의 대한민국을 분명하게 각인시켜 주는 국제회의가 수도 서울에서 성공적으로 개최되고 있다는 사실만으로도 대한민국의 위상을 분명히 해 준다.

세계 20개국 정상회담, 세계 20개국 국회의장 회의, 아시아태평양 대법원장회의, 세계검사협회회의 등을 통해서 입법, 행정, 사법 관련 국제회의가 연달아 개최되고 있다.

2014년 세계헌법재판소장회의의 주최국인 우리가 이번에 아시아헌법재판소연합(아재연합)의 창립총회 개최국이 되었다는 사실은 너무나 자연스럽다. 특히 1948년 유엔 세계인권선언 이래 국제적으로 지역연합체적인 인권선언이 잇따라 탄생하였다. 헌법재판도 예외가 아니다. 유럽헌법재판소회의, 중남미헌법재판기관회의, 불어권 헌법재판소연합과 같은 다양한 헌법재판에 관한 국제협의체가 구성되어 있다. 아재연합회의는 '아시아에서의 헌법재판의 현재와 미래'라는 주제로 진행되었다. 이번 아재연합회의를 통해서 아직도 민주주의의 착근이 진행중인 아시아 각국에서 헌법재판을 통해서 민주주의와 인권의 소중함을 다시 한 번 일깨워 주었다. 이번 기회에 대한민국의 민주적 번영을 전 세계 헌법재판 지도자들에게 알려줌과 동시에 우리 헌법재판이 새로 민주주의를 향하고 있는 나라들에 소중한 나침판으로서 벤치마킹의 대상이 될 수 있을 것이다.

아재연합에는 우리나라를 비롯한 10개 회원국 인도네시아, 대한민국, 말레이시아, 몽골, 필리핀, 러시아, 타지키스탄, 태국, 터키, 우즈베키스탄과, 옵서버로 아르메니아, 오스트리아, 아제르바이잔, 브루나이, 캄보디아, 인도, 카자흐스탄, 네팔, 파키스탄, 싱가포르, 스리랑카가 참여하고, 게스트로 베냉, 부탄, 불가리아, 중국, 이집트, 독일, 일본, 모로코, 미얀마, 남아프리카공화국, 베니스위원회, 아데나워재단이 참여했다. 특히 의미 있는 것은 주요 참여인사 중에서 Gerhart Holzinger 오스트리아 헌법재판소장(유럽헌법재판소회의 의장국)은 서울대에서, Valery Zorkin 러시아 헌법재판소장은 고려대에서, Mogoeng Mogoeng 남아프리카 공화국 헌법재판소장은 성균관대에서 학생들을 상대로 한 특강을 통해서 법대생들의 열띤 호응을 불러 일으켰다. 이는 헌법재판을 통해서 대학과 호흡을 함께하는 소중한 기회이기도 하다.

법률저널_2012. 6. 1.

헌법재판의 본질

헌법재판은 헌법규범의 실효성을 담보하는 헌법보장제도로서의 가치가 있다. 즉 헌법재판을 통해서 헌법의 규범력을 실질화하고, 궁극적으로 입헌주의를 규범적으로 실현하는 것이다. 근대입헌주의 초기에는 헌법규범의 최고성을 담보할 수 있는 제도적 장치를 갖추지 못하고 있었다. 더구나 의회제적 전통이 자리잡은 유럽에서 국민주권은 의회주권으로, 의회주권은 법률주권으로 인식되고 있었으므로, 국민의 의사로 간주되는 법률에 대한 사법적 재단은 용납되기 어려웠다. 여기에 헌법의 최고규범성을 담보할 수 있는 실질적 공간을 확보하기 어려운 상황이었다. 사실 국민주권을 대표하는 의회의 행위에 대하여 국민으로부터 직접 그 존재의 정당성을 확보받지 아니한 법관에 의한 사법적 재단으로 인하여 야기되는 "법관에 의한 통치"는 대표민주주의원리에 비추어 보건대 결코 바람직하지 않다.

헌법재판의 본질적 부분은 위헌법률심판이다. 따라서 위헌법률심판이 전제되지 않는 한 이를 헌법재판이라 할 수 없다. 다만 헌법재판소제도가 창설되면서 각국의 헌법에서는 헌법재판소의 권한사항으로 위헌법률심판 이외에 헌법소원심판, 권한쟁의심판, 탄핵심판, 위헌정당해산심판, 선거심판 등을 추가하기도 한다.

헌법재판의 핵심인 위헌법률심판은 유럽민주주의를 이식한 미국에서 시작되었다. 미국이라는 신생독립국가를 이끌어 나가는 데 있어서 그 유일한 합리적 통치수단은 바로 법규범의 엄격성을 정립하는 것이었다. 또한 엄격한 권력분립주의에 따라 정부와 의회 사이에 놓여진 차단벽을 합리적으로 제어하기 위한 유일한 수단은 헌법적합성의 원리에 기초한 사법적 통제일 수밖에 없었다. 1803년 미국 연방대법원이 Marbury v. Madison사건에서 처음으로 인정한 위헌법률심사는 헌법재판의 기념비적 사건이다.

서유럽에서는 그간 탄핵심판 · 권한쟁의심판 등을 다루기는 하였지만, 헌법재판의 본질적 부분인 위헌법률심사는 20세기에 들어와서 비로소 그 실체를 정립시켜 나갔다. 현대법실증주의의 창시자인 한스 켈젠H. Kelsen이 제시한 헌법재판은 법원의 일반재판작용과는 구별되는 헌법재판을 위한 특별헌법재판소제도를 통하여 헌법재판의 실질화와 특수성을 기하려는 것이었다. 헌법재판은 오스트리아에서 시작되어 독일에서 꽃을 피웠고, 20세기 후반에 이르러 유럽 각국에서 보편적 제도로 자리잡고 있다. 따라서 오늘날 헌법재판이라 함은 미국적인 위헌법률심사제도보다는 오히려 유럽 대륙식 헌법재판소제도를 통한 헌법재판을 일반적으로 지칭한다.

헌법재판은 헌법의 최고규범성과 실효성을 담보하기 위한 제도적 장치이다. 따라서 그 헌법은 성문의 헌법전으로 구현되어 있어야 한다. 헌법재판에 있어서 최고의 준거규범인 헌법은 주권자의 헌법제정권력 발동을 통하여 정립되었다. 그 헌법은 헌법개정을 어렵게 하는 경성헌법의 특성을 가지고 있다. 여기에 헌법규범의 최고성과 안정성을 담보할 수 있는 헌법재판의 특수성이 도출된다.

헌법은 단순히 한 국가의 최고규범일 뿐만 아니라 주권자인 국민의 자유와 권리를 실질적으로 보장하는 기본권보장규범으로서의 특성도 동시에 가지고 있다. 근대입헌주의 헌법의 이념적 지표는 국민주권주의와 기본권보장이다. 주권자인 국민의 기본권을 보장하기 위해서 헌법은 단순한 자유의 기술로서 머무를 것이 아니라 권력의 민주화를 위한 기술로서의 사명을 다하여야만 한다. 여기에 권력분립주의가 국민주권주의와 기본권보장을 실현하기 위한 제도적 원리로서 자리잡게 된다. 요컨대, 헌법재판은 근대입헌주의 헌법이 담고 있는 국민주권 · 기본권보장 · 권력분립원리를 현실적 · 사후적으로 담보하기 위한 제도적 장치이며, 근대헌법은 성문헌법 · 경성헌법의 형식을 통하여 헌법의 최고규범성을 보장할 수 있는 제도적 여건을 마련하고 있다.

20세기 후반 헌법재판의 활성화는 곧 헌법재판이 개입할 수 있는 영역의 무한계성을 드러내고 있다. 헌법적 쟁점을 판단하기 위하여 설립된 헌법재판기관이 특정한 사안에 대하여 헌법적 판단을 회피하거나 자제한다는 것은 적절하지 않다. 하지만 헌법규범이 갖는 정치적 성격에 비추어 보건대 모든 헌법적 쟁점이 헌법재판기관을 통하여 재단되는 것은 권력분립원리나 권력의 정당성원리에 비추어 결코 바람직한 것만은 아니다. 여기에 헌법재판의 한계문제가 제기된다.

사법적 판단대상의 경계선상에 있는 법적 쟁점으로는 통치행위를 지적하지 않을 수 없다. 이론적 명쾌성에 비추어 본다면 사법심사의 대상영역에서 제외되는 통치행위는 부정되어야 마땅하다. 하지만 현실적으로 국가작용 중에서 사법적 판단을 내리기에 부적합한 사항이 있음을 부인할 수 없다. 여기에 통치행위의 존재를 인정할 수밖에 없는 불가피성이 제기된다. 과거 대법원은 대통령의 비상계엄선포행위에 대해서 사법적 판단을 자제하는 입장을 취한 바 있다. 그러나 비록 대통령의 국가긴급권발동행위라 할지라도 적어도 헌법규범에서 명시적으로 요구하고 있는 요건은 충족되어야 하기 때문에, 이에 대한 사법부의 요건판단은 불가피하다. 이와 관련하여 대법원은 최근에 보다 진전된 입장을 보이고 있다. 헌법재판소는 대통령의 긴급재정경제명령발동에 대하여 헌법상 요건을 충족하였는지의 여부를 판단하고 있다는 점에서 진일보하였다. 여기에 일반법원이 아닌 헌법재판소의 존재이유와 존재가치를 찾을 수 있다.

성낙인, 헌법학 제14판에서 발췌

탄핵

탄핵제도는 고위공직자의 직무상 중대한 위법행위에 대하여 일반적인 사법절차가 아닌 특별한 절차를 통해서 처벌하거나 파면하는 제도를 말한다. 탄핵제도는 정치적 평화유지기능을 가진다.

"국회는 탄핵의 소추를 의결할 수 있다"제65조 제1항라고 하여 국회를 탄핵소추기관으로 규정하고 있다. 이는 국민대표기관으로서의 국회로 하여금 국민을 대신하여 책임을 추궁할 수 있는 권능을 부여한 것이다.

탄핵심판청구는 소추위원이 소추의결서의 정본을 헌법재판소에 제출함으로써 청구한다. 국회 법제사법위원회의 위원장이 소추위원이 된다.

소추의결서가 송달되면 임명권자는 피소추자의 사직원을 접수하거나 해임할 수 없다. 사직이나 해임을 통한 탄핵면탈을 방지하기 위한 것이다.

헌법재판소는 탄핵소추의결서에 기재되지 아니한 소추사유를 판단의 대상으로 삼을 수 없다. 탄핵소추의결서에서 그 위반을 주장하는 '법규정의 판단'에 관하여 헌법재판소는 구속을 받지 않으므로, 청구인이 그 위반을 주장한 법규정 외에 다른 관련 법규정에 근거하여 탄핵의 원인이 된 사실관계를 판단할 수 있다.

탄핵의 결정에는 재판관 9인 중 6인 이상의 찬성이 있어야 한다. "심판에 관여한 재판관은 결정서에 의견을 표시하여야 한다".

"탄핵심판청구가 이유있는 때"에 대하여 단순히 '법위반'의 경우에 탄핵심판청구가 이유있는 것으로 볼 것은 아니다. 대통령의 경우에는 헌법수호의 관점에서 중대한 법위반이 있는 경우만을 의미한다. 탄핵심판청구가 이유있는 때에는 헌법재판소는 피청구인을 당해 공직에서 파면하는 결정을 선고한다.

이상과 같은 이유가 없는 때에는 탄핵심판청구를 기각한다. 또한 피청구인이 결정선고 전에 당해 공직에서 파면된 때에는 심판의 이익이 없으므로 역시 심판청구를 기각하여야 한다.

탄핵결정은 공직으로부터 파면함에 그친다. 그러나 탄핵의 결정으로 민사상의 책임이나 형사상의 책임이 면제되는 것은 아니다. 즉 탄핵은 공직에서 파면함에 그치는 징계적 성격을 가지므로, 탄핵심판과 민·형사재판사이에는 일사

부재리의 원칙이 적용되지 아니한다. 그런데 헌법재판소법 제54조 제2항에서는 "탄핵결정에 의하여 파면된 자는 결정선고가 있는 날로부터 5년이 경과하지 아니하면 공무원이 될 수 없다"라고 하여 공직취임제한 규정도 두고 있다. 이는 헌법상 공무담임권을 침해하는 것이 아니라, 탄핵제도의 실효성과 공직사회 정화의 차원에서 합헌이라고 보아야 한다. 또한 탄핵결정을 받은 자에 대하여 명문의 금지규정(미국 헌법)은 없지만, 제도의 취지상 사면은 불가능하다.

현실적으로 탄핵사건은 매우 제한적으로 작동된다. 외국의 경우에도 고위공직자에 대한 탄핵 사례가 거의 없다. 미국의 닉슨대통령이 워터게이트 사건에 휘말려 탄핵발의에까지 이르렀으나 스스로 사직하고 말았다. 최근에는 그 예를 찾아보기 어렵다.

그런데 2004년 노무현 대통령이 공직선거법상 공직자의 정치적 중립의무를 위반하였다는 이유로 국회에서 탄핵소추가 의결된 바 있다. 이에 따라 헌법재판소의 탄핵심판결정이 있을 때까지 대통령의 직무가 정지되고 고건 총리가 대통령 직무대행으로 취임한 바 있다. 그러나 헌법재판소는 대통령의 정치적 발언이 중앙선거관리위원회의 견해대로 비록 공직선거법을 위반한 것은 사실이라 하더라도 그것이 대통령직을 탄핵할 정도의 중대한 법위반이 아니라는 이유로 탄핵심판기각결정을 내린 바 있다.

성낙인, 헌법학 제14판에서 발췌

헌법에 위배되는 법률에 대한 심판

현행헌법은 일반법원과 구별되는 별도의 헌법재판기관으로서 설치된 헌법재판소로 하여금 구체적·사후교정적 규범통제를 담당하도록 규정하고 있다. 즉 "법률이 헌법에 위반되는 여부가 재판의 전제가 된 경우에는 법원은 헌법재판소에 제청하여 그 심판에 의하여 재판한다". 헌법재판소는 "법원의 제청에 의한 법률의 위헌여부심판"을 관장한다. "헌법재판소에서 법률의 위헌결정을 할 때에는 재판관 6인 이상의 찬성이 있어야 한다."

첫째, 당해 사건을 담당하는 법원이 직권 혹은 당사자의 제청신청으로 위헌법률심판의 제청을 결정하여야 한다.

둘째, 위헌법률심판을 제청할 때에는 제청법원, 사건 및 당사자, 위헌이라고 해석되는 법률 또는 법률조항과 위헌이라고 해석되는 이유를 기재한 제청서를 헌법재판소에 제출하여야 한다.

위헌법률심판제청권자는 대법원과 각급법원이다. 다만, 대법원 이외의 법원이 제청을 할 때에는 대법원을 거쳐야 한다. 그러나 대법원 경유는 형식적 절차일 뿐이고, 대법원이 하급법원의 제청에 대한 심사권을 갖는 것은 아니다.

위헌법률심판제청권에는 법원의 합헌결정권도 포함된다. 즉 ㉠ 사법의 본질상 법원은 구체적인 사건에 적용할 법규범에 대한 독자적 해석권을 고유권한으로 하고 있고, ㉡ 일반법원은 실정법상 당사자의 제청신청을 기각하여 합헌결정을 할 수 있고, ㉢ 법원의 위헌심판제청서에 위헌이라고 해석되는 이유를 기재하도록 하고 있으며, ㉣ 법률은 국민의 대표기관인 국회에서 제정한 것이므로 그 합헌성을 추정하는 방향으로 해석하여야 한다는 합헌성추정의 원칙에 비추어 긍정설이 타당하다.

위헌법률심판제청대상은 형식적 의미의 법률 이외에 실질적 의미의 법률인 긴급명령, 긴급재정·경제명령과 국회의 동의를 얻어 비준된 조약도 포함된다.

위헌법률심판제청을 하려면 법률의 위헌 여부가 재판의 전제가 되고 있는 경우라야 한다. 그러므로 위헌법률심판제청이나 법 제68조 제2항의 규정에 의한 헌법소원심판청구가 적법하기 위하여는 문제된 법률의 위헌 여부가 재판의 전제가 되어야 한다는 재판의 전제성이 요구된다. 이는 위헌법률심판이 갖는 구체적

규범통제제도로서의 본질을 드러내 주는 것이다. 물론 사법의 본질상 사건성구체적 사건성 · 당사자적격성 · 소의 이익도 충족하여야 한다.

법원은 직권으로 또는 당사자의 신청에 의한 결정으로 헌법재판소에 위헌 여부의 심판을 제청한다. 법률의 위헌 여부의 제청신청이 기각된 때에는 그 신청을 한 당사자는 헌법소원심판을 청구할 수 있다.

법원이 법률의 위헌 여부의 심판을 헌법재판소에 제청한 때에는 당해 소송사건의 재판은 헌법재판소의 위헌 여부의 결정이 있을 때까지 정지된다.

성낙인, 헌법학 제14판에서 발췌

위헌법률심판의 결정유형과 효력

"헌법재판소는 제청된 법률 또는 법률조항의 위헌 여부만을 결정한다. 다만, 법률조항이 위헌결정으로 인하여 당해 법률 전부를 시행할 수 없다고 인정될 때에는 그 전부에 대하여 위헌의 결정을 할 수 있다". 합헌 · 위헌결정 이외에 변형결정을 인정할 수 있는지, 또는 주문의 형식은 어떠해야 하는지 논란이 있다. 헌법재판소판례집에서는 위헌심판제청각하결정 · 합헌결정 · 위헌불선언결정 · 변형결정 · 위헌결정 · 일부위헌결정으로 분류하고 있다. 변형결정의 유형으로서는 헌법불합치결정 · 한정합헌결정 · 입법촉구결정 · 한정위헌결정을 들 수 있다.

헌법재판소는 위헌법률심판제청이 된 사건에 대하여 제청요건을 갖추지 않았다는 이유로 주문에서 "이 사건위헌심판제청을 각하한다"는 위헌심판제청각하결정을 내리고 있다. 구체적으로는 ① 위헌법률심판의 대상이 되지 않는 사안, ② 재판의 전제성이 없는 사안, ③ 제청이익이 없는 사안이다. ③은 폐지된 구법 또는 이미 위헌선언된 법률조항에 대한 심판제청 사안이다.

합헌결정에는 단순합헌결정과 위헌불선언결정이 있다. 단순합헌결정은 헌법재판소가 심판대상이 된 법률 또는 법률조항의 위헌 여부를 심사한 결과 헌법위반사실을 확인할 수 없을 경우에, "헌법에 위반되지 아니한다"라는 주문의 합헌결정을 내린다. 위헌불선언결정은 법률의 위헌결정은 재판관 6인 이상의 찬성이 있어야 한다는 헌법규정으로 인하여, 비록 재판관 과반수이상이 위헌의견을 내더라도 위헌결정정족수미달로 위헌선언을 할 수 없는 경우에 헌법재판소가 내리는 독특한 결정형식이다. 즉 위헌불선언결정은 재판관 5인이 위헌의견을 4인이 합헌의견을 제시할 때 내리는 결정형식이다. 위헌불선언결정을 할 경우에 "헌법에 위반된다고 선언할 수 없다"라는 주문형식을 취한다. 위헌불선언결정과 단순합헌결정은 아무런 법적 차이가 없기 때문에, 넓은 의미의 합헌결정의 일종이다. 생각건대 비록 실질적인 법적 효과가 동일하다 하더라도 단순합헌결정과 위헌불선언결정과의 분명한 차이를 부각시켜 주는 것이 유익하다. 헌법재판이 갖는 특성상 헌법질서의 안정을 위하여 합헌적 법률해석의 원리에 입각하여 재판관 6인 이상의 찬성이 있어야 위헌결정을 할 수 있도록 되어 있다하더라도, 헌법재판관 과반수가 위헌의견을 제시하고 있다는 사실은 장차 입법자들이 충분히 참조할 수 있는 기회가 되어야 한다.

위헌결정은 헌법재판소가 위헌법률심판의 대상이 된 법률에 대하여 위헌결정을 할 때에는 재판관 9인 중 6인 이상의 찬성이 있어야 한다. 단순위헌결정은 "법률은 헌법에 위반된다"라는 주문형식을 취한다.

그런데 헌법재판소법 제45조는 "헌법재판소는 제청된 법률 또는 법률조항의 위헌여부 '만'을 결정한다"라고 규정하고 있다. 헌법재판소는 원칙적으로 단순합헌이나 단순위헌결정을 하고 있지만, 국회입법권의 존중, 법률생활의 안정, 복잡 다양한 헌법상황과 법적 공백 · 법적 혼란상태의 극복을 위하여 유연하고 신축성 있는 판단이 필요하면 변형결정을 하고 있다. 변형결정으로는 헌법불합치결정, 입법촉구결정, 한정합헌결정, 한정위헌결정, 일부위헌결정, 적용위헌결정 등이 있다. 헌법재판의 특성상 변형결성은 불가피하다고 보지만, 그 경우에도 가급적 불가피한 최소한도에 그쳐야 한다.

헌법불합치결정이란 비록 위헌성이 인정되는 법률이라 하더라도 국회의 입법권을 존중하고, 위헌결정의 효력을 즉시 발생시킬 때 오는 법의 공백을 막아 법적 안정성을 유지하기 위하여 일정기간 당해 법률의 효력을 지속시키는계속효 결정형식이다. 헌법불합치결정의 주문형식은 "헌법에 합치되지 아니한다"로 하고 있으며, "입법자가 개정할 때까지 효력을 지속한다"라고 한다. 단순위헌결정으로 법적 공백과 혼란이 우려되어 법적 안정성을 도모할 필요가 있는 경우, 위헌적 상태를 해결하기 위하여 다양한 방법이 가능하여 그 선택을 입법자의 입법형성권에 맡겨야 한다.

입법촉구결정이란 결정 당시에는 합헌이지만 위헌으로 될 소지가 있기 때문에 입법자에게 문제되는 법률의 개정이나 보충 등 입법을 촉구하는 결정형식을 말한다. 헌법재판소가 순수한 의미의 입법촉구를 직접 주문에 명시한 결정례는 없다.

한정합헌결정이란 해석 여하에 따라서 위헌의 의심이 있는 부분을 포함하고 있는 법률의 의미를 헌법의 정신에 합치하도록 한정적으로 해석하여 위헌판단을 회피하는 결정형식을 말하며 헌법합치적 법률해석이라고도 한다. 주문은 "…것으로 해석되는 한이러한 해석하에, 헌법에 위반되지 아니한다"라는 형태를 취한다.

한정위헌결정이란 심판의 대상이 된 법조문을 축소해석한 합헌적 법률해석의 결과라는 점에서 한정합헌해석과 같지만, 한정축소해석을 통하여 일정한 합헌적 의미를 넘어선 확대해석은 헌법에 위반되어 채택할 수 없기 때문에 법적용을 배제하는 결정유형이다. 주문은 "…것으로 해석하는 한 헌법에 위반된다"는 형태를 취하고 있다.

또한 위헌결정에는 법률 또는 법률조항 전체에 대한 위헌결정을 하는 것이 아니라 그 일부에 대한 위헌선언을 하는 경우도 있다. 일부무효의 대상은 독립된 법조문 전부일 수도 있고, 법조문 중 특정의 항일 수도 있고, 일정한 文 또는 文의 일부분일 수도 있다. 일부위헌에는 위헌선언으로 법조문의 일부분이 삭제되는 효과를 갖는 양적量的 일부위헌결정과, 법조문은 그대로 둔 채 그 법조문의 적용례에 대해서만 위헌선언을 하는 질적質的 일부위헌결정이 있다.

성낙인, 헌법학 제14판에서 발췌

헌법소원심판, 현대판 신문고인가?

1987년 제6공화국 헌법 즉 현행 헌법에서는 헌법재판소 제도를 도입하고 있다. 이 헌법재판소의 권한 중에서 새롭게 주목을 끄는 대목이 바로 헌법재판소의 헌법소원심판권이다. 헌법 제111조 제1항 제5호는 헌법재판소의 권한으로 "법률이 정하는 헌법소원에 관한 심판"을 규정하고 있다. 헌법소원은 본질적으로 개인의 주관적인 기본권보장기능과 위헌적인 공권력행사를 통제하는 객관적 헌법질서보장기능을 가진다. 전자와 관련하여 기본권침해의 요건과 권리보호이익(소의 이익)이 요구되는 주관적 쟁송의 성격이 드러나고, 심판의 단계에 접어들면 규범통제절차로서의 객관적 소송의 양상을 띠게 된다.

헌법재판소법 제68조에서는 권리구제형 헌법소원과 위헌심사형 헌법소원을 규정하고 있다. 헌법재판소법 제68조 제1항: "공권력의 행사 또는 불행사로 인하여 헌법상 보장된 기본권을 침해받은 자는 법원의 재판을 제외하고는 헌법재판소에 헌법소원심판을 청구할 수 있다. 다만, 다른 법률에 구제절차가 있는 경우에는 그 절차를 모두 거친 후가 아니면 청구할 수 없다." 제68조 제2항: "제41조 제1항의 규정에 의한 법률의 위헌여부심판의 제청신청이 기각당한 때에는 그 신청을 한 당사자는 헌법재판소에 헌법소원심판을 청구할 수 있다. 이 경우 그 당사자는 당해 사건의 소송절차에서 동일한 사유를 이유로 다시 위헌여부심판의 제청신청을 할 수 없다."

권리구제형 헌법소원제도는 오스트리아와 독일의 헌법재판소제도에서 도입된 이래 헌법재판소제도의 일반적인 제도로 인정되고 있다. 하지만 위헌심사형 헌법소원은 법원의 재판에 대한 헌법소원을 인정하지 아니하면서 위헌법률심판제청인의 권리구제와 객관적 규범통제제도를 채택하고 있는 우리나라 특유의 제도이다. 그 법적 성격에 대하여 법원의 기각결정에 대한 헌법소원이라는 입장과, 그 본질에 중점을 두어 위헌법률심사라는 입장이 있으나 두 가지 성격을 동시에 갖는 것으로 이해된다.

헌법재판소가 제도가 작동되면서 국민들의 가장 많은 관심을 끈 제도가 바로 권리구제형 헌법소원이다. 공권력 작용에 의하여 권리가 침해된 일반 국민들이 국가의 최고사법기관인 헌법재판소에 직접 권리구제를 청구할 수 있다는 점에서 하나의 혁신적인 제도이다. 하지만 권리구제형 헌법소원은 다른 구제절차를 거친 후에 비로소 제기할 수 있기 때문에 현실적으로 다른 구제절차를 거치지 않고 제기할 수 있는 사례가 매우 제한적이다. 그럼에도 헌법재판소는 보충성의 원칙에 대한 폭넓은 예외를 인정함으로써 권리구제의 새로운 장을 개척해 왔다. 실제로 헌법재판소에 계속된 사건 중에서 절대 다수가 바로 권리구제형 헌법소원이라는 점에서 국민들의 높은 관심을 반영하고 있다. 하지만 헌법재판소가 그 핵심적인 헌법적 쟁점보다는 일반적인 사건에 휘둘려 헌법재판 본연의 임무에 소홀히 할 소지도 있다는 점에서 이제 헌법재판소 개소 20주년을 훌쩍 넘어선 시점에서는 권리구제형 헌법소원이 구체적 사건에서의 권리구제보다는 객관적 헌법질서의 수호로 귀결되어야 할 것이다.

성낙인, 헌법학 제14판에서 발췌

제3장

검찰과 경찰, 국민의 눈높이에 맞춰야

검찰 개혁의 5가지 조건

1989년에 서경원 의원 방북사건이 터지면서 공안정국이 회오리쳤다. 당시 평화민주당 총재이던 김대중 전 대통령도 이 사건에 연루돼 공안부 검사실에서 하루 종일 조사를 받았다. 자정이 다 돼서 검찰청을 나서면서 노회한 정치인은 기자들 앞에서 '좋은 학교 나와서 어려운 시험을 거친 엘리트가 기껏 이런 식이냐고' 쓴소리를 내뱉었다. 훗날 대통령에 취임한 그의 화두는 '검찰이 바로 서야 나라가 바로 선다'였다.

검찰이 바로서야 나라가 바로선다

검찰은 법원과 더불어 대한민국의 대표적인 엘리트 집단이다. 하지만 건국 이후 검찰권 행사는 영욕이 교차되어 왔다. 정의의 파수꾼으로서 담대한 검찰권 행사는 국민검사를 배출하기도 했다. 하지만 권력 앞에 무기력한 정치검찰로 지탄받기도 하고, 의욕만 앞선 젊은 검사의 과잉수사는 선량한 시민을 인격살인하는 부작용도 초래했다.

이제 검찰이 환골탈태해야 한다. 무엇이 국민을 위해 바로 선 검찰인가를 보여줘야 한다. 새 검찰총장의 취임 제일성은 검찰 개혁이다. 젊은 검사와 끝장토론도 마다하지 않는다. 평생 검찰에 몸담아 온 총장이 검찰을 향해서 개혁을 주창하는 그 자체가 더는 개혁을 미뤄서는 안 된다는 이 시대의 메시지다.

첫째, 조직체계상 법무부와 검찰의 존재 이유를 분명히 해야 한다. 지금처럼 법무부와 검찰이 온통 검사 일색인 조직으로는 기관에 부여된 역할과 기능을 제대로 수행할 수 없다. 검찰권은 대검찰청 중심으로 작동돼야 한다. 검사는 수사에 전념해야 한다. 국민의 자유와 권리를 보장하는 견인차여야 하는 법무부는 검사가 아닌 법무행정 전문가로 대체돼야 한다. 그래야만 발전적인 상호 보완이 가능하다.

둘째, 검찰 인사의 투명성을 제고해야 한다. 검찰청법상 검찰은 검찰총장과 검사만 있다. 검사는 능력에 따라 적재적소에 배치돼야 한다. 어느 조직이든 평생을 의탁하는 사람이면 누가 적격자인지 다 안다. 검찰 인사가 정치권력에 휘둘리는 한 검찰의 미래를 보장할 수 없다. 객관성과 투명성을 담보할 수 있는 검찰인사위원회가 실질적으로 작동돼야 한다. 장기적인 인사 원칙도 제시돼야 한다. 정권이 바뀔 때마다, 총장이 바뀔 때마다 인사 원칙이 변경돼서는 안 된다. 1년이 멀다 하고 행해지는 지나치게 잦은 검찰 인사로는 조직의 안정을 추스를 수도 없고 제대로 된 수사도 이뤄질 수 없다. 전국단위로 이뤄지는 검찰 인사야말로 예측 가능해야 한다.

셋째, 수사 브리핑 제도는 근본적인 개혁이 필요하다. 언론 보도를 통한 국민의 알 권리도 중요하지만 개인의 인격권을 우선적으로 보장해야 한다. 검찰 수사 단계에서보다는 재판 단계에서 피고인의 동일성을 식별하거나 범죄 혐의를 드러내는 것이 바람직하다.

넷째, 정의의 칼은 언제나 형평의 저울추에 맞춰야 한다. 실적과 공명심에 휘둘려서는 안 된다. 기소독점주의란 무기에 지나치게 의탁하지 말고 국민의 자유와 권리를 어떻게 수호할지 고민해야 한다. 검찰 수사를 통해서 처벌받는 대다수는 집안의 가장이다. 가장이 구속되는 순간 파멸의 길을 갈 수밖에 없다. 인신구속의 사회경제적 파장을 심각하게 되새기면서 검찰권을 신중하게 행사해야 한다. 편파수사 표적수사라는 비난을 면하기 위해서는 과학수사에 더욱 정진해야 한다. 검찰에도 전문 영역이 필요하다. 다원사회에서 검사가 모든 영역의 전문가가 될 수는 없다.

국민도 비난 앞서 법과 원칙 존중을

끝으로 검찰 개혁에 국민도 적극 동참해야 한다. 검찰은 국민 위에 군림하는 조직이 아니라 국민의 자유와 재산을 보전하기 위해 존재하는 공익의 대변자다. 검찰을 비난하기에 앞서 법과 원칙을 존중하는 성숙한 시민사회가 뿌리내려야 한다.

동아일보_2009. 9. 3.

검찰개혁, 내 · 외부적인 통제 실천이 관건

스폰서 검사 진상규명위원회에서 향응 수수 등 검사들의 잘못된 처신을 밝힘에 따라 검찰이 새로운 개혁방안을 제시했다. 검찰이 밝힌 개혁의 기본방향은 자체 정화기능 강화, 검찰 인사의 투명성 확보, 검찰권 행사에 대한 시민 참여로 요약할 수 있다. 이런 개혁이 성과를 내려면 몇 가지 전제가 충족돼야 한다.

첫째, 검찰 자체 정화기능이 제대로 작동하지 못하였다는 뼈아픈 반성이 있어야 한다. 외부 인사 수혈을 통한 감찰 기능 강화가 이미 제도화되어 있었음에도 불구하고 안이하게 현직 검사로 충원하여 왔다. 더구나 이번 추문의 중심에 현직 감찰부장이 연루되어 검찰 자체 정화기능에 치명상을 입었다. 검찰의 제 식구 감싸기가 사실로 드러난 셈이다. 감찰 책임자를 외부에서 영입할 뿐만 아니라 실질적으로 독자적인 역할과 기능을 담당할 수 있게 감찰본부를 신설한 의지는 평가할 만하다.

둘째, 검찰 인사에 대해 공정성과 객관성을 담보해야 한다. 검찰 인사에 대한 외부 개입은 늘 논란이 되어 왔다. 차제에 검찰인사위원회 기능과 역할을 대폭 강화하고 외부 인사 참여를 통해 실질적인 기능을 수행할 수 있도록 해야 한다. 형식적인 검찰인사위원회보다 중립적 외부 인사가 책임을 맡는 실질적인 검찰인사심의위원회도 생각해 볼 필요가 있다. 검찰 인사가 외부 압력을 차단하고 조직 안에서 수긍될 수 있어야 한다.

셋째, 검찰권 행사에 대한 외부 통제가 이루어져야 한다. 민주화 이후에 제도적으로 수사권과 기소권을 독점하는 검찰은 무소불위의 권력기관이 됐다. 하지만 이에 대한 대내외적인 통제가 제대로 작동하지 못했다. 그간 정치권에서 꾸준히 제기된 고위공직자비리수사처나 상설 특별검사제에 대한 국민적 기대가 많은 것도 사실이다. 그러나 이는 현행 헌법체제에 비추어 모순이거나 옥상옥이 될 수 있음이 지적되고 있다. 이에 검찰은 검찰시민심사회라는 미국식 기소대배심, 일본의 검찰심사회와 유사한 기구를 통해 중요 사건의 기소와 불기소에 있어서 국민의 검찰권 행사에 대한 참여와 통제를 제도화하는 방안을 내놓았다. 권고적 효력을 가질 뿐인 이들 제도가 얼마나 효과적으로 작동할 것인지는 검찰 의지에 달려 있다.

이번 검찰 개혁은 땅에 떨어진 검찰의 권위를 회복하기 위한 마지막 기회로 삼아야 한다. 내부적 통제와 외부적 견제 모두 필요하다. 하지만 그보다 검찰의 의식개혁이 선행돼야 한다. 정의의 사도라는 거창한 구호까지 요구하지는 않더라도 적어도 검찰관은 동시대의 법과 원칙을 구현하는 최일선에 있음을 망각해선 안 된다. 단순한 직장인으로 전락하는 것은 더욱 염려스럽다.

매일경제_2010. 6. 11.

검찰, 개혁하지 않으면 개혁 당한다

군사정권 시절 검찰조직은 안정과 번영을 구가했다. 대신 정권에 충성하는 검사만이 살아남을 수 있었다. 1987년 5년 단임 대통령제 이후 검찰도 5년 단위로 옷을 갈아입는 과정에서 정치검찰로 지탄을 받았다. 김영삼 김대중 대통령의 집권 마지막 해에 아들들이 구속 수감되자 대통령은 넋을 잃었다고 한다. 노무현 정부 초기에 이회창 후보의 차떼기 대선자금 수사는 국민검찰을 탄생시켰다. 그 검찰이 이명박 정권 초기에 노무현 전 대통령을 사지로 내몰았다.

그간 검찰은 죽은 권력만 난도질하고 살아 있는 권력에 대해서는 침묵모드로 일관했다. 기세등등한 대통령의 임기 초반기에 온갖 측근비리가 싹튼다. 이때 검찰이 제대로 된 수사를 한 기억이 없다. 물론 검찰도 항변할 것이다. 살아 있는 권력을 상대로 누가 비리첩보를 제공하겠는가라고.

선결과제는 뼈를 깎는 자기정화

하지만 불법사찰 수사를 보면 사정은 전혀 다르다. 검찰은 하늘을 손바닥으로 가리는 수사로 일관했다. 결국 집권 마지막 해, 그것도 총선을 코앞에 두고 뇌관이 폭발했다. 애당초 제대로 수사했더라면 정권도 검찰도 타격을 입지 않았을 것이다. 어려울 때일수록 국민만 바라보고 고뇌에 찬 결단이 필요한 이유다.

그런데 검찰 재수사는 아직도 영 시원찮다. 이럴 때 대검 중수부가 나서야 하고 중수부의 존재감을 보여줘야 한다. 설로만 무성하던 이명박 정부의 실세들에 대한 수사의 단초가 열려간다. 형님 게이트는 아직 수사개시 움직임도 보이지 않는다. 이 와중에 대통령의 멘토라는 최시중 전 방송통신위원장의 황당한 비리사건이 터졌다. 금품수수와 협박과정이 3류 소설 수준이다.

이제 중수부가 현 정권 실세들에게 칼을 빼들어야 한다. 검찰 명예를 걸고 거악巨惡 척결에 나설 마지막 기회다. 이 기회마저 놓치면 중수부는 폐지 이전에 자연사해야 마땅하다. 차떼기 수사를 통해서 한나라당을 한 방에 날려 보낸 민주당이 이젠 중수부 폐지를 집권공약으로 제시한다. 지검 특수부가 있는데 굳이 대검 중수부를 둘 필요가 없어 보이기도 한다. 일본의 도쿄지검 특수부는 대검 중수부 못지않다.

고위공직자비리수사처를 신설해 본들 기존의 검찰조직보다 더 잘할 것이라는 기대는 환상이다. 특별 기구를 옥상옥으로 신설해도 역할과 기능에는 한계가 있기 마련이다. 그러니 특별 기구는 싱가포르 홍콩 같은 도시국가 정도에서만 작동된다. 미국 영국 독일 프랑스 등 선진국 어디에도 이런 조직은 없다. 미국 특유의 특별검사를 흉내 낸 한국판 특검은 예산과 인력만 낭비한 채 아무것도 보여준 것이 없다. 오히려 삼성 특검에서는 면죄부만 부여하지 않았는가.

조직 명예 걸고 巨惡 척결해야

검찰조직 내에서의 상호견제와 균형 즉, 검찰청은 수사기관으로, 법무부는 법무행정기관으로 각자의 역할 정립이 필요하다. 이를 통해 수사와 행정의 이원성을 명실상부하게 구축해야 한다. 검찰의 정치적 중립성은 인사와 직결된다. 엘리트들이 사회정의를 위해 헌신할 수 있는 분위기를 조성해야 한다. 그 인사에 소위 '고소영'이 작동되는 한 조직은 정상궤도를 일탈하기 마련이다. 검찰인사는 최고통치권자의 국가경영철학과 직결된다. 스스로 잘못된 인사가 결국 자신에게 부메랑으로 되돌아온다는 평범한 사실을 잊어서는 안 된다.

검찰의 뼈를 깎는 자기정화는 선결과제다. 간통과 수뢰, 성추행까지 벌어지니 스스로 꼴이 말이 아니다. 검찰에 대한 불신으로 마침내 검사장 직선제까지 논의된다. 직선제는 검찰의 정치화를 가속화시킬 뿐이다. 스폰서 검사 파동 이후 도입된 검찰시민위원회는 나름 좋은 평가를 받고 있다. 차제에 검찰권 행사에 대한 시민참여를 강화하는 방안도 제시돼야 한다.

국민일보 시론_2012. 4. 26.

검찰개혁의 명과 암

"상설특검은 검찰권 견제하고 거악 척결하되 또다른 권력기관으로 변질해선 안 돼"

검찰 내부 진통으로 총장이 사퇴함에 따라 사상 처음으로 검찰 총수의 부재 속에 국가적으로 가장 중요한 대선을 치렀다. 스폰서검사, 벤츠검사, 성추문검사에 이르면서 검찰은 자정능력을 상실한 상태다. 이런 저간의 상황은 검찰의 현주소를 단적으로 드러낸다. 자체 개혁이 한계에 부닥치면서 외부로부터의 개혁으로 치닫는다.

첫째, 법무부의 문민화를 정착시켜야 한다. 그 사이 법무부는 외청인 검찰청 일에 매몰되고, 주요 보직도 검사로 꽉 채워져 있었다. 이제는 인권보호, 범죄예방, 교정, 출입국관리와 같은 법무행정에 전념해야 한다. 검사들의 법무부 근무도 최소화해야 한다. 법무부·검찰의 54명에 이르는 차관급 검사 숫자는 비대해진 검찰권을 상징적으로 보여준다. 대검찰청의 자체 감찰 못지않게 검찰에 대한 법무부의 감찰기능은 강화돼야 한다.

둘째, '인사가 만사'라고 하듯이 검찰 인사도 개혁돼야 한다. 검찰인사위원회를 통해서 적재적소에 유능한 인재를 등용해야 한다. 예측 가능한 인사관리 체계도 마련해야 한다. 검찰 인사가 청와대를 비롯한 정치권에 휘둘려서는 안 된다. 정치권은 인사를 통해서 검찰조직을 장악하려 해서는 안 된다. 검사들도 더 이상 정치권에 줄대기를 해서는 안 된다.

셋째, 조직 체계상 대검의 직접 수사는 바람직하지 않다. 하지만 예상보다 빨리 중수부 폐지가 현실화될 것 같다. 중수부의 정치인에 대한 수사는 늘 편파성 시비를 불러왔다. 특히 '죽은 권력'에는 냉혹했던 반면에 '살아 있는 권력'에 대해서는 지나치게 관대했다는 비판으로부터 자유롭기 어렵다. 사실 한국적 특수 상황에서 재벌이나 정치인에 대한 수사는 결코 쉽지 않다. 대검 중수부도 그러하거늘 지검에서 감당하기란 더욱 어렵다. 그런 점에서 중수부 폐지는 아쉬움을 남긴다. 중수부의 역할과 기능을 대체할 지검 특수부는 특별수사본부로 조직과 체제를 재정비해야 한다.

넷째, 경제협력개발기구OECD 국가 중에서 특별검사제도나 고위공직자비리조사처를 도입한 나라는 미국 말고는 없다. 통상적인 수사조직 체계를 벗어난 특별수사조직의 설치가 바람직하지 않음을 단적으로 보여준다. 우리나라에서도 열한 차례 특검을 도입해 보았지만 이렇다 할 성과를 거두지 못했다. 다만 지난 특검은 일회성이었다면 이번에는 상설특검이라는 점에서 기대가 크다. 하지만 상설특검이 또 다른 제2의 권력기관이 되어서는 안 된다. 상설특검이 검찰권도 견제하면서 동시에 거악척결의 중추기관으로 자리 잡을 수 있도록 해야 한다.

특별감찰관(특감)은 대통령의 친인척과 고위공직자 등의 비리에 대한 조사권과 고발권을 가진다. 특감의 권한과 업무영역도 분명히 해야 한다. 자칫 특감이 무소불위의 권한을 가지고 조사를 강행한다면 기존 수사기관과의 마찰이 불가피하다. 옥상옥의 성격을 가지는 이들 기관은 검찰 · 경찰과의 유기적인 협조체제를 구축해야 한다. 청와대 민정수석실이 그렇듯이 특검 · 특감에도 검사의 파견근무가 불가피할 것이다. 특검 · 특감 인사의 공정성 확보도 특별히 요망된다. 특검 · 특감이 대통령 직속기구가 된다면 통치권자에게 바로 부담이 가기 때문에 그 소속은 신중하게 결정해야 한다.

다섯째, 검찰권 행사에 대한 시민의 참여를 강화해야 한다. 국민의 사법참여 요구에 부응한 재판배심원 제도가 상당한 효과를 거두고 있다. 대검 진상규명위원회에서 제시한 검찰시민위원회가 국민적 호응을 얻어 왔다. 실제로 검찰시민위원회의 의견이 검찰권 행사의 정당성을 제고해 주고 있다. 차제에 검찰시민위원회를 기소배심제에 준하는 형태로 발전시켜 나가야 한다.

검찰이 안팎으로 위기에 처해 있다. 우수한 인재들이 검찰보다는 법원을 선호하는 경향도 뚜렷하다. 외부로부터의 압력과 더불어 자중지란에 빠졌던 검찰이 새 정부의 개혁을 통해서 면모를 일신하여 법과 정의의 수호자로 거듭 태어나는 계기가 되길 바란다. 정부와 국회도 정치적 검찰개혁이 아니라 국가적 정의의 실현을 위해 검찰을 재평가하고 개혁해 나가야 한다.

국민일보 시사풍향계_2013. 3. 20.

국민의 검찰로 거듭태어나야 한다

2011년 4월 2일 경기도 용인에 소재한 법무연수원에서는 검찰총장을 포함한 전국 검사장급 이상 간부 45명이 참석한 '전국 검사장 워크숍'이 열렸다. 특히 최근 국회의 사법개혁특위에서 검찰개혁안이 제기된 터란 국민적 관심이 높았다. '칼의 노래'로 널리 알려진 소설가 김훈이 검찰정책자문위원으로 참석하여 일반 국민들은 검찰을 '공포와 혐오의 대상'으로 보고 있다고 일갈하였다고 한다. 사실 민주화 이후에 검찰은 제어할 수 있는 제3의 기관이 없을 정도로 막강한 힘을 가지고 있다. 권위주의 시절에는 중앙정보부, 국가정보원이나 보안사, 기무사 같은 기관들이 수사와 정보에 개입하면서 검찰의 독립적 위상은 상당 부분 침식되어 있었다. 민주화 이후 검찰에 대한 국민적 기대가 큰 것에 비하면, 검찰의 행태에 국민적 실망이 큰 것도 사실이다.

작년에 있었던 '스폰서 검사' 파동은 태산명동泰山鳴動에 서일필鼠一匹, 즉 태산이 울고 요동하게 하더니 겨우 쥐 한 마리를 잡은 데 불과했다. 요란한 첫 출발에 비하면 특별검사제까지 도입했지만 결과는 보잘것없었다. 국민 여론은 단순하다. 왜 검사들은 향응을 받고도 수뢰죄로 구속수사하지 않느냐는 것이다. 그 이면에는 검찰이 살아있는 권력에는 약하면서 죽은 권력과 약자만 때려잡는다는 항변이 강하게 깔려 있다. 실제로 민주화 이후에 노태우, 김영삼, 김대중, 노무현 정부를 거치면서 새 정부가 취임하자마자 전 정부의 실세實勢들이 대거 서울구치소에 수감되는 일이 반복되어 왔다. 급기야 노무현 전 대통령은 퇴임 직후 대검 중수부의 수사를 받는 과정에서 자결하기에 이르렀다.

이제 국민의 검찰로 거듭 태어나는 길은 검찰이 파사현정破邪顯正의 정도正道를 걸어가는 길밖에 없다. '검사는 공익의 대표자'이다(검찰청법 제4조). 공익을 위해 거악巨惡을 척결하는 과정에서, 국민이 부여한 권한을 합리적으로 수행해야 한다. 하지만 검찰의 오만과 독선이 비판의 도마에 오르곤 한다. 로스쿨 졸업생에 대해 입도선매立稻先賣식 검사 충원 안을 제안, 술이 취한 채로 피의자 신문, 검찰총장이 정보비를 검사장 회의 참석자 전원에게 나누어 주는 행태는 시대상황에 대한 정확한 인식의 부재를 단적으로 드러낸다.

최근 국회 사법개혁특위에서는 대검찰청 중앙수사부를 폐지하고, 특별수사청을 신설하는 안을 제시했다. 사실 대검에서 직접 수사하는 형식의 중수부는 영원히 존속할 기관은 아닌 듯하다. 하지만 아직도 척결되어야 할 거악이 산재한 대한민국의 현실에서 중수부의 폐지는 자칫 검찰의 수사기능을 약화시킬 소지가 크다. 특별수사청은 전에부터 논의되던 고위공직자비리조사처와 유사한 기관이긴 하지만 판검사 비리만 수사한다는 점에서 더욱 한계가 있다. 더구나 대검 소속이라는 점에서 굳이 이런 기구를 둘 필요가 없어 보인다. 제도의 큰 틀과 그 설계는 단순할수록 좋다. 예외적인 제도의 도입은 외견상 그럴 듯 해보이지만 아무런 실속도 없고 실효성도 거두기 어렵다. 전 세계적으로 미국에서만 시행하던 특별검사제도는 미국에서조차 클린턴 대통령의 섹스스캔들과 관련된 특검 이후에는 한 번도 시행된 적이 없다. 우리도 미국과 유사한 특검을 도입했지만 여덟 차례에 걸친 특검은 한 번도 속 시원한 결과를 낸 적이 없고 국가예산만 축내고 말았다. 오히려 삼성특검같은 경우에는 면죄부만 부여하고 세금 감축만 해준 꼴이다. 고위공직자비리는 엄중하게 척결되어야 한다. 더구나 법관이나 검사와 같은 사법관의 비리척결은 민주법치국가의 구현을 위해서 더더욱 강하게 요구된다. 하지만 그럴수록 원론에 충실한 제도설계가 필요하다.

“검찰에 대한 국민 불신의 원인은 검찰 내부에 있다”라는 김훈의 직설을 외면해서는 안 된다. 오늘 이 시점에 검찰이 겪고 있는 수모가 국민의 검찰로 거듭 태어나는 계기가 되었으면 한다. 검찰 개혁도 결국 제도의 문제가 아니라 사람의 문제라는 점을 인식해야 한다. 아직도 대한민국 검찰은 할 일이 많아 보인다. 정의의 사도로서의 검찰로 거듭 태어나길 기대하면서, 법학도들도 법원이나 로펌에 너무 매료되지 말고 검찰관으로서 거악척결에 적극 동참하길 기대해 본다.

법률저널_2011. 4. 8.

정치권과 검찰개혁

연말연시를 맞이하여 어수선한 가운데 사정의 칼날을 쥔 검찰에서 국민적 지탄을 받을 일련의 악재가 터지고, 다른 한편에서는 대선을 앞두고 대선 후보들의 검찰개혁안이 봇물을 이루고 있다. 검찰의 상징인 다섯 개의 검은 이제 정의를 위한 검이 아니라 무딘 놋쇠로 변하고 있다. 사정의 중추기관이 자체 내부의 문제로 위기를 자초하고 있다. 검찰 개혁의 마지막 칼날을 만지작거리던 검찰 수장은 결국 대선이라는 국가적 대사를 앞두고도 낙마하는 사태를 초래하고 말았다.

권위주의 시절에 사정과 정보 기관은 여러 갈래로 나뉘어 있었다. 국가정보원(구 중앙정보부), 국가안전기획부, 기무사령부(구 보안사령부), 경찰, 검찰이 각기 그러나 다소 경쟁적으로 민간인에 대한 사찰과 수사를 진행해 왔다. 하지만 문민정부로 들어서면서 국가정보원과 기무사는 각기 대공과 같은 특수업무와 군사기밀업무로 한정되어 민간부분에 대한 개입은 실질적으로 사라졌다. 그 사이 사정기관은 검찰과 경찰 몫으로 한정되었다. 그런데 경찰과 검찰이 수사권독립 문제로 이전투구하고 있는 이면에는 제도적으로 경찰이 검찰에 종속적인 측면이 강하기 때문이다. 그러니 결과적으로 민주화 이후에 검찰은 무소불위의 사정기관이 되었으며 검찰의 독주는 검찰이 권력기관으로 전락하는 단초를 제공하기에 이른다. 이 와중에 검찰에 대한 견제장치가 소홀해질 수밖에 없고, 그 소홀한 틈을 타서 일부 검찰의 일탈행동이 꼬리를 물고 이어왔다. 외부 개방직으로 감찰본부를 구성하여 자체 감찰을 강화하여 왔지만 제 식구 감싸기의 한계를 벗어나지 못하였다. 벤츠검사, 성추문검사, 사건알선검사가 꼬리를 물고 이어지는 상황은 검찰의 자체 정화능력에 한계를 단적으로 보여준다. 검찰의 대오각성을 촉구하지 않을 수 없다.

검찰은 안으로는 내부 부패로, 밖으로는 정치검찰의 오명을 벗어나지 못하고 있다. 역대 정권마다 검찰개혁을 요란하게 부르짖다 그치고 말았다. 이번에는 예외가 될 것인가. 여야 대선후보 모두 검찰개혁을 중요한 어젠다로 제시한다. 공약대로라면 검찰의 꽃인 대검 중앙수사부는 수명을 다하고 대신 상설특검이나 고위공직자비리수사처(고비처)가 이를 대신할 것 같다. 심지어 검찰총장도 인사위원회를 거쳐서 하도록 하여 대통령의 인사권을 내려놓겠다고 한다. 54명에 이르는 차관급 검사도 절반 이하고 줄인다고 한다. 역설적으로 고강도 검찰개혁안이 시행된다면 검찰의 정치적 중립성이 더 담보될지 모르지만 검찰이 더더욱 무소불위의 권력기관으로 전락할 우려가 배가될 수도 있다.

대검 중수부는 언젠가는 폐지하고 대검은 정책부서로 남아야 정상이다. 하지만 우리의 실상이 과연 그러한가. 지검 특수부에서 거악 척결을 제대로 할 수 있는 여건이 아니다. 상설특검이나 고비처도 마찬가지다. 나라꼴 제대로 갖춘 OECD 국가 중에서 이를 시행하고 있는 나라는 미국의 특검제도뿐이다. 그나마 미국에서도 빌 클린턴 대통령 시절에 대통령의 성추문 특검을 실시하였으나 '부적절한 관계'라는 결론 하나 때문에 엄청난 예산만 사용하였다는 비판에 직면하여 근 20년째 시행되지 않고 있다. 우리나라에서도 특검제도를 시행하였지만 특별한 성과를 거두었다는 이야기는 전혀 없다. 오히려 삼성특검은 결과적으로 이건희 회장에게 천문학적인 경제적 혜택만 안겨주었을 뿐이다. 고비처도 마찬가지다. 도시국가를 제외하고는 고비처를 실시하고 있는 나라가 없다. 고위공직자비리 첩보가 경찰이나 검찰에 생기면 수사단계에 이르면 고비처로 넘겨야 한다. 검찰이라는 거대조직도 정치권과 재벌의 로비를 견뎌내기가 쉽지 않은 데 하물며 고비처 몇몇 수사인력으로 거악척결이 가능할 것이라는 것은 착각이다.

결론은 너무나 간단하다. 검찰 내부의 뼈아픈 자정의 회오리가 있어야 한다. 그 후에 정치권이 검찰을 건드리지만 않으면 검찰이 제대로 된 수사를 할 수 있다. 대선 후보 중 누군가가 당선되면 스스로 검찰을 건드리지 않겠다는 각오를 다져야 한다. 세력 균형은 제도개혁의 핵심이다. 검찰은 수사에 전념해야 한다. 법무부는 문민화하여 검찰로부터 독자적인 법무행정기관으로 거듭 태어나야 한다. 마찬가지로 법원행정처는 행정공무원에게 맡기고 판사는 법원에서 재판에 전념해야 한다. 법무부와 법원행정처의 문민화를 거듭 촉구한다.

법률저널_2012. 12. 7.

검찰의 위기, 정의의 파수꾼

대한민국 검찰 창설 60주년 기념식 기사보다 나란히 실린 납북어부의 기막힌 사연이 더욱 눈길을 끈다. 간첩혐의로 7년간 옥살이를 한지 24년 만에 무죄판결을 받았다. 한글도 해독하지 못하는 서창덕 씨를 민간인임에도 불구하고 보안대에서 감금과 고문을 자행한 끝에 검찰의 기소와 법원의 확정판결로 옥살이를 한 것이다. 진실화해를위한과거사정리위원회의 재심권고에 따라 검찰의 무죄 구형과 법원의 무죄판결이 이어진 것이다.

이 사건은 과거 권위주의시절에 법치주의, 법의지배, 적법절차와 같은 헌법이 보장하고 있는 입헌주의의 기본원리가 철저히 외면당하고 있었음을 반증한다. 여기에 보안대(현 국군기무사령부), 국가안전기획부(현 국가정보원)와 같은 초법적인 행태를 일삼던 국가기관뿐 아니라 검찰과 법원조차도 인권을 외면한 전형적인 사건이라 아니할 수 없다. 가히 선량한 국민의 인권을 짓밟는데 온 국가기관이 총동원된 셈이다.

공안정국시절에 하루 종일 검찰 공안부의 심문을 받고 나온 김대중 당시 야당 대표는 "좋은 학교 나와서 어려운 공부해서 이런 짓 하느냐"고 일갈한 바 있다. 그는 대통령 재임 중에 "검찰이 바로서야 나라가 바로 선다"는 휘호를 남기기도 했다.

그런데 검찰에 대한 평가는 두 갈래로 극명하게 대치된다. 정의의 파수꾼, 공익의 대변자라는 말과 같이 검찰만이 독점적으로 죄인을 기소할 수 있다(기소독점주의). 검사만이 영장을 신청할 수 있고 법관만이 영장을 발부할 수 있도록 헌법에 명시하고 있다. 검사는 법의 최종적인 판단자인 법관 못지않은 지위와 권한을 부여한 셈이다.

반면에 검찰은 권력의 하수인이라는 오명으로부터도 자유롭지 못하다. 권위주의시절에도 정의의 칼을 버리지 않은 검사는 검찰 60주년을 맞아 존경의 대상으로 등장한다. 그러나 그 시절에 이들 특별한 검사를 제외하고는 그런 세상에서 혼자만 용감하게 권력과 싸울 것을 요구하는 것은 무리일 수도 있다.

하지만 권위주의가 끝나고 민주화시대에도 여전히 검찰은 사정정국의 중심에 서 있다는 인상을 지울 수가 없다. 특히 정의의 칼은 "살아있는 권력"에 대해서는 꼬리를 내리면서도 죽은 권력에 대해서는 난도질을 서슴치 않고 있다는 비난이다.

하기야 검찰로서도 억울한 측면이 없을 수 없을 것이다. 죽은 권력에 대해서는 피의자들이 쉽게 입을 열지만 살아있는 권력에 대해서는 그 어느 누구도 입을 열지 않는 상황에서 증거확보가 불가능하다는 입장이다.

역대 대통령이 새로 취임하면 누가 뭐래도 서울구치소는 전 정권의 실세들 소위 범털로 넘쳐난다. 노태우, 김영삼, 김대중, 노무현 정권을 거치면서 이들을 감싸고 있던 소위 실세들의 안방은 서울구치소가 됐다. 장세동 전 안기부장, 박철언 전 장관, 권영해 전 안기부장, 박지원 비서실장으로 5년마다 교체되는 호화진용은 서울구치소정부라 해도 과언이 아니었다.

그나마 다행스러운 것은 적어도 노무현 정부의 실세 중에서 서울구치소행이 없다는 사실이다. 그만큼 노무현 정부가 부패로부터는 깨끗했다는 의미인지 아니면 검찰의 사정이 약하다는 의미인지는 아직 두고 봐야 할 때다.

다만 선거사범 수사와 관련해서 여야의원 할 것 없이 다수의 인사들이 입건돼 있음에도 불구하고 유독 눈길을 끄는 대목은 총선에서 패배한 현 정부의 실세 지역구의 야당 당선자가 기소되었다는 사실이다. 표적 사정이 의심되는 대목이다.

공천헌금과 관련해서도 야당 비례대표는 재판중이고 여당에는 공천헌금이 없는지 소문조차 없다. 무엇인가 형평의 저울추가 기울어진 것 같은 인상을 지울 수가 없다.

검찰은 거악척결이라는 본래의 사명에 충실한 사정수사에 더욱 박차를 가해야 한다. 제한적 플리바기닝의 도입도 필요하지만 그것이 검찰의 수사편의주의로 역류해선 안 된다. 정의의 파수꾼, 공익의 대변자여야 할 검찰이, 권력의 하수인이라는 오명을 씻어내야 한다. 살아 있는 권력에 대한 감시를 강화해야 한다.

미발표 칼럼_2008. 10. 21.

검찰시민위, 국민참여 새 장으로

대한민국 검찰사에 큰 오점을 남긴 스폰서 검사 사건은 아직도 특검이 수사 중이다. 그 와중에 상설특검이나 고위공직자비리수사처 같은 제3의 수사기관 신설 논의는 수면 아래로 잠복하고 검찰의 자체 개혁이 속도를 내고 있다. 대검은 사상 처음으로 감찰책임자를 외부에서 수혈하고 검찰권의 핵심인 기소 때부터 시민참여를 보장하는 검찰시민위원회를 신설한다.

헌법상 기소독점주의 원칙에 따라 검사만 피의자의 기소 여부를 판단한다. 형사소송법이 개정되어 재정신청이 확대되기 전까지는 검찰의 불기소처분에 대한 유일한 대응수단은 헌법소원이었다. 헌법재판사건의 과반수를 차지할 정도였지만 이렇다 할 효과를 거두지 못했다. 기소독점주의가 기소편의주의로 남용되었다는 비판에 대한 반성적 성찰로서 국민의 참여 보장은 검찰권 행사를 국민들 앞에 백일하에 드러내 놓고 투명성과 공정성을 다짐받겠다는 것이다.

검찰시민위원회는 검사의 공소제기, 불기소 처분, 구속취소, 구속영장 재청구에 관한 의사결정 과정에 국민의 의견을 직접 반영하기 위해 설치된다. 위원회는 전국 41개 검찰청에 설치하며 9인의 보통사람으로 구성된다. 일반시민의 통상적인 법감정에 비추어 처벌해야 할 범죄자인지를 가려보자는 취지다. 위원회는 정치인이나 고위 공직자 또는 지역 토착 비리, 대형 경제 범죄사건이나 사회적 관심이 큰 사건에서 작동된다. 위원의 공모과정에서 시민들의 높은 참여 열기는 검찰에 대한 애증을 입증한다.

일찍이 몽테스키외가 '법의 정신'에서 주장한 3권분립론은 근대적 정치제도의 원형이다. 입법부와 행정부는 주권재민의 원리에 따라 선출된 권력기관이지만 임명된 권력기관인 사법부는 공정성이 생명이다. 임명된 권력이 때로 선출된 권력을 압도하기도 한다. 검찰은 행정부 소속이지만 준사법기관이다. 민주화와 더불어 검찰공화국이라 할 정도로 사정기능은 검찰로 집중된다. 이에 임명된 권력의 작동에도 국민의 참여가 요구된다. 미국이나 유럽에서는 배심재판이나 참심재판을 통해서 국민의 사법 참여를 보장한다. 우리도 국민의 형사재판 참여를 위한 배심제를 실시하고 있다.

검찰시민위원회는 미국의 배심제와 일본의 기소심사회를 절충한 제도이다.

하지만 형사배심재판과 마찬가지로 법적 기속력을 담보하지 못하므로 위원회의 견해를 검찰이 최대한 존중해 줄 선의에 기대할 수밖에 없는 한계가 있다.

구체적으로 검찰시민위원회에 회부될 사안을 생각해 보자. 정치적으로 예민한 사건이 이에 해당될 수 있다. 다른 예로 국무총리 공직윤리지원관실에서 일반 국민을 상대로 사찰을 자행한 사건에 대한 검찰의 중간수사 결과발표가 있었다. 컴퓨터 기록 파기 및 대통령비서관의 개입 의혹과 관련해 검찰의 강력한 수사의지에 의구심이 나온다. 시민위원회가 소위 영포회 사건 관련 당사자에 대한 기소 여부를 판단하도록 하는 것도 한 방안이다.

검찰이 제대로 된 수사를 한 후에 시민의 판단을 받는 것은 별론으로 하고 검찰이 적극적인 수사를 하지 않았을 경우에는 일반시민이 참여 해본들 불기소의견에 동의할 수밖에 없다. 여기에 검찰시민위원회의 역할과 기능이 한계에 봉착한다. 그간 검찰이 죽은 권력에는 강도 높은 수사를 하지만 살아 있는 권력에는 약한 면을 드러낸다는 비판을 겸허히 수용해야 한다.

배심재판도 제대로 된 수사가 이루어져야 배심원이 공정한 판단을 할 수 있다. 바로 그런 점에서 검찰의 공정하고 객관적인 수사는 부정과 불의를 발본색원하는 강력한 수사의지로부터 비롯된다. 임의기구인 검찰시민위원회가 궁극적으로 법적 기구로 정립되어 제도적으로 안착되기를 기대한다.

동아일보_2010. 8. 18.

플리바기닝이 면죄부가 된다면

범죄는 날로 지능화한다. 검경도 과학적 수사기법으로 이에 대응하지만 뛰는 수사기관이 나는 범인을 잡기가 쉽지 않은 상황이다. 부패사범이나 조직범죄 같은 경우 당사자 사이에 매우 은밀하게 진행되므로 제3자인 수사기관이 범죄의 전모를 밝히는 일은 어렵게 마련이다.

진실 밝힐 수사 효율성도 좋지만

예컨대 이른바 박연차 리스트에 연루된 다수의 고위공직자가 기소돼 재판을 받았지만 박연차 씨의 진술 외에는 제대로 된 증거를 확보하지 못해 일부 공직자는 무죄판결을 받았다. 최근에는 한명숙 전 총리에게 뇌물을 준 혐의로 재판에 회부된 건설업자가 검찰에서의 진술을 번복하고 법정에서 금품 수수를 부인해 재판의 귀추가 주목된다.

검찰은 공익의 대변자로서 사회적 거악을 척결해야 할 책무를 갖는 최고의 사정기관이다. 검찰 수사의 효율성과 실체적 진실 발견의 편의를 도모하기 위해 법무부는 피의자가 수사에 협조해 범죄 규명에 기여할 경우 정도에 따라 죄를 묻지 않는 '사법협조자 소추면제'와 형벌 감면 혜택을 주는 제도를 도입하는 형법과 형사소송법 개정안을 입법예고했다.

이를 일반적으로 플리바기닝plea bargaining 제도라고 한다. 엄밀히 말하면 영미법계의 면책조건부 증언취득제와 독일 프랑스 같은 대륙법계의 사법협조자 형벌감면제로 나뉜다. 입법예고 내용은 대륙법계에 가까운 것으로 보인다. 유엔협약에서도 도입된 제도를 한국적 현실에 적용하자는 데 공감할 수 있지만 몇 가지 문제점을 지적하지 않을 수 없다.

첫째, 검찰의 존재 이유는 형사사법적 정의 실현에 있다. 검찰이 범죄 혐의자와 협상을 하고 말을 잘 들으면 처벌을 감면해 주는 일은 국민의 법감정에 용납되기 어려운 측면이 있다. 예컨대 뇌물 제공자는 자신의 사적 이익을 추구하기 위해 공직자를 매수한, 이를테면 부패의 원인을 제공한 당사자이다. 그런데 뇌물 제공 사실을 검찰에서 진술했다고 해서 형을 감면받으면 죄 있는 자에게 면죄부를 부여하는 것으로 민주법치국가의 형사사법 정의에 어긋난다. 그 점 때문에 새 제도의 도입 이전에 국민적 신뢰를 담보하기 위해 검찰 수사의 공정성과 투명성을 먼저 확보해야 한다.

둘째, 검찰의 내사자 내지 피의자의 신분이 되면 정신적으로 매우 힘든 공황상태에 빠지게 마련이다. '털어서 먼지 안 나는 사람 없다'라는 표현처럼 누구나 범죄 혐의에서 완전히 자유롭기는 어렵다. 이들의 곤궁한 상황을 이용한 자백은 실제로는 자의에 의한 자백이 아니라 강요된 자백이 될 개연성을 배제할 수 없다. 자칫 재판 과정에서 자백의 증거능력이 부인당할 수도 있다.

셋째, 검찰의 재량권이 남용될 수 있다. 특히 사법협조자에 대한 공소불제기는 기소독점주의를 채택하는 현행법상 사법협조자는 법원의 재판을 받지도 않게 된다. 헌법과 법률이 정한 법관에 의한 재판을 부인하는 결과를 초래할 수 있다. 검찰이 수사편의주의에 집착한 나머지 새 제도에 지나치게 의존하는 행태를 보여서는 안 된다. 검찰은 형사사법의 기본에 충실한 수사를 해야 하고 사법협조자를 통한 수사는 예외적인 경우로 한정해야 한다.

마약범죄 등 제한적으로 허용해야

검찰은 한편으로 수사를 통해 사회적 거악을 뿌리 뽑아야 한다는 국가적 과제를 안고 있다. 다른 한편으로는 열 사람의 범인을 놓치더라도 한 사람의 선량한 시민을 해쳐서는 안 된다는 법언에 비춰 보면 수사 과정에서 국민의 인권보호가 절실하다. 인권을 보호하는 가운데 범죄혐의의 실체적 진실 발견의 어려움을 모르는 바 아니다. 그럴수록 수사의 정도正道를 가야 한다. 입법예고처럼 부패범죄와 조직 테러 마약범죄 같은 특정 범죄에 한해 제한적으로 작동하겠지만 그 경우에도 불가피한 경우에 한정해야 한다.

동아일보_2010. 12. 24.

실체적 진실과 사법적 정의의 괴리

검사는 공익의 대변자이다. 검찰은 공익의 이름으로 수사권과 기소권을 독점적으로 향유한다. 따라서 구체적인 사건에서 검찰이 얼마나 실체적 진실 파악을 위해서 수사에 진력하였는지, 기소에 따른 적용 법조범죄와 관련된 적용 법률조항가 어떠한지에 따라서 비슷한 사건에서 그 결과가 전적으로 달라질 수 있다. 그런데 최근에 검찰이 보여준 일련의 수사, 구속영장청구, 기소 과정에서 정의 구현자로서의 검찰의 사명을 다하고 있는지 의문이다.

한명숙 전 국무총리에 대한 뇌물수수 및 정치자금 수수와 관련된 사안에서 검찰은 연전연패하고 있다. 검찰이 한 전 총리에 대해 대한통운 전 사장으로부터 뇌물을 수수한 혐의로 기소한 사건은 한 전 총리가 서울시장 선거에서 민주당 후보로 출마하기 직전인 지난 해 4월 9일에 서울중앙지법이 무죄판결을 내렸다. 그런데 작년 무죄판결 직전인 4월 8일에 다시금 한 전 총리가 한신건영 전 사장으로부터 불법 정치자금을 수수한 혐의로 기소된 사건에서 지난 10월 31일에 서울중앙지법 형사합의22부는 또 다시 무죄를 선고했다. 앞의 사건은 검찰의 항소로 현재 고등법원에 계류 중에 있고, 뒤 사건도 검찰이 항소할 뜻을 보이고 있기 때문에 향후 고등법원과 대법원의 최종 판결을 기다리고 있다고는 하지만 일단 1심법원의 무죄판결을 존중해야 한다.

총리까지 역임하고 제1야당의 서울시장후보로 나선 인사에 대해서 이렇게 두 차례에 걸쳐서 기소와 무죄판결을 반복하는 양상을 보고 있노라면 굳이 야당이나 당사자의 입을 빌리지 않더라도 정치검찰의 정치보복이라는 비판을 면하기 어렵다. 도대체 전직 총리도 무리하게 수사하는 상황이라면 일반 국민이 검찰에 한번 걸려들면 어떻게 될 것인가 하는 불안감을 지울 수 없다. 언제쯤 우리도 검찰에 의한 정치보복이 없어지리라고 기대할 수 있는 날이 올 것인지 걱정이 앞선다.

검찰도 억울한 측면이 있을 것이다. 검찰도 신이 아닌 사람인 이상 당사자 사이에 은밀하게 수수한 그것도 현금 수수의 경우에 최소한의 입증만하면 이를 인용해야하지 그렇지 않으면 앞으로 수뢰사건 수사가 불가능하다는 불만이 가능해 보인다. 특히 이번 사건에서 비록 한 전 총리는 무죄를 받았지만 그의 비서는 금전수수와 관련하여 유죄를 받았고 그의 동생도 비자금 수수를 인정했다는 점에서 더욱 그러하다. 검찰이 지나치게 공여자의 진술에만 의존하지 않았나 하는 비판을 면하기 어렵다.

다른 한편 수 천 억 원의 탈세혐의로 국세청으로부터 고발당한 선박회사 회장에 대한 구속영장은 법원에서 기각되고 말았다. 또한 폭력배를 고용하여 회사 임원을 협박하고 폭력을 자행한 중견기업체 회장에 대해 청구된 영장도 기각되었다. 이 두 사건의 공통점은 막강한 재력을 무기로 전관 판검사들이 변호인으로 활약했다는 점이다. 이 두 사건에서 과연 검찰이 범죄혐의를 밝히는데 총력을 다하고 난 후에 범죄혐의자에 대해서 가장 강력한 처벌 조항을 적용해서 영장을 청구했음에도 불구하고 법원이 화이트 칼라 범죄에 대해 지나치게 관대했는지에 대해서 심각하게 반성하고 고민해 보아야 한다. 유전무죄가 현실화된 사건이 아니라면, 법원이 지나치게 관대했다고 판단했다면, 당연히 검찰은 검찰시민위원회에 회부하여 영장 재청구 절차를 밟았어야 마땅하다.

검찰은 좀더 적극적으로 실체적 진실 발견과 사법적 정의 구현에 매진하여야 한다. 그렇지 않아도 법학전문대학원로스쿨 제도에 즈음하여 법조일원화가 구현되면 검사보다는 판사를 선호하기 마련이다. 더구나 고령화 사회의 진입에 따라 종신직으로서의 법관을 선호할 가능성이 높다. 최근의 법원조직법 개정으로 법관의 정년은 65세로 연장되었다. 이는 공직자 중 가장 정년이 높은 예이다. 그런데 상대적으로 검사는 근무 환경이 열악한 편이다. 잦은 전근과 지방근무는 기피직종으로 치부되기 쉽다. 게다가 경찰은 수사권독립으로 압박하고 있다. 검찰이 준사법기관으로서의 독립성과 존엄성을 유지하지 못할 경우에 우수한 인력의 검찰 기피현상은 더욱 가속화될 것이다. 하지만 검찰이 있어야 국민이 편안하게 잠들 수 있다. 어려움을 전화위복의 계기로 삼아 국민의 검찰로 거듭 태어나기 바란다.

법률저널_2011. 11. 4.

불법사찰 의혹 낱낱이 밝혀라

공직자의 존재 이유는 국리민복國利民福을 위한 공무의 실현에 있다. 공직자는 어떤 경우에도 국가 이익을 위해 봉사해야 하며 정권 이익을 위한 하수인이 되어서는 안 된다. 국익을 위해 헌신한 일은 비록 적법성과 정당성이 의심스러운 사안이라도 국가이성이라는 이름으로 합리화될 수도 있다. 하지만 국익을 저버리고 정권의 권력 유지를 위한 수단으로 작동되는 그 어떤 행위도 정당화될 수 없다.

국가기관의 정상적인 작동과 공직기강을 바로잡기 위해 유기적이고 통합적인 감찰조직은 필요하다. 그 명칭이나 형태와 관계없이 대통령민정수석비서관실이나 국무총리실 공직윤리지원관실의 존재 이유가 여기에 있다. 다만 이 기관들은 권위주의 정권 시절 무소불위의 권력을 휘둘러 국민적 지탄의 대상이 되기도 했기에 더욱 신중한 작동이 요망된다.

민주화 이후 공직사회의 투명성이 강화되면서 청와대와 총리실의 직접적 개입은 최소화됐다. 그런데 이명박 정부 초기에 발생한 총리실의 공직자도 아닌 민간인에 대한 사찰은 그 어떤 이유로도 정당화될 수 없는 위법행위다. 당시 청와대, 총리실, 검찰은 보이지 않는 윗선의 눈치 보기에 급급했다. 청와대와 총리실의 고위 관계자는 발뺌과 부인으로 일관했다. 마지못해 수사에 나선 검찰은 총리실 공무원 몇 명만 사법처리하는 '꼬리 자르기'식 수사로 끝냈다.

결국 일은 다시 터지고 말았다. 상부의 지시에 따라 불법행위를 자행한, 이를테면 행동책에 불과한 주무관이 실형을 선고받았으니 얼마나 억울했겠는가. 사건의 실체는 그를 통해 베일을 벗어가고 있다. 총리실과 청와대 고위 관계자들이 주무관에게 거액의 뒷돈을 준 사실이 드러났다. 떳떳하다면 사법적으로 단죄된 죄인에게 거액을 전달할 하등의 이유가 없다. 자금의 출처도 의심스럽다. 행여 국민의 혈세가 입막음용으로 낭비되지 않았는지 밝혀야 한다.

도대체 민간인 사찰에 청와대 사정라인인 민정비서관실이 아닌 고용노사비서관이 왜 개입됐는지도 미스터리다. 그가 '몸통'이라고 자처하고 나서 더 황당하다. 총리실의 하드디스크 파괴 같은 증거 인멸도 자신이 지시했다고 한다. 국가의 사정 지휘체계가 사사로운 비선秘線 조직인 영포회나 서울시라인에 의해 작동됐다는 것밖에 달리 설명할 길이 없다. 얼마나 시대착오적이고 국기國基를 뒤흔드는 행태인가.

재수사에 나선 검찰은 입이 열 개라도 할 말이 없을 것이다. 증거 인멸에 대한 수사도 제대로 하지 않은 부실수사가 속속 드러나고 있다. 결국 정권 말기에 터지고 말았다. 진실은 영원히 묻어둘 수 없다는 평범한 진리를 다시 한 번 입증한다. 검찰은 국가 최고 수사기관으로서 이 사건을 철저하게 재수사해야 한다. 불법이 드러나면 지위 고하를 불문하고 엄중하게 법대로 처리해야 한다. 청와대 눈치나 보는 그런 검찰이라면 국민의 검찰이 아니라 정권의 하수인에 불과하다. 사건의 중대성에 비추어 보면 서울지검 형사부가 재수사하겠다고 나선 것은 적절치 않다. 이 사건은 단순 형사사건이 아니라 정권의 실세가 연루돼 있고, 검찰이 자초한 부실 수사의 불행한 유산이다. 이 같은 사건에 대검 중수부가 검찰의 명예를 걸고 나서야 한다. 그것이 중수부의 존재 이유다. 검찰은 전 정권의 총리이자 현재 야당 대표인 한명숙 씨를 두 번이나 기소했지만 법원으로부터 무죄 판결을 받는 치욕을 감내해야 했다. 돌아온 업보는 사법개혁 과정에서 야당으로부터 정치검찰이라는 뭇매를 맞고 난도질을 당한 것이다. 이번에야말로 땅에 떨어진 검찰의 위상을 회복할 절체절명의 기회다. 검찰이 또다시 국정조사나 특검의 지휘를 받는다면 검찰만의 수모가 아니라 국가적 불행이다.

동아일보-시론 칼럼_2012. 3. 22.

일본의 검찰개혁이 던지는 교훈

검찰개혁 어젠다가 정부와 국회를 오가는 사이 경찰의 수사권 독립 문제와 겹치면서 검찰이 내우외환의 홍역을 치른다. 그런데 일본 검찰이 최근 보여준 개혁의 밑그림은 우리 검찰도 타산지석으로 삼을 만하다. 일본에서 검찰의 꽃은 지검 특수부다. 그런데 지검 특수부가 수술대에 올라 있다. 살아있는 권력까지 정조준해서 국민의 사랑을 받아온 특수부가 이제 국민 비판의 대상으로 전락한 상황에서 찾아낸 돌파구는 내·외부적 감시와 감독의 강화다.

검찰 자기성찰 부족… 여론은 싸늘

한국에서는 검찰총장의 직할부대인 대검찰청 중앙수사부가 주요 사건을 직접 수사한다. 그러나 노무현 전 대통령 사건을 기화로 중수부가 살아있는 권력에는 관대하고 죽은 권력에만 전가의 보도를 휘두른다는 비판에 직면해 있다. 국회 사법개혁특위는 중수부 폐지로 몰고 갔지만 거악 척결이라는 명분론에 청와대가 가세하면서 폐지 위기를 모면했다. 검경 수사권 조정 과정에서 검찰의 수사지휘권은 보장하되 경찰의 수사개시권을 인정했지만, 구체적 내용을 법무부령이 아닌 대통령령으로 정하는 데 반발한 검찰총장이 사표를 던졌다. 법상 임기가 보장된 총장의 중도 사퇴에 여론의 반응은 싸늘하다.

왜 그럴까. 무엇보다 시대 변화를 외면한 검찰의 자기성찰이 부족하기 때문이다. 서울지검 강력부에서 고문치사사건으로 현직 검사가 구속되고, 스폰서 검사 파문으로 부패한 검찰에 대한 비판이 고조되는 데도 사건이 터질 때마다 검찰은 조직 보신에 안주해 왔다. 부산저축은행 피해자들이 대검 중수부의 존치를 주장하는 시위까지 벌였고, 퇴임하는 총장의 마지막 메시지에도 최선을 다해 수사해 줄 것을 당부했지만 지금까지 보여준 수사결과는 거악 척결과는 거리가 멀다.

지금부터라도 검찰은 흐트러진 조직을 다잡고 내부 개혁에 매진해야 한다. 첫째, 시민 위에 군림하는 검찰이 아니라 시민의 소리를 귀담아듣는 검찰로 거듭나야 한다. 스폰서 검사 파문 이후 검찰시민위원회에 일반 시민이 참여해 구속영장 청구 여부를 심의하는 과정은 나름 평가를 받을 만하다. 국민의 사법 참여를 강화하기 위한 형사재판 참여 못지않게 검찰권 행사에도 국민 참여와 감시가 일상화돼야 한다.

둘째, 검사는 수사권과 공소권을 독점적으로 향유하는 공익의 대변자다. 수사 따로 공소 따로 식으로는 공소가 제대로 유지되기 어렵다. 공소 유지를 강화하기 위해 검찰의 직접 수사는 국민적 의혹 사건이나 사회적 거악 척결로 한정해 나가야 한다. 일반범죄 수사는 경찰에 대한 수사지휘권을 강화하면 된다. 검찰이 모든 수사를 처음부터 끝까지 다 책임지는 시대는 지났다.

개혁 통해 국민의 검찰로 거듭나야

셋째, 검찰은 수사와 공소유지 과정에서 유아독존적인 지위에서 벗어나 오케스트라의 지휘자로 변신해야 한다. 난마처럼 얽혀 있는 사건 해결을 위해 그 지휘자는 군림하는 지휘자가 아니라 소통과 통합의 지휘자여야 한다. 외부 전문가들의 형식적인 자문이 아니라 사건에 대한 구체적이고 현실적인 참여를 강화해야 한다. 경찰뿐 아니라 조세 금융관련 전문기관과의 유기적인 협조체제 구축이 절실하다.

넷째, 자체 정화를 위한 감찰도 강화해야 한다. 법무부와 대검 감찰관은 검찰 출신이 맡아서는 안 된다. 제3자의 눈을 통해 철저히 정화해 나가야 한다. 외부 인사를 중심으로 구성된 감찰위원회의 설치도 필요하다. 감찰 못지않게 유능하고 존경받는 검사가 검찰의 지도자로 성장할 수 있는 합리적 인사시스템의 마련도 시급하다.

국민의 인권 보장자이자 공익 대변자로서의 검찰에 대한 기대가 큰 만큼 검찰도 국민의 눈높이에 상응하는 새로운 모습을 보여주어야 한다. 스스로 변신하는 가운데 검찰의 미래가 있다.

동아일보_2011. 7. 13.

검찰과 경찰, 위기를 기회로 삼아야 한다

전 · 현직 검사들의 소위 '스폰서' 파문으로 수십명의 검사들이 집단적으로 징계위원회에 회부되었음에도 불구하고 국회에서는 특별검사법까지 제정하여 검찰은 사상 유례없는 위기에 처해 있다. 검찰은 공익의 대변자로서 수사권과 기소권을 독점하는 그야말로 형사사법체계상 막강한 권력기관이다. 바로 그 때문에 검찰은 다른 그 어느 공직보다 높은 도덕성과 청렴성이 요구된다.

그런데 검찰 수사권의 일부 양수를 통한 수사권독립 논쟁의 주체가 돼야 할 경찰도 비리에 휩싸여 있기는 매한가지다. 서울의 심장부인 강남 유흥업소를 주름잡으며 수년간 천문학적인 세금을 포탈한 사람이 법의 그물망으로부터 벗어나 있었다. 조직적인 은폐가 없었다고 믿는 국민은 없을 것이다. 사건 현장의 초동수사단계에서 인신보호의 현장이라 할 수 있는 경찰서에서 발생한 고문사건은 강압적인 자백 확보라는 전근대적인 수사단계에 있음을 여실히 보여 준다. 수년전 서울지검 강력부에서 조직폭력배에 대한 수사과정에서 발생한 고문치사사건으로 현직 검사가 구속되는 일이 있었음에도 불구하고 아직도 고문이 근절되지 않고 있다. 그럼에도 경찰은 수사권독립뿐 아니라 경찰관직무집행법을 개정하여 불심검문不審檢問을 강화하려 한다. 모든 국민들을 잠재적 피의자로 전락하게 하는 불심검문은 오히려 축소해야 한다.

여기에 더하여 국무총리 산하 공직자윤리지원관실은 공직자에 대한 감찰을 넘어서서 민간인에 대하여 이명박 대통령을 비난하는 동영상을 올렸다는 이유로 불법사찰을 자행하여 새삼 국민적 분노를 자아낸다. 지금은 존재하는지 여부에 관해서 비밀에 가려져 있지만 한때는 소위 청와대 사직동 팀이라는 곳에서는 정상적인 경찰조직과는 완전히 절연된 채 청와대 부속 경찰조직으로 대국민 사찰을 자행한 적도 있다.

권위주의 시절 국민들은 정보기관으로부터 인권침해를 당한 아픈 추억을 잊지 못한다. 지금의 국가정보원에 해당하는 중앙정보부(국가안전기획부)는 우는 아이의 울음도 그치게 했다고 할 정도로 국민생활에 깊숙이 개입한 무서운 존재였다. 군사정보의 수집과 분석을 담당해야 할 국군보안사령부(현 국군기무사령부)도 민간인 사찰에 개입하기는 매한가지였다. 이들은 경찰, 검찰뿐 아니라 관공서나 민간기관까지 출입하면서 불법적인 개입을 자행한 것은 천하가 다 아는 일이다.

민주화 이후에 국정원이나 기무사 같은 특수정보기관이 제자리로 돌아간 공백은 경찰과 검찰의 몫이 됐다. 하지만 역설적으로 특수정보기관의 개입은 경찰과 검찰에 대한 견제기관의 역할을 일정부분 수행한 긍정적 측면도 부인할 수 없다. 특수정보기관이 떠난 자리를 독차지한 경찰과 검찰이 아직 제정신을 차리지 못하고 있으니 새삼 제3의 통제기관 창설 논의가 제기된다.

우선 검·경의 내부감찰을 강화해야 한다. 그런데 지금껏 검·경이 보여준 제 식구 감싸기 식의 내부감찰에 국민들은 식상해한다. 그렇지만 내부감찰의 중요성을 간과해서는 안 된다. 검·경의 특성상 외부감찰은 쉬운 일이 아니다. 이도저도 안 되면 결국 제3의 외부통제기관을 신설할 수밖에 없다. 대한변호사협회가 변호사들을 상대로 한 설문조사에서도 고위공직자비리조사처의 신설에 찬성하고 있다. 민주화 이후에 독점적 사정기관인 검·경에 대한 국민적 불만을 드러낸 것이다. 그러나 새로 창설될 조직이 현행 형사사법체계에서 정상적으로 작동할 수 있을 것인지에 대한 의문과 옥상옥의 우려를 피하기도 쉬운 일이 아니다. 객관성과 투명성을 확보할 수 있는 내부감찰제도의 정립이 필요한 이유다. 이제 검·경에 자체 정화의 마지막 기회가 부여되었다. 스스로 정화하지 못하면 결국 외부의 손길이 미치기 마련이다.

국가의 기본적 책무는 19세기 야경국가가 단적으로 적시하는 바와 같이 공공의 안녕질서의 유지에 있다. 그런데 공안의 사령탑인 검·경이 무너지면 결국 국민들만 불편해진다. 이제 검·경은 자세를 가다듬고 새출발을 하여야 한다. 그래야 국민들이 안심하고 일상으로 돌아갈 수 있다.

서울신문_2010. 6. 26.

저축은행 비리조사 용두사미되나

껍데기만 넘치는 외화내빈外華內貧이 결국에는 사태를 막장으로 내몬다. 4년제 종합대학 장의 호칭인 총장이 전문대학의 장까지 총장이 되면서 전국에 총장의 홍수다. 일본에서는 아직도 우리의 총장을 학장이라 하고 전문대학을 단기대학이라 칭하는 것과 대조적이다.

저축은행이란 호칭만 해도 그렇다. 상호신용금고라 하면 시중은행과 분명히 구별된다. 1972년에 서민과 중소기업을 위해 출발한 '상호신용금고'가 2001년에 '상호저축은행'으로 바뀌더니 아예 '상호'까지 떼버리고 '저축은행'이라 통칭한다. 세상에 저축하지 않는 은행이 어디 있단 말인가. 그러니 물가 상승률에도 못 미치는 시중은행 이율보다 몇 푼이라도 더 받으려고 서민들은 저축은행으로 몰려들었다. 같은 은행인데 이율이 더 좋으니까 말이다. 그 저축은행이 총체적 부실과 비리로 만신창이다. 저축은행을 둘러싼 구린내가 자갈치시장 쓰레기통의 생선 비린내보다 더하다.

삼화저축은행에서 부산저축은행에 이르는 저축은행의 비리에는 대한민국의 내로라하는 정·관·법조계 인사들이 모두 구설수에 올라 있다. '오얏나무 아래에서 갓 끈을 매지 말라' 했거늘, 모두들 혐의를 부인하고 있지만 부실저축은행의 비리 행태를 보면 뭔가 있었던 게 분명하다. 그래서 대한민국 최고의 수사기관인 대검 중수부가 칼을 빼들었다.

부실저축은행 수사가 한참 진행되던 시점에 국회 사법개혁특위는 중수부 폐지로 가닥을 잡아갔다. 이에 부산저축은행 피해자들이 중수부를 엄호하는 상경투쟁까지 나섰다. 그 중수부가 몇 달째 국민적 의혹에 상응하는 수사 결과를 내놓지 못하고 있다.

거악 척결이라는 명분으로 존속에 성공했음에도 불구하고 막상 코앞에 있는 거악도 제대로 척결하지 못하고 있다. 오죽했으면 퇴임하는 검찰총장의 마지막 당부가 저축은행 사건의 철저한 수사였겠는가. 부실의 당사자 몇 명과 금융관료 몇 명이 사법 처리되는 정도라면 부산지검 특수부에 맡겨도 될 것 아닌가. 보통 사람의 눈높이에서 보아도 상식적으로 이해가 안 되는 의혹이 넘쳐 흐른다. 그런데도 수사는 지지부진하다. 저축은행 비리를 해결하지 못하고는 중수부의 존재 이유도 없다.

저축은행 비리에는 무엇보다 금융감독기관과 그 종사자들의 불법과 방조가 큰 몫을 차지하고 있다. 저축은행들의 감사와 저축은행의 업무협조와 신용질서를 총괄하는 중앙회 임원의 절대 다수가 경제관료 출신이니 그야말로 고양이에게 생선을 맡긴 꼴이다. 심지어 헌법상 국가의 최고 감사기관인 감사위원까지 연루되었다. 회계법인의 엉터리 검사도 매한가지다. 관계당국은 법령까지 개정해 주었다. 이 와중에 대형 로펌은 수억 원의 수임료를 올리고 있다. 그야말로 실정법 위반과 국민정서법 위반이 동반성장한 양상이다.

부산저축은행의 캄보디아 개발, 신안군 개발, 영각사 납골당 분양과 관련한 부정은 두 정권에 걸쳐 진행되었다. 그러니 여야를 막론하고 정치권의 실세들이 의혹을 받기 마련이다. 미래 권력의 친인척도 의혹의 대상이다. 국회의 국정조사는 증인문제로 허송세월할 것이 아니라 실체를 파고들어야 한다. 대검 중수부가 제대로 된 수사를 하도록 협조해야 한다.

대통령과 총리는 물론이고 여야 정치권도 명명백백한 수사를 독려해야 한다. 정치 지도자들이 자신과 유관한 일이 발생하면 일회성 해명으로 넘어가려 할 때 검찰은 수사에 부담을 갖기 마련이다. 언론에 거명된 인사들은 자신의 먼지부터 털어 달라고 자청해야 한다.

썩은 곳은 깨끗이 도려내야 비리공화국이란 오점을 씻어낸다. 그렇지 않고서는 민주법치국가로 한 발짝도 전진할 수 없다. 그 와중에 관계당국의 불법과 부실감독이 중요한 요인이라면 일정 부분 책임을 져야 할 것이다. 피해를 입은 당사자들은 저축은행 관계자와 금융당국의 법적 책임을 추궁하는 공동 대책을 마련해야 한다.

매일경제_2011. 8. 2.

검 · 경 이젠 자성의 자세로

전 세계 103개국을 대표하는 검찰총수가 자리를 함께 한 제4회 세계검찰총장회의가 개막되던 날 국회에서는 사법개혁의 핵심 어젠다의 하나인 검 · 경 수사권조정 관련 법률이 거의 만장일치 수준으로 통과됐다. 검찰로서는 정말 뼈아픈 장면이 아닐 수 없다. 검 · 경 수사권조정에 관한 갈등은 대통령의 직역이기주의에 대한 질타에 이어 청와대, 총리실과 관련부처의 밤샘 논의 끝에 긴 논쟁의 1차적 종지부를 찍었다. '모든 수사'에 대한 검찰의 수사지휘권은 보장하되, 새로 경찰에 수사개시권을 부여했다. 그런데 '모든 수사'에 검찰의 지휘를 받도록 하고, '수사지휘에 관한 구체적 사항은 법무부령으로 정'하는 것에 경찰의 불만 제기에 따라 대통령령으로 수정됐다.

이번 사태의 본질은 두 가지 측면에서 논의될 수 있다. 하나는 국가적으로 갈등적인 현안을 처리하는 과정의 적절성이다. 정부의 관계당국이 어떠한 합의를 했는지 여부와 관계없이 국회는 독자적으로 입법권을 행사할 수 있다. 국회가 입법권을 오 · 남용했을 경우에 정부는 대통령의 법률안거부권을 통해서 이를 견제할 수 있다. 하지만 이번 검 · 경 수사권조정문제는 정부 내 관계기관 사이에 작성한 합의의 정서가 국회입법과정에서 무효로 됐다. 바람직한 입법 행태가 아니다.

다른 하나는 내용의 적절성, 즉 법무부령이 바람직하냐 아니면 대통령령이 바람직하냐이다. 법무부령으로 할 경우 검찰이 '모든 수사'를 명분 삼아 경찰의 내사 사건에까지 수사지휘권을 발동하려 들 것이라는 게 경찰의 우려다. 그런데 내사는 그 어떠한 사건에도 검찰의 지휘를 받지 아니하고 경찰이 독자적으로 할 수 있도록 합의했다. 하지만 실제로 내사와 수사의 구분의 획을 잡기란 쉬운 일이 아니다. 내사가 일정한 수준에 이르게 되면 수사로 발전하게 될 것이기 때문에 초동 단계의 내사를 벗어나면 국민의 인권보호를 위해서 수사에 준해야 한다는 게 대법원 판례다. 내사와 수사의 경계의 획이 불분명할 수밖에 없는 상황에서 법무부령을 통해서 검찰이 일방적으로 명령을 제정할 것이 아니라 검 · 경이 합의해서 대통령령으로 정하는 것이 바람직할 수도 있다.

헌법상 대통령령만 국무회의의 필수적 심의사항이다. 법무부령에서 대통령령으로의 수정이 법규범의 이상에만 집착한 나머지 새로운 갈등을 양산하는 기반을 제공해 버린 꼴이 돼서는 안 된다. 이제 대통령령의 구체적인 내용은 법무부와 행정안전부 관계자들의 협의 후 합의가 이루어져야 한다. 지휘받는 기관과 협의해서 합의해야만 수사지휘의 구체적 내용과 범위가 결정되는 갈등적이고 모순적인 상황이 잠복해 있다. 대통령령 제정 과정에서 다시금 정치권력이 개입하면 검찰의 준사법적 기능에 치명적인 손상을 입을 수 있다. 대통령령이라는 이상도 좋지만 검찰의 독립성과 중립성을 담보하기 위해서는 법무부령이 더 적합할 수도 있다. 이제 검·경은 상호 협력하면서 선의의 경쟁을 통해서 형사사법절차에서 제도의 균형을 이루어 나가라는 것이 국민적 요구다.

민주화 이후 국정원·기무사와 같은 특수수사기관의 민간인에 대한 사찰이나 수사가 불가능하게 되면서 검찰과 경찰은 명실상부한 최고사정기관으로 자리매김하고 있다. 그런 두 기관이 자신들의 이익만 앞세우고 실력행사도 불사하는 추한 모습을 연출했다. 불법집단행동을 엄단하겠다는 사정기관이 스스로 그 집단행동의 유혹을 뿌리치지 못했다. 법치주의 수호를 위한 최고 수사기관과 최대 수사조직이 자긍심과 상호존중의 미덕을 발휘하면서 검·경이 국민의 인권보장기구로 거듭 태어나길 기대한다.

세계일보_2011. 7. 4.

정권말 경찰 · 검찰 제대로 하고 있나

금년은 대선의 해이자 참여정부의 마지막 해이기도 하다. 물러날 정부는 지난 4년간의 치적을 차분하게 정리하면서 다음 정부에게 물려줄 국정과제를 챙겨야 한다.

노무현 대통령은 임기말에 역사적인 제2차 남북정상회담을 통하여 대선후보 못지않은 스포트 라이트를 받고 있다. 남북정상회담에서 합의한 많은 국정 아젠다는 좋든 싫든 다음 정부에 넘길 수밖에 없다.

서산에 지는 해를 붙잡아 본들 무슨 소용이 있겠는가. 달도 차면 기울기 마련이다. 권력자는 자신에게만 충성하기를 원하지만 세상 인심은 떠나야 할 그대 보다는 새로 권좌에 오를 그님에게 온갖 추파를 던지게 마련이다. 이맘때면 으레 권력의 누수현상이 일어나고 권력기관들은 느슨해진다. 이럴 때일수록 특히 국가의 사정기관은 자칫 정권말기에 흐트러질 수 있는 공직기강을 다 잡아야 한다. 하지만 안타깝게도 현실은 또 다시 국가의 중추 사정기관인 경찰과 검찰의 느슨한 자세를 다시 한번 확인시켜 주고 있다.

올봄에 터진 김승연 한화그룹 회장의 지나친 자식 사랑으로 인하여 빚어진 폭행사건은 마침내 대한민국 경찰을 송두리째 흔들고 말았다. 죄형법정주의 국가에서 사회지도층 인사가 태연하게 초법적인 사형私刑을 행사한 것이다. 경찰의 안이한 대처는 결국 경찰조직 전체에 큰 상처를 남기게 되었다. 경찰총수가 검찰조사를 받고 수도 서울의 치안책임자와 관할서장은 공직을 떠나야하는 수모를 겪었다. 이 정부 초기에 강력하게 주창하여 오던 경찰 수사권독립은 소리조차 낼 수 없는 처지가 되어 버렸다.

대통령이 공개적으로 깜이 안 된다고 여겼던 신정아 학력위조 사건과 정윤재 전 청와대의전비서관 로비 및 수뢰 의혹은 갈수록 눈덩이를 크게 만들고 있다.

대통령이 제대로 상황을 파악하지 못한 이면에는 사정업무의 직접 보고라인인 청와대 민정비서실의 책임이 크다. 그런데 민정비서실의 보고도 결국 일선 정보기관이 제공한 자료에 의존할 수밖에 없을 것이다. 이번 사건을 통하여 대통령에게 보고되는 정보의 정확성과 신뢰성이 담보되지 못하고 있는 문제점이 여실히 드러나고 있다.

검찰도 역할을 다하지 못한 책임을 면할 수 없다. 민주법치국가에서 적법절차를 준수하여야 하는 검찰로서는 특히 '살아있는 권력'에 대한 수사가 결코 쉬운 일이 아닐 것이다. 하지만 사안의 중요성을 제대로 인식하지 못한 안이한 대응에 대해서 검찰 스스로 뼈저린 반성이 있어야 한다.

계속된 언론의 의혹제기에도 불구하고 출국금지조치도 받지 않았던 신정아 씨가 귀국하지 않았더라면 어떻게 할 참이었는가. 귀국과정에 대한 해명도 필요한 부분이다. 김옥량 전 교수는 불구속기소하면서 신정아 전 교수를 구속시키려면 그에 걸맞는 충분한 수사를 통하여 김 전 교수와는 차원이 다른 중대한 범죄혐의를 입증하여야 했다. 검찰이야 억울하다고 하겠지만 정 전비서관 사건에서도 사건의 직접 당사자에 대한 조사가 제대로 이루어지지 않은 부실한 초기대응이 곳곳에도 드러나고 있다.

대한민국 최고수사기관인 검찰이 법원을 납득시킬만한 충분한 범죄혐의를 제대로 제시하지 못한 책임을 법원에만 전가해서는 안 된다. 다만 법원도 영장심사에 있어서 특정 범죄혐의 못지않게 사건이 미치는 사회적 파장과 공직자범죄의 특수성을 충분히 고려하여야 한다. 불구속재판이라는 명제에 집착하여 '도주와 증거인멸의 우려'만을 구속영장발부의 황금률로 삼을 필요는 없다. 특히 국민들은 법원이 화이트 칼라와 공직자 범죄에 대하여 너무 관용적이라고 비판하고 있다. 형사사법기관의 고무줄식 법집행은 시정되어야 한다. 동시에 여론에 좌우되는 여론재판도 안되겠지만 국민의 법감정을 무시한 형사사법은 국민적 불신만 증폭시킬 뿐이다.

이들 세 사건에서의 공통된 문제점은 초동수사 단계에서부터 검찰과 경찰이 사건의 실체적 진실을 발견하려는 적극적인 의지보다는 대충 얼버무려서 지나가려 한 것이 아닌가 하는 의혹이다. 그러다가 여론과 언론의 뭇매를 맞고서야 비로소 전열을 가다듬다보니 일반 국민들이 보기에도 수사가 엉성해 보이는 것 아니겠는가.

언론탓, 법원탓 하기 이전에 검찰과 경찰은 다시 한번 조직을 다잡고 민중의 경찰, 국민의 검찰로 거듭 태어나기 바란다. 경찰과 검찰이 바로서야 이 땅에 법의지배가 뿌리 내릴 수 있고 나라도 바로 선다.

미발표 칼럼_2007. 10. 1.

조폭 눈치보는 公權力

경제협력개발기구OECD에 가입한 세계 10대 경제교역국이고, 주요 20국 G20 정상회담을 개최하고, 전자제품과 자동차가 전 세계를 휘감아 도는 모습을 보노라면 대한민국도 어느새 선진국 대열에 당당히 합류한 것 같다. 그런데 여전히 후진국병을 벗어나지 못하는 게 있다. 법과 원칙보다는 주먹과 반칙이 앞선다. 민주화 과정에서 악법은 법이 아니라고 외치던 잔영殘影이 아직도 국민의 뇌리를 지배한다. 무엇보다 민생 현장에서 사회공공의 안녕질서를 책임져야 할 경찰의 잘못은 치명적이다.

국가의 존재 이유는 국민의 생명 · 신체 · 자유 · 재산을 지켜주는 데 있다. 19세기 야경국가夜警國家 시대에도 야음을 틈타서 설치는 도적떼들을 잡아들이는 일만은 나라가 해 주기를 바랐다. 그런데 21세기 대한민국에서 그것도 경찰의 날 66주년을 기념하는 날에 조직폭력배들이 어둠을 가르고 난장판을 벌였다. 그 폭력의 현장에 경찰은 보이지 않았다. 아니 보이지 않은 것이 아니라 방관자로 전락했다. 출동한 경찰은 조폭組暴의 칼질 싸움의 구경꾼에 불과했다. 게다가 경찰청장은 언론 보도를 통해 겨우 진상을 파악했다 하니 국가 최고 정보기관의 보고체계가 내부로부터 농락당하고 있음을 단적으로 보여준다.

최근에 벌어진 일련의 사태는 국민적 분노를 넘어서 실망을 자아내기에 충분하다. 제주 강정마을에서는 해군기지 건설을 반대하는 시위대에 농락당하고, 인천에서는 조폭에 휘둘리고, 내부적으로는 독직사건으로 감찰기능이 마비되고 있는 것이 오늘 이 시점 경찰의 현주소다. 뒤늦게 경찰총수가 "조폭 인권 상관 말고 과감히 총기 사용하라"고 질타하고 나섰다.

무엇이 경찰을 이렇게 만들었는가?

우선적으로, 경찰 수뇌부의 대오각성이 있어야 한다. 검 · 경 갈등의 와중에 수사권 독립만 관철시키면 청사에 길이 남을 경찰총수가 되리라고 믿는 것 같다. 하지만 치안 부재에 대한 국민의 질책은 모든 것을 무력화시킬 수 있다. 경찰청장 임기제는 청장 퇴임 이후 다른 공직 취임 금지 규정과 연계된 사항인데 위헌 시비로 임기제만 남았다. 그나마 임기제도 제대로 지켜지지 않았을 뿐 아니라 현직 총수가 퇴임 후 제2의 공직에 눈독 들이는 사이에 정작 내부는 곪아 터지고 있다.

그리고 실적주의와 비밀주의에 안주하는 한 경찰의 미래가 없다. 조직 내부의 정보전달 체계가 동맥경화 상태임이 여실히 드러났다. 경찰의 실적주의는 결국 국민에게 피해를 안겨 줄 것이고 그것은 궁극적으로 경찰 자신에게 부메랑이 돼서 되돌아올 것이다. 총칼로 지배하던 과거와는 달리 현대사회는 정보가 생명이다. 그 정보의 형성과 전달체계의 근본적 개혁이 필요하다. 상의하달上意下達이 아니라 하의상달의 소통구조가 필요하다.

끝으로, 어려운 때일수록 법과 원칙에 충실해야 한다. 조폭의 인권도 존중돼야 한다. 몇 해 전 서울중앙지검 강력부 검사가 고문 혐의로 구속됐다. 치사된 당사자는 조직폭력배였다. 하지만 미란다 사건에서 단적으로 보여주듯이 수사기관은 그 어떠한 경우라도 적법절차를 지켜야 한다.

경찰뿐 아니라 국민도 법의 지배와 법치주의 원리에 순응해야 한다. 경찰은 공권력公權力의 상징이다. 미국과 유럽에서는 폴리스 라인이 엄격하게 지켜진다. 경찰의 공무집행에 저항하면 곧 바로 물리적 강제력이 발동된다. 두들겨 맞아도 하소연할 데가 없다. 심지어 경찰서 유치장에 발가벗겨 놓기도 한다. 공권력만이 물리력을 행사할 수 있다. 그런데 한국 사회는 오히려 경찰이 폭력에 압도당한다. 이래서는 안 된다. 경찰이 주어진 소임을 다할 수 있도록 시민의식도 높아져야 한다.

문화일보_2011. 10. 27.

검 · 경 수사권 조정안 국회통과와 검찰총장의 사퇴

민주화 이후의 개혁 과제 중의 하나가 법원 · 검찰을 포함한 사법개혁이다. 민주화 과정에서 의회권력과 대통령권력의 재조정과 민주화가 핵심적인 화두였다. 민주화 이후에는 그간 가려져 있던 사법권력의 민주화가 새로운 과제로 등장했다. 의회와 정부는 주권자의 선택에 따른 선출된 권력이다. 하지만 사법은 그 특성상 주권자인 국민과 관계없이 국가원수로부터 최고사법권자가 임명되고 그로부터 사법관이 다시 임명되는 이른바 임명된 권력이다. 사법은 국민의 자유와 권리를 수호하는 최종 · 최후의 보루여야 한다. 사법은 과거 권위주의 정부 시절에 최고통치권자의 뜻에 충실히 순종한 뼈아픈 과거를 잊어서는 안 된다. 바로 그와 같은 이유로 민주화 이후에 사법권력의 민주화 · 문민화를 위한 개혁 작업이 지속되어 왔다. 문민정부 이래 사법개혁위원회가 정부와 법원을 중심으로 정부 교체 때마다 설립되어 논의를 거듭해 왔다. 지금까지의 논의는 주로 법원 · 검찰 관계자를 중심으로 이루어졌다. 그 과정에서 법조인 충원 방식의 획기적인 전환을 의미하는 한국판 로스쿨인 법학전문대학원 제도도 지난 노무현 정부 때 법률로 제정된 바 있다.

이명박 정부에서의 사법개혁작업은 정부나 법원 관계자들이 중심이 된 특별한 사법개혁기구는 작동되지 않았다. 대신 국회에 사법개혁특별위원회(사개특위)를 중심으로 작동되어 왔다. 민의의 전당인 국회에서 사법개혁 논의를 진행하는 것은 바람직한 일이다. 고양이에게 생선을 맡길 수 없듯이 사법개혁 대상의 당사자인 법원 · 검찰에 사법개혁을 맡겨 가지고는 국민이 원하는 결과를 가져오기 어렵다. 그런데 국회에서의 사법개혁 논의는 법원보다는 검찰 개혁 논의로 무게의 중심축이 이전돼 버린 결과를 초래하고 있다. 국회 사개특위에 법원 · 검찰 관계자들의 집요한 로비가 계속되었다는 것은 이미 공지의 사실이다. 더구나 국회에는 법관과 검사가 비록 현직 신분을 벗어났다고는 하지만 곧바로 원대 복귀하는 이들이 전문위원이라는 이름으로 상주하면서 로비의 공식적인 창구를 국회의사당에 마련하고 있다. 특히 사법권 독립을 주장하는 법원이 중견 법관을 국회에 상주시키는 것은 바람직하지 않다. 과거 권위주의 시절에 청와대에 법관을 파견근무하게 하였다가 철퇴당한 뼈아픈 전철을 밟지 말아야 한다.

국회 사개특위 논의과정에서 핵심적인 어젠다는 법원의 경우 대법관 증원과 양형위원회의 대통령직속기구화였다. 하지만 이 모두 흐지부지되고 말았다. 대법원의 상고적체와 그에 따른 대법원의 연구관재판이라는 오명을 어떻게든 씻어야 할 것이다. 검찰개혁 어젠다는 더욱 논쟁적이었다. 우선 대검찰청에 검찰총장 직속부대라 할 수 있는 중앙수사부를 폐지함으로써 대검찰청의 직접수사권을 폐지하자는 것이 그 중 하나다. 사개특위에서는 대검 중수부의 수사권을 폐지하고 대신 고위공직자에 대한 수사를 전담하는 특별수사청을 신설하는 쪽으로 가닥을 잡아가고 있었다. 하지만 거악척결이라는 명분에 부산저축은행 피해자들까지 대검 중수부 폐지를 반대하는 데모를 국회 앞에서 하는 양상으로까지 발전하자 청와대에서 중수부 존치에 힘을 실어주면서 일단락되었다. 그런데 요즈음 대검 중수부의 존재이유인 거악척결과 거리가 멀다는 비판이 제기된다. 부산저축은행 사건만 하더라도 사표를 던진 김준규 검찰총장이 이임사에서까지 잘 수사해 달라고 부탁할 정도인데 수사가 옆가지치기만 요란한 가운데 뭐 하나 속 시원하게 해결되는 것 같지가 않다. 천하의 중수부의 수사력의 한계인지 아니면 법적으로 이들의 잘못이 없는지 로비가 없었는지 오리무중이다. 검찰총장이 직을 걸고 거악척결에 매진할 수 있도록 중수부의 존치를 바라면서도 왠지 근래 중수부의 수사를 보면서 뭐하는가 하는 의구심을 지울 수 없다. 정말 제대로 한다면 특별수사청 같은 별도의 기구를 설치할 필요가 없을 것이다. 실제로 홍콩 같은 도시형 국가가 아닌 정상국가 중에서 예컨대 OECD 국가 중에서 특별수사청과 같은 예외적 검찰기구를 설치한 나라는 없다. 하기야 이들 국가 중에 대검에 중수부를 설치한 나라도 없기는 매 한가지다. 아무튼 정치인들이 중수부 폐지를 강조하는데 이들의 주된 논리는 정치검찰이라는 것이다. 이는 특히 노무현 전 대통령의 사거와 무관하지 않는 듯 하다. 하지만 대검 중수부를 폐지하면 정치부패나 재벌부패를 수사하기가 정말 어려워질 것이다. 중수부가 있는데도 제대로 수사를 못한다면 중수부 마저 폐지된다면 누가 감히 수사에 나설 수 있겠는가. 날로 비대해지는 재벌의 힘에 대항할 수 있는 검찰의 검이 무디어 저서는 안 될 것이다. 그 와중에 한화그룹의 비자금 수사를 진행하던 서울 서부지검의 남기춘 검사장이 결국 옷을 벗고 한화그룹 관계자는 아무도 구속되지 못하는 결과를 보면서 새삼 검찰이 어떠해야 하는지를 잘 보여주고 있다.

국가가 정상적으로 작동하기 위해서는 고전적인 입법 · 행정 · 사법의 3권분

럽만 중요한 게 아니다. 모든 국가 내에서의 사회 제세력이 균형을 이루어야 한다. 특히 오늘날 두드러지고 있는 금력에 대한 견제는 반드시 필요하다. 그 금력에 대한 견제의 핵심적인 축이 검찰이어야 한다. 그런데 그 검찰마저 금력 앞에 무력한 상황이 연출된다면 세력의 균형은 급격하게 금력 쪽으로 무게 중심이 이동할 수밖에 없다. 멀리는 2007년에 제정된 '삼성 비자금 의혹 관련 특별검사의 임명 등에 관한 법률'에 따라 소위 삼성특검이 활동했지만 오히려 삼성과 이건희 회장에게 면죄부를 부여하는 결과를 초래하지 않았던가. 또한 최근의 한화그룹 사건에서 보여주듯이 검찰이 무력하기 짝이 없고 특히 10대 재벌과 관련된 사건이 뭐하나 제대로 처리된 게 없다는 사실을 무겁게 받아들여야 할 것이다. 정치인들에게 재벌비리를 파헤쳐 달라고 할 수는 없는 노릇 아닌가.

검찰은 공익의 대변자로서 수사와 공소에 관한 권한을 독점적으로 행사한다. 이에 검찰의 독점적 권한 행사에 대한 비판 여론이 높다. 과거 권위주의 시절에는 국가정보원이나 기무사령부가 검찰권행사에 상당한 제약을 가한 것으로 보인다. 그러나 민주화 이후에 이들이 검찰 수사에 관여할 수가 없다. 그러니 검찰이 무소불위의 권한을 행사한다는 비판을 받게 되고 이에 대한 견제가 필요하다는 여론이 비등하게 마련이다. 이 와중에 스폰서 검사 파문이나 그랜저 검사 의혹 등과 같은 검찰의 비리가 사회적 비판을 더욱 부채질하게 했다. 바로 이 지점에서 검찰권 행사에 대한 견제가 필요하다는 점에서 정부나 국회가 전적으로 동의한 것으로 보인다. 이 과정에서 행정안전부와 법무부 관계자 사이에 합의가 이루어지지 않자 국무총리실이 나섰으나 이 또한 여의치 않자 마침내 청와대가 주관하면서 양쪽 관계자들이 참석한 가운데 합의의정서가 채택되었다. 결국 그간 경찰이 사실상 수사를 개시해 왔던 현실을 입법적으로 반영하여 '모든 수사'는 검찰의 지휘를 받도록 하는 대신, 경찰의 수사개시권을 법적으로 보장해 주고, 이에 관한 구체적인 형사소송법 관련 내용은 법무부령으로 정하도록 하였다.

그런데 수사의 범위가 어디까지이냐에 관해서 새롭게 논쟁이 제기되었다. 법무부장관이 나서서 비록 문서로 합의한 것은 아니지만 수사에는 내사가 포함되지 않는다고 분명히 못을 박았다. 하지만 경찰은 못내 의구심을 감추지 못하였고 마침내 법무부령은 대통령령으로 수정되어야 한다는 주장을 국회입법과정에서 강하게 제시했다. 검찰은 사상 처음으로 서울에서 개최된 세계검사협회 회의와 세계검찰총장회의에 정신이 없는 사이에 국회에서는 최종적으로 경찰의 주장을 받아들여 대통령령으로 수정해 버렸다. 이에 검찰의 불만이 고조되는 가운데 검찰총장회의에 참석한 이명박 대통령이 총장의 사퇴를 만류했음에도 불구하고 대통령이 평창 겨울올림픽 유치를 위해 남아프리카공화국 더반에 출장 중인데도 불구하고 사퇴하고 말았다. 이유 여하를 막론하고 대통령이 국가의 중요한 이슈를 처리하기 위해 외유 중에 있는데 검찰총수가 사표를 제출하고 출근하지 않는 사태는 바람직하지 않다. 꼭 사퇴해야 한다면 적어도 대통령이 귀국 후에 사표를 제출했어야 했다. 더구나 김준규 총장은 임기가 불과 한달여밖에 남지 않았기 때문에 본인이 사표를 내지 않아도 어차피 조만간 후임자를 지명해야 하는 상황이기 때문이다. 그 어떠한 이유로도 대한민국 사정의 핵인 검찰총장의 공백은 결코 바람직하지 않은 일이다. 아무리 내부 불만이 팽배하더라도 마지막 남은 한 달 여를 선량한 관리자로서의 의무를 다했어야 했다. 지난 2년 전에도 임채진 총장이 노무현 전 대통령 자결 이후 사퇴하고 그 이후 지명된 천성관 후보자가 청문회 과정에서 낙마하면서 검찰총장직의 공백이 몇 달간 계속되었다. 사실 검찰총장임기제는 경찰청장과 더불어 사정의 핵심기관장들이 이를 마지막 공직으로 알고 좌고우면하지 말 것을 당부하면서 퇴임 후 2년간 공직취임금지조항과 결부된 임기조항이다. 그런데 헌법재판소가 검찰총장 퇴임 후 공직취임금지조항을 국립대학교수와 같은 공직도 못하게 한다는 이유로 위헌결정을 내리면서 퇴임 후 공직취임금지조항은 사라지고 임기조항만 남게 되었다. 그러나 결부조항이 사라졌다면 임기조항도 당연히 폐지하는 것이 마땅하다. 실제로 검찰총장이든 경찰청장든 간에 임기가 제대로 보장되지 못하고 있다. 이명박 정부에서만 보더라도 단 한명도 임기를 채운 적이 없다. 바로 그런 점에서 검찰총장이나 경찰청장이 취임하면서부터 2년이라는 레임덕이 시작되고 있는 현실을 고려한다면 임기제는 폐지되어 마땅하다.

다시 검찰총장의 사퇴를 불러일으킨 법무부령이냐 대통령령이냐의 문제를 본다면 일부 국회의원들이 입법과정에서 헌법도 모르냐고 윽박지르는 사태가 발생하기도 했는데, 원론적으로는 대통령령이 맞다. 형사소송법이라는 법률의 시행령은 일반적으로 대통령령으로 한다. 명령에는 대통령령, 총리령, 부령이 있다. 이론상으로는 이들 명령 상호간에 우열이 가능하겠지만, 실제로는 우열이 없다. 다만 대통령령은 국무회의의 필수적 심의사항이지만 총리령과 부령은 국무회의를 거칠 필요가 없다는 점에서 결정적인 차이가 있다. 예컨대 문제의 형사소송법 시행령과 관련하여 종래 검찰이 수사에 관한 독점적 지위와 권한을 향유하던 시절에는 법무부령이 특별히 문제될 것이 없다. 그러나 경찰에도 수사개시권을 부여하고 그에 따라 경찰도 수사의 한 주체가 되었기 때문에 경찰의 입장도 시행령에 충실히 반영할 필요성이 제기되었다. 경찰의 입장을 시행령에 반영하려면 경찰과 검찰의 입장을 충실히 수용하는 대통령령이어야 할 것이고 경찰의 주장대로 법무부령으로 해 버리면 경찰의 입장이 반영될 수 없다는 우려는 충분히 설득력이 있다. 하지만 시행령의 구체적인 내용은 수사와 공소에 관련된 구체적인 내용이라는 점에서 이를 일일이 검찰과 경찰이 협의해서 합의할 필요까지 없다는 검찰의 주장도 나름 일리는 있어 보인다. 즉 대법원에 명령과 동일한 효력을 갖는 대법원규칙 제정권을 부여한 취지는 재판과 관련된 구체적인 사항들은 사법권독립의 차원에서 대통령령이 아닌 대법원규칙으로 정하도록 하는 것이 맞다는 취지다. 그렇다면 준사법기관인 검찰작용과 관련된 구체적인 내용을 일일이 국무회의의 심의를 거쳐야 하고 그 과정에서 경찰과 협의하여 합의해야 하는 것은 불편하기 짝이 없다는 것이다. 검찰의 주장도 충분히 일리가 있기는 하지만 이제 검찰과 경찰은 단순한 상명하복의 관계가 아니라 동등한 수사자의 지위로 변모하고 있는 현실을 엄중히 받아들여야 한다.

그간 검찰의 신뢰가 땅에 떨어져 있다는 지적이 많다. 검찰도 할 말이 많을 것이다. 실체적 진실을 파악하는 과정에서 결국 검찰만 욕먹고 있다는 하소연도 일리가 있다. 하지만 그 못지않게 시대가 변하였는데 검찰이 변화된 시대에 제대로 적응하지 못하고 있다는 지적도 뼈아프게 받아들여야 한다. 검찰의 칼이 부메랑이 되어 자신을 향할지도 모른다는 위기감을 안고 새로운 개혁의 돌파구를 찾아야 한다. 검찰도 이제 국민 속으로 들어와야 할 때다.

고시계 시론_2011. 8.

경찰은 호국의 수호신이다

경찰은 역사적으로 대한민국의 존립 그 자체와 직결되어 있다. 정부수립 초기에 남북 갈등의 와중에서 국법질서를 수호함으로써 대한민국 건국의 초석을 다졌다. 1950년에 한국전쟁의 발발은 우리 경찰이 단순히 일반치안의 확보에 머무는 것이 아니라 호국護國의 수호신守護神으로서 그 역사적 사명을 다했다. 수많은 경찰이 전장에서 이슬과 같이 스러져갔다. 이제 국민들은 그 분들의 영혼이 잠든 삼천리강산에 그분들의 염원에 힘입어 평화와 행복을 누릴 수 있게 되었다. 하지만 우리 경찰은 건국 초기에 정치권력에 의하여 경찰 본연의 업무보다는 정권치안의 도구로 전락한 뼈아픈 역사적 사실도 부인해서는 아니 된다. 그 시대의 아픔은 국가폭력의 현장에 경찰이 존재했다는 역사적 사실로 드러난다. 이렇게 위정자들은 언제나 우리 경찰을 자신의 정치적 도구로 악용하려는 유혹을 가지기 마련이다. 하지만 이제 그와 같은 전시대적인 구악이나 행태는 이 땅에서 발을 디딜 자리를 상실했다. 경찰이 국민의 경찰로 거듭 태어나야 함을 다시금 인지시켜 준다.

국가 안에서 전국적인 조직을 갖추고 국민들의 일상생활과 직결된 업무를 수행하는 기관은 일반행정과 지방자치행정을 관장하는 행정조직과 경찰조직뿐이다. 일반행정기관은 국민들의 일상적인 삶과 직결된 업무를 수행한다. 출생신고에서부터 사망신고에 이르기까지 사람의 일생은 곧 행정과 함께 한다. 하지만 일반행정은 그 말이 지칭하는 바와 같이 일상적인 행정을 수행하는 곳이다. 물론 특별한 일이 발생하면 행정도 국민의 삶에 참여하고 개입하기 마련이지만 통상적으로는 근무시간대 즉 낮 시간대에 한정된다. 하지만 경찰은 24시간 깨어있어야 한다. 통상적인 근무시간에 경찰이 깨어 있어야 한다는 것은 너무나 당연하다. 하지만 경찰은 일반 국민이 아니 일반 행정이 잠자는 시간에도 깨어 있어야 한다.

국가의 존재이유raison d'être가 무엇인가에 관한 논의는 예나 지금이나 마찬가지다. 그 와중에도 변함없는 국가의 핵심과업은 국민의 생명, 신체, 재산의 안전과 자유의 확보에 있다. 이 고전적인 명제는 근대입헌주의 국가의 초기단계에서 특히 강력하게 주창되었다. 즉 국가의 존재이유는 국가가 국민들의 일상생활에 개입하는 것이 아니라 국민들을 가만히 내버려 둘 것은 주장하게 되었고, 그것은 바로 19세기적인 소극국가 즉 야경국가夜警國家, Nachtwahlstaat로 귀결되었다. 그것은 '자유 아니면 죽음을 달라'라는 명제로 귀결된다. 야경국가란 그야말로 밤에 국민들이 편하게 쉴 수 있도록 질서유지를 잘해주는 국가를 말한다. 이는 달리말하자면 그 어떤 경우에도 국가의 핵심적인 역할은 경찰로부터 비롯된다는 사실을 역사적으로 입증하는 셈이다.

20세기 이래 국가의 역할과 기능의 확대가 강조되면서 이제 국가는 소극국가, 야경국가에서 사회국가, 복지국가, 적극국가, 급부국가, 사회복지국가로 전이된다. 사회복지국가의 이념은 국가가 국민의 일상적인 삶 속에 적극적으로 개입하기를 원한다. 즉 국가는 국민을 귀찮게 하는 존재가 아니라 국가가 선善인 시대에 접어든 셈이다. 이에 따라 경찰도 단순히 치안유지에 국한하는 것이 아니라 국민의 복지를 위한 경찰로 기듭 태어나야 한다. 하지만 사회복지국가는 튼튼한 치안으로부터 비롯된다는 점은 특별히 강조하지 않아도 너무나 당연한 명제이다. 생명과 신체의 안전과 자유가 확보되지 못하는 곳에 사회복지는 공염불에 불과할 것이기 때문이다. 지구촌에서 개인적 자유의 향연을 최대한 구가한다는 미국에서 벌어지고 있는 묻지마 총기난사사건은 더 이상 공동체적인 안전과 자유 없이는 개인적 자유의 구가가 불가능하다는 교훈을 안겨준다. 북유럽식 사회복지국가의 모델국가로 칭송받고 있는 스웨덴에서의 묻지마 총기난사사건은 사회복지만으로 공동체의 안전과 자유의 보장이 이루어질 수 없음을 단적으로 보여준다.

우리 사회에도 엇비슷한 현상이 되풀이된다. 선량한 시민을 대상으로 한 폭력 · 살인이 만연하기 시작했고, 심지어 묻지마 폭력 · 살인까지 횡행한다. 편안한 시민의 삶을 송두리째 앗아가는 이와 같은 행태에 직면하면서 다시 한 번 경찰이 가져야 할 시대적 소명을 생각하게 한다. 눈 깜짝할 사이에 전개되는 이와 같은 행태에 대한 근본적인 사회안전망 설정이 과연 가능할 것인가에 대한 의문도 지울 수 없다. 그렇다고 이를 손 놓고 볼 수만은 없다. 국민들은 우리 경찰에게 경찰이 할 수 있는 그 이상을 요구한다. 그만큼 경찰에 대한 기대치가 크다는 사실을 알 수 있다. 24시간 작동되는 경찰의 안전망은 국민들이 편히 쉬고 잠들 수 있게 한다. 하지만 그 안전망은 완결적일 수 없다. 그럼에도 일이 벌어지면 경찰은 언제나 지탄의 대상이다. 경찰에 대한 국민의 희망이 그만큼 높다는 사실을 증명하는 셈이다. 현대적인 위기의 상존화 시대에 국내외적으로 펼쳐지는 현상들에 능동적인 대응책을 마련하는 것은 경찰의 책무이자 그 위기의 현실화에 대한 미비책의 비난으로부터 자유롭지 못한 것은 어쩌면 경찰의 숙명일 것이다. 그렇지만 경찰에 대한 국민적 요구에 부응하기 위해서는 경찰에 대한 국가적 배려가 더욱 강화되어야 한다는 엄연한 현실을 외면해서는 안 된다. 새로운 범죄가 증가하고 사회방위를 위한 예방경찰의 요청이 강화되고 있는 이 시점에 비추어 본다면 경찰인력의 획기적인 증원이 불가피하다. 경찰도 국민의 한 사람이기에 경찰도 집에서 편히 잠들 수 있는 최소한의 여건은 마련해 주는 것 또한 국가의 경찰에 대한 최소한의 배려일 것이다.

우리 경찰에게 주어진 시대적 소명을 다할 수 있기 위해서는 무엇보다도 경찰의 조직이 안정되어야 한다. 경찰법상 경찰위원회는 경찰의 최고 정책심의의 결기관이다. 그 경찰위원회는 지난 1991년에 설립된 이후 조직의 안정을 구가한다. 하지만 경찰위원회는 조직의 안정에도 불구하고 법상 주어진 책임과 의무를 다하여 왔는가에 대해서는 의구심을 지울 수 없다. 경찰청은 경찰청장을 수장으로 하는 하이라키화된 조직체이다. 경찰위원회가 합의제기구라면 경찰청은 독임제관청이다. 이 두 조직체가 상호 협력과 견제 그리고 상응한 보완을 해 나가는 과정에서 경찰은 그 본연의 업무를 더욱 충실히 할 수 있을 것이다. 독임제관청인 경찰청은 그 업무의 성격에 비추어 본다면 군대조직 못지않은 일사불란한 특수한 조직체여야 하지만, 동시에 경찰의 독립성과 정치적 중립성을 담보해야 하는 어려움을 안고 있다. 일반 국민의 일상적인 삶과 직결되기 보다는 국가의 존립과 안전을 확보하기 위한 존재가 군대라면, 경찰은 일반 국민의 일상적인 삶과 밀착된 사회공공의 안녕과 질서유지를 위한 존재이다. 이를테면 군대가 국가 속의 특수조직이라면 경찰은 사회 속의 특수조직이다. 경찰청의 최고 책임자인 경찰청장은 법상 임기 2년이 보장되어 있다. 임기제도가 바람직한 것이냐의 여부를 떠나서 여태 경찰청장의 법상 임기가 제대로 지켜지지 못하다고 있다는 사실은 경찰조직의 불안정성을 보여주는 징표이기도 하다. 여기서 우리는 경찰 수뇌부의 구성에 있어서 정치적 고려가 작동하고 있다는 흔적을 발견한다. 국가기관의 최고수뇌부 구성에 있어서 임명권자의 정치적 고려가 없을 수는 없고 이를 부인하여서도 아니 된다. 하지만 그 정치적 고려가 법과 원칙을 훼손해서는 안 된다는 사실을 명심해야 한다. 법과 원칙이 훼손되는 가운데 틈입된 정치적 고려가 결국 임명권자나 임명당하는 조직 자체에 전혀 도움이 되지 않는다는 사실은 역사적으로 이를 잘 증명한다.

국가와 민족의 수호신으로 태어난 경찰은 그러나 경찰이 하고 있는 일만큼의 대접을 국민들로부터 받고 있지 못하다는 아쉬움과 회한을 안고 있는 조직체이다. 국민이 깨어 있는 시간은 물론이고, 국민이 곤히 잠든 시간에도 경찰은 언제나 깨어있어야 하고 또 깨어 있다. 하지만 그 깨어 있음에도 불구하고 국민의 생명과 신체의 위해가 발생할 수밖에 없고 그 와중에는 언제나 경찰의 책임 문제가 발생한다. 어렵고 험한 일을 능동적이고 성공적으로 수행하고 있음에도 불구하고 현실적으로 발생하는 한두 가지 사건에서 야기된 국민의 생명침해는 경찰의 책임으로 되돌아온다. 그만큼 경찰은 국민들로부터 무한책임을 부여받은 국가기관이다. 열악한 환경에서 온힘을 다해 일해 왔음에도 사건만 발생하면 언제나 경찰은 동네북이 된다. 하지만 경찰에 대한 질책은 그만큼 국민들의 우리 경찰에 대한 기대치가 높다는 반증이다. 기대가 높을수록 실망도 커진다. 하지만 기대가 높을수록 실망만 커지는 것이 아니라 사랑도 깊어간다는 희망을 저버릴 필요는 없다. 이제 우리 경찰은 선배들이 보여준 호국경찰의 정신을 21세기 대한민국의 새로운 이정표를 제시할 사회방위망 확립을 위한 경찰로 거듭 태어나야 한다. 경찰에 대한 국민의 눈높이에 아쉬워할 것이 아니라 경찰이 국민의 눈높이에 맞추어 나가야 한다. 그것이 이 시대 경찰에게 부여된 숙명이라면 그 숙명적 길에 순응할 수밖에 없지 않는가.

치안정책연구(치안연구소) 권두언_2012. 8. 31.

제4장

법학교육의

새 지평

한국형 로스쿨, 첫 단추 잘 끼워야

서울대 법대에는 '근대 법학 백주년1895～1995 기념관'이 있다. 1895년에 개소한 법관양성소가 서양식 근대 법학 교육의 효시이다. 올해로 순국 100주년이 되는 이준 열사가 제1회 졸업생이다.

'법학전문대학원의 설치 · 운영에 관한 법률안'이 국회를 통과함에 따라 법학 교육이 혁명적 전환시대를 맞았다. 한국에 설치하려는 로스쿨의 원형原型이 무엇인지 제대로 알려지지 않은 채 급작스레 통과되어 국민은 물론이고 법학계와 법조계가 당혹스러워한다. 법대생은 미래에 대한 두려움으로 황당해한다.

세계적으로 법학교육은 학부에서 시작했다. 20세기 들어 미국에서 처음으로 전문대학원로스쿨 체제로 변했다. 한국과 일본은 사법개혁과정에서 두 가지 다른 로스쿨 모델을 선택했다.

한국은 대학원에서만 전문 법학 교육을 실시함에 따라 로스쿨을 설치하고자 하는 대학은 법학부를 폐지해야 한다. 일본은 법학부를 그대로 두고 법학전문대학원을 운영한다. 판례법 중심의 영미법 체계가 아닌 실정법 중심의 프랑스나 독일과 같은 대륙법 체계를 갖는 나라로서는 한국이 최초로 미국식 로스쿨을 도입했다.

로스쿨 도입의 당위성 논의에서 핵심은 시험을 통한 선발보다는 교육을 통해 인재를 양성하는 데 있다. 사법시험의 질곡에서 젊은 인재를 해방시키고 대학의 고시학원화를 차단하자는 취지다. 다양한 스펙트럼 가운데 미국식을 선택했다. 기왕에 선택한 이상 이제는 바람직한 로스쿨을 디자인해야 한다.

첫째, 제대로 된 로스쿨이 돼야 한다. 미국식 로스쿨은 미국식 자본주의의 산물이다. 미국식 시장경제 논리가 철저하게 작동한다. 우리도 로스쿨 설치를 널리 허용해야 하지만 규모의 경제를 갖춰야 한다. 특정 분야를 집중 육성하는 소수정예 로스쿨에서부터 아시아는 물론 세계 일류 로스쿨과 경쟁하는 대형 로스쿨에 이르기까지 다양한 로스쿨이 필요하다. 동시에 대학의 자율성에 기초한 로스쿨 사이의 경쟁을 통해 양질의 교육체계를 구축해야 한다.

둘째, 로스쿨 도입 구호만 요란했지 콘텐츠 개발이 전혀 안 된 상황이다. 무엇을 어떻게 가르칠지 마스터플랜을 제시해야 한다. 로스쿨 교육은 '하버드대학의 공부벌레들'에 나오는 킹스필드 교수의 문답식socratic method을 떠올린다. 하지만 대륙식 성문법 국가의 특성도 충실히 반영해야 한다. 기존의 전통적인 법학교육과 미국의 문답식 법학 교육의 조화점을 찾아야 한다.

셋째, 법학사와 비법학사의 차이를 인정해야 한다. 일본에서는 법학사는 2년, 비법학사는 3년으로 하여 교육연한에 차이를 둔다. 학부에서의 다양한 전공을 로스쿨에서 살리는 것도 중요하지만 현실적으로 존재하는 법적 소양의 차이를 인정해야 한다.

넷째, 젊은 인재가 하루빨리 시험의 질곡에서 해방돼야 한다. 대학 4년, 로스쿨 3년에 군복무까지 합치면 아무리 빨라도 30대는 돼야 법률가로서 사회에 첫발을 내디딜 수 있다. 글로벌 인재를 양성하기에는 너무 늦다. 일정 수준 이상의 학생이면 적어도 로스쿨 재학 중에는 변호사시험 걱정하지 않고 자유롭게 공부하게 하는 제도적 장치가 필요하다.

다섯째, 가난한 천재에게 기회를 충분히 부여해야 한다. 미국식 대여 장학금 제도는 졸업과 동시에 빚쟁이 법률가를 양산하는 체제이다. 환경이 어려운 수재가 안심하고 공부하는 장학제도와 정책 당국의 배려가 필요하다. 민주노동당의 반대 이유도 여기에 있다.

이제 주사위는 던져졌다. 전 세계에서 몇 나라 안 되는 미국식 로스쿨의 장점을 살리면서 한국형 로스쿨을 정착시키기 위한 국민적 지혜를 모아야 할 때이다.

동아일보 성낙인의 법과 사회_ 2007. 7. 17.

벼랑 끝에 선 학부 법학교육

로스쿨 제도의 도입에 따라 법학교육의 지형이 근본적인 변화를 초래하고 있다. 로스쿨의 법학교육 못지않게 학부법학교육을 어떻게 할 것인지에 관한 근본적인 고민을 해 보아야 할 때가 되었다. 로스쿨은 법조인 양성과정이라고 치더라도 로스쿨 법학교육과 학부 법학교육이 병존하는 상황에서 역사와 전통을 자랑하는 학부 법학교육을 방기해서는 안 되기 때문이다.

사실 로스쿨 출현 이전에 100개에 가까운 전국의 법과대학 또는 법학과는 우수한 인재의 집결장이었다. 건국 이래 지난 60년간 고시 사법과 또는 사법시험이라는 좁은 관문을 통과해서 법조인의 길을 간 인재는 작게는 일 년에 몇 십명에서부터 근년의 1천명까지로 한정되어 있었다. 나머지 절대 다수를 차지하는 법학도는 비록 법조인의 길은 아니라고 하더라도 고등학교를 갓 졸업하고 가장 감수성이 예민한 어린 시절에 법학도의 길을 들어서서 정의 · 공동선 · 공익이 무엇인지를 고민하고 천착하면서 청춘을 보내왔다. 바로 그 법학도들이 법조계라는 좁은 영역에 한정되지 않고 더 넓은 사회 각계각층에서 법학도로서 쌓아온 법적 정의를 이 땅에 구현하려 애쓴 사실을 부인할 수는 없다. 국민소득 100불이 채 안되던 1950년대를 거쳐서 작금의 국민소득 2만불 시대에 이르기까지 그나마 이 정도 투명사회를 구현할 수 있었던 데에는 이들 법학도들이 학부 시절에 터득한 리걸 마인드legal mind에 기초한 논리적 사고와 행동의 기여를 부인해서는 안 된다.

법적 소양을 가진 인재에 대한 사회적 수요는 한 해 2천명 입학하는 로스쿨생들로 충분할 수는 없다. 그 대안으로 로스쿨 입학생과 변호사시험 합격자를 대폭 증원하는 것도 하나의 방안이 될 수 있다. 이 때 로스쿨 전환을 원하는 법과대학에 과감하게 문호를 개방해야 할 것이다. 하지만 현실적으로 법조인에 대한 일반적인 인식이 최소한의 희소성을 원하는 것 또한 사실이다. 그런 차제에 로스쿨을 졸업하고 일반 대졸자처럼 기업의 평사원으로 입사하는 데에도 아직 사회적으로 수긍하지 못할 뿐 아니라 사회적 기회비용 또한 너무 심각하다.

법학교육은 로스쿨이라는 전문적인 법률가 양성을 위한 교육과 비록 법조인이 되는 것은 아니라고 하더라도 우리 사회에 필요한 인재로서의 법학도가 존재해야 한다는 데에는 이의가 없을 것이다. 이제 학부 법학교육이 법학도들에게 법학도로서의 최소한의 자긍심을 일깨워줄 수 있는 제도적 장치가 뒤따라야 한다. 지금처럼 허물어져 가고 있는 학부법학교육을 더 이상 방치해서는 민주법치국가의 기틀이 흔들릴 수도 있다. 법조인이 아니면서 법학적 소양을 갖춘 법학도들의 법의식과 법지식은 사회 곳곳에서 소중한 밀알이 되고 있고 또 그래야 하는 엄연한 현실을 외면해서는 안 된다.

로스쿨제도의 설계는 나름 일정한 궤도에 진입했다고 평가할 수 있다. 나머지 남은 사항은 이들 졸업생들의 사회적 진출을 위한 출구전략이다. 하지만 학부 법학교육은 침체 일로를 걷고 있는데도 불구하고 교과부나 법무부 모두 무관심 그 자체다. 법무부는 학부 법학교육은 법조인 양성과는 거리가 멀다는 이유로 자신의 업무 소관사항이 아니라고 보는 것 같다. 교과부 또한 법학교육이라고 하면 으레 로스쿨교육쯤으로 인식하고 있다. 이런 상황에서 학부 법대는 소속 대학에서도 서자 취급을 받고 있다. 독립된 법과대학은 로스쿨 대비하는 경우에도 언제 로스쿨 증원이 이루어질지 기약 없는 상황에서 본부의 논총만 받는 지경이다. 로스쿨 진입을 포기한 법과대학은 아예 축소지향적인 법과대학으로 나아가고 있다. 그나마 이들 대학은 독립된 법과대학을 유지하고 있다는 점에서 다행스럽다. 법학과로만 존치하던 대학에서는 이미 법학과의 독자적인 존재이유를 부정당하고 있다. 이에 따라 사회대 법정학부 또는 경찰행정학부로 편입되어 독자적인 법학교육이 불가능한 실정이다.

황폐화하고 있는 학부 법학교육을 이렇게 방치하는 것이 미래 한국의 법치주의 구현에 바람직하지 않다는 점을 우선 분명히 인식해야 한다. 국가나 지방자치단체뿐 아니라 공공기관·사기업에 이르기까지 아래로부터 작동되어야 할 법무행정이나 법무업무는 누가 감당할 것인가. 이들 법학도들이 담당하던 업무를 비법학도가 담당하는 것이 과연 바람직한 것인지에 대한 사회적 논의 과정을 거쳐서 학부 법학교육의 방향을 설계해야 한다.

법률저널 사회_2011. 6. 3.

학부생과 로스쿨생

로스쿨을 도입한 대학의 정규학년 기준으로 보면 학부 법대는 금년이 마지막 졸업생이고, 로스쿨은 졸업반 학생이 재학 중이므로 전형적인 투 트랙의 마지막 해이다. 대한민국 법학의 산실로서 인재 배출의 보고로서 영욕을 함께 해온 학부 법대가 로스쿨 제도를 도입한 25개 대학에서 종언을 고한다. 법률가의 배출도 그 무게 중심이 학부 법대에서 로스쿨로 이행한다. 산업화와 민주화라는 두 마리 토끼를 동시에 쫓아가던 척박한 시절에 법학도들은 민주법치국가의 건설에 초석을 다져 왔다. 법대 졸업생 중에서 법률가의 길을 간 이들은 말할 것도 없고 비록 순수한 법률가의 길은 아니더라고 하더라도 정의가 무엇인지 형평이 무엇인지를 고뇌하고 익혀 온 법학도들이 우리 사회에서 기여한 공로를 결코 과소평가하여서는 안 된다. 공직에서부터 사기업에 이르기까지 다양한 직종에서 리걸 마인드로 무장한 법학도들의 보이지 않는 공로는 우리 사회의 투명성을 제고하는데 성공적인 기여를 다 해 왔다.

평생을 이들 젊은 법학도들과 씨름해 온 법학자들의 눈에도 학부 법대에서 로스쿨로의 이행은 정신적으로나 학문적으로 낯설긴 매 한가지다. 고교를 갓 졸업하고 이제 막 자유가 무엇인지를 만끽하는 학부생들의 모습은 그야말로 생기발랄 그 자체다. 민주화 과정에서는 민주주의를 향한 이념적 깃발을 높이 들었고, 민주화 이후에는 법적 안정성이라는 새로운 질서 형성에 기여해 온 그들이다. 학부생들만이 가질 수 있는 야성과 열정은 그대로 캠퍼스에도 녹아들어 있다.

그런데 로스쿨 학생들은 분위기가 사뭇 다르다. 더구나 이번 학기부터 엄격한 상대평가가 실시되기 때문에 그야말로 사활을 건 모습이다. 그렇지 않아도 일반 대학원생이나 로스쿨생이나 할 것 없이 사각모를 쓴 엄연한 학사들이기 때문에 준 사회인이다. 하지만 일반대학원생들은 그래도 학점이 그들의 장래를 결정짓는 중요한 요인이 아니기 때문에 출석도 느슨해지기 마련이다. 그런데 로스쿨생들은 학점이 그들의 일생을 좌우할지도 모른다는 강박관념에 사로잡혀 있다. 로스쿨 교육의 정상화를 위해서 변호사시험의 성적을 공개하지 않기로 한 이상 제3자적 입장 즉 로스쿨생을 스카우트하는 쪽의 객관적인 잣대는 로스쿨 성적이다. 결석이란 생각할 수도 없다. 출석도 부를 필요가 없다. 다만 학생들을 익히는 차원에서의 출석 점호만 의미있을 뿐이다. 로스쿨생들 중에는 대학 졸업 후 직업에 종사한 이들도 많다. 의사, 변리사, 회계사, 기자, 행정고시 합격자뿐 아니라 심지어 세계적인 대학에서 박사학위를 취득한 학생들도 있다.

하지만 순수학생에 비하면 소위 기성인이라고 할 수 있는 이들의 학창생활은 그리 녹녹한 일이 아니다. 외국에서 수학한 학생들의 경우 첫해부터 강요되는 기본 3법 강의는 그야말로 지옥 훈련이나 마찬가지다. 하물며 외국에서 이공계를 수학한 학생들은 사회과학적인 한글에도 익숙하지 못하기 때문에 더욱 고전을 면치 못한다. 그럼에도 성적만이 그들의 장래를 평가할 것 같지는 않을 것으로 보인다. 우수한 이공계 인력들은 비록 로스쿨 성적은 우수하지 않더라도 그들의 졸업 후 보여줄 그들만의 역량에 크게 기대하는 바 있기 때문이다. 이른바 로스쿨에도 순수 법학도보다는 스펙을 많이 쌓아 온 이들이 더 강점을 발휘하리라는 견해도 대두된다. 그것은 결코 우려스러운 일은 아니고 발전적인 방향이라 할 수 있다. 학부에서의 다양한 전공을 살릴 수 있는 전문성의 기초를 갖춘 법률가의 배출이라는 시대적 소명에도 부합하는 것이기도 하다.

그러나 누가 뭐래도 절대다수를 차지하는 전통적인 의미의 순수 법률가는 역시 스펙보다는 학부에서 열심히 공부해서 로스쿨에 진입하여 충실히 법학을 이수한 이들에게 영광이 돌아가기 마련이다. 특수 전문영역의 법률가에 대한 수요가 많은 것은 사실이다. 하지만 그 수요는 매우 제한적인 영역이고 법률가 일반에 대한 수요는 여전히 특정 분야의 전문가 보다는 널리 법학에 대한 충실한 이해와 역량을 보여주는 법학도들에게 장래가 보장될 것이다. 스펙과 학점이 모두 중요한 요인들이지만 이 보다는 법률가로서의 기본적인 자질의 함양이 더욱 요구된다.

법률저널 사회_2011. 7. 1.

로스쿨 진학생의 다양화

로스쿨 제도 도입의 근본 취지가 학부에서는 다양한 전공과목을 이수한 후에 대학원 과정에서 본격적으로 법학을 공부하라는 데 있다. 이는 다양한 학부과정 못지않게 로스쿨 입학생들에게 다양한 소통의 자리를 마련해 주어야 한다는 의미도 함께 한다.

법률저널 2013년 9월 19일자 1면 톱기사에서 법원공무원과 검찰공무원도 로스쿨 진학의 길을 마련한다는 보도를 접하면서 로스쿨 제도의 또 다른 장점이 드러나는 대목이라 반가워하지 않을 수 없다. 대검찰청은 이미 2010년부터 검찰수사관을 로스쿨에 위탁교육을 실시한 데 이어 법원공무원들도 내년부터 로스쿨에 위탁교육을 실시할 예정이라 한다. 그간 법원에서는 판사와 법원공무원, 검찰에서는 검사와 검찰수사관은 마치 전혀 다른 직종인 양 치부되어 차별대우를 받아온 게 부인할 수 없는 사실이다. 법원 · 검찰에 우수한 일반직을 확보하기 위해 지난 20여 년 전부터 법원에서는 법원행정고시(법원사무관시험), 검찰에서는 행정고시 검찰직(검찰사무관시험)이 실시되고 있지만 여전히 판검사와는 서로 다른 신분으로 작동되어 왔다. 법원행정고시 출신의 우수한 인력이 있음에도 불구하고 법원행정처 고위직은 법관들의 독무대다. 법무행정뿐 아니라 법원행정의 문민화를 위해서 법관은 재판에 전념하고 행정은 행정공무원에게 맡기는 게 순리일 것이다.

그간 변호사 자격 유무에 의존하여 법원 · 검찰에 판검사와 일반직으로 구분되어 왔던 시대적 상황도 2천년대 이후 사법시험 합격자 1천명 시대를 넘어서 로스쿨 도입에 따라 변호사 자격 유무로 공직의 구획은 의미가 없어졌다고 해도 과언이 아니다. 그런 장벽을 뛰어넘을 필요성이 로스쿨 제도를 통해서 구현되었으면 하는 바람이다. 그 첫 번째 출발이 법원 · 검찰 일반직의 로스쿨 진입이라 할 수 있다.

30년 전 필자가 프랑스 유학시절에 접하였던 프랑스의 사법관충원제도에 당혹해 했던 일 중의 하나가 바로 이 같은 문제였다. 프랑스에서는 법대를 졸업하고 판검사를 지망하면 우리나라의 사법시험에 해당하는 국립사법관학교 École nationale de la Magistrature를 지원하고 변호사가 되려면 따로 변호사시험을 치른다. 그런데 국립사법관학교 정원에 법원 · 검찰 일반직을 위한 자리를 마련해 두고 있었다. 그야말로 프랑스 혁명의 구호였던 '자유, 평등, 박애' 중에서 법조직역에 있어서 평등원리의 실천을 위한 제도적 장치인 셈이다. 이제 그 프랑스적인 법조직역에 있어서의 평등원리가 우리나라에서 로스쿨을 통해서 구현될 수 있다는 사실은 매우 고무적인 현상이다. 법원검찰에서 선발된 로스쿨생들이 타의 모범을 보여서 앞으로 일반직들의 로스쿨 진학이 더욱 활성화될 수 있기를 기대한다.

더불어서 군과 경찰에서도 그 사이 다수의 인재들이 법대 학부나 대학원에 진학하여 사법시험에 합격하여 군법무관이나 경찰간부로 활약해 왔다. 그런데 로스쿨이 되면서 수학연한이 길어지고 학비 부담이 많아지면서 그 진학이 다소 주춤한 상태인 것 같다. 특히 사관학교 출신의 우수한 인재들이 로스쿨과 변호사시험을 거친 후에 장기근속 군법무관으로 근무하게 되면 군대 내부의 사정에도 정통할 수 있기 때문에 바람직한 현상이다. 그들의 업무영역은 단지 군검찰이나 군판사에 한정할 것이 아니라 60만 대군을 이끌어가는 과정에서 분출하는 각종 법적인 과제를 담당함으로써 군대 내부에서 법치주의 구현을 위한 인재로서 크게 기여할 수 있을 것이다. 그런 의미에서 국가정책적으로 로스쿨에 군대와 경찰 출신들도 과감하게 교육시킬 필요가 절실하다.

법원, 검찰, 경찰, 군대는 법치주의가 살아있음을 보여주어야 할 현장이다. 그 현장에 법률가의 자격을 갖춘 이들이 직접 참여하는 것 이상 바람직한 것이 없다. 더 나아가서 공공기관이나 산업현장에서 법적 업무를 담당하고 있는 인재들에게도 로스쿨 진학의 길을 마련해 주어야 한다. 법률가의 길이라면 법과 제도가 다른 외국으로 연수를 보낼 것이 아니라 우리 로스쿨에서 교육받아 법률가의 자격을 갖고서 당당하게 업무에 임할 수 있을 여건조성이 필요하다. 이를 통해 우리나라 법치주의 구현의 방사효과를 기약할 수 있을 것이다.

법률저널_2013. 8. 8.

예비 법조인 올바른 국가관 가져야

국가고시는 대한민국 최고 엘리트의 각축장이다. 민간기업 같은 사적 부문이 취약하던 시절에 고시 합격을 통한 공직 진출은 사회적 성공의 지름길이었기에 젊은 인재들은 청춘을 담보하며 매달리기도 했다. 공평무사한 시험제도를 통해 선발된 인재는 행정부와 사법부에서 나라의 근대화와 산업화를 견인하는 파워 엘리트로서 큰 역할을 수행했다.

보편적 지성과 덕성은 기본

그 사이 고시제도의 폐해도 여러 차례 지적됐다. 특히 시험성적에만 매달린 고시생에 대해 국가지도자로서의 자질에 의문이 제기됐다. 행정고시에서는 이미 1차와 2차에 걸친 필답고사에 이어 3차 시험을 통해 고위 공직자로서의 적성을 가려내는 작업이 진행돼 왔다. 사법시험 3차 구술고사는 통과의례로 여겨졌다. 과거 권위주의 시절에 3차 시험이 민주화운동에 관여한 학생을 탈락시키는 도구로 악용된 아픈 전력도 크게 작용한 바 있다.

이제 민주정부가 자리 잡은 시점에서 과거의 상처를 씻고 법조인으로서의 기본적인 자질을 점검하고자 구술고사를 강화하고 있다. 법조인과 법학 교수가 한 팀이 되어 구술고사를 거친 후에 일부 수험생을 심층면접에 회부하는 방식을 채택했다.

최근 발표된 제48회 사법시험 2차 합격자 1002명 중 26명이 심층면접에 회부돼 이 중 7명이 불합격 처리됐다. 3차 시험은 더욱 강화될 예정이다. 다만 1차와 2차를 합쳐 20여 시간에 걸친 법학시험을 통과한 응시생을 짧은 구술고사를 통해서 부적격 처리할 때에는 좀 더 신중한 판단과 정책적 고려가 있어야 함은 물론이다.

사법시험 합격자는 2년간 사법연수원에서 국가공무원 신분으로서 국비 연수를 받을 뿐만 아니라 법조직法曹職은 고도의 균형감각과 윤리성이 요구된다는 점에서 이들에게 일정한 수준의 국가관이 요구되는 것은 당연하다. 이번 응시자 중에는 국가관이 의심스러운 경우가 있었지만 심층면접에서 자세를 고쳐 잡은 것으로 알려졌다.

냉전시대의 유물로서 마지막 분단국가인 한반도의 특성상 다양한 견해가 자리 잡을 수는 있다. 하지만 대한민국의 정체성 자체를 부정하는 적에 대한 관용에 한계가 있다. 국수주의적이고 배타적인 민족주의도 배격해야 한다. 동시에 대한민국 국민으로서의 기본적 자질을 의심받는 편향적 시각도 교정돼야 한다. 예비 법조인에 대해 자유민주주의 국가의 국민이 갖춰야 할 보편적 지성과 덕성을 요구하는 것은 결코 무리가 아니다.

학생 중에는 대학입시를 위한 성적지상주의에서 벗어나지 못한 채 대학생활도 고시준비에만 휘둘려 대학인으로서 갖추어야 할 지덕체智德體의 함양이 부족한 경우가 흔히 나타난다. 예로부터 공인에게는 신언서판身言書判을 요구하지 않았는가. 인재를 선발하는 기준은 예나 지금이나 변함이 없다.

'점수'보다 폭넓은 사고 중요

법학처럼 사람의 사회생활 전반을 관류하는 학문은 폭넓은 독서와 숙고가 요구된다. 요즘 학생들은 교수의 학문적 결정체가 녹아 있는 법학 전문서적보다는 표절 의심이 있는 모자이크식 잔꾀로 가득 찬 수험서에 빠져들고 있다. 점수 위주, 암기 위주, 단편적이고 지엽적인 사고의 틀은 결국 근본을 소홀히 하게 마련이다.

대학에서 전인적 법학 교육이 제대로 자리 잡도록 할 특단의 대책이 마련돼야 한다. 시험보다는 교육이 중심이 돼야 한다. 법적 사고와 그 적용은 법法(물水+갈去)이라는 글자 그대로 흐르는 물과 같이 순리에 따를 줄 알아야 한다. 형평의 저울추는 정확하게 작동돼야 한다. 사법시험도 이제 자연의 이치를 깊이 통찰할 줄 아는 선善한 인재의 선발장이어야 한다.

동아일보 시론_2006. 12. 1.

로스쿨 커리큘럼의 재조명

법학전문대학원(로스쿨)이 개원되어 첫 옥동자(1회 졸업생)까지 탄생한 시점이라 이제 로스쿨 제도는 더 이상 거역할 수 없는 대한민국 법률가의 미래를 담보할 제도라 아니할 수 없다. 충분히 논의했다고 하지만 시행착오를 거듭해 온 것 또한 사실이다. 하지만 이제 생각을 달리할 부분도 많이 있다. 그런데 로스쿨 제도의 모든 사안이 종횡으로 연계되어 있으므로 어느 특정 제도만 놓고 일의적으로 단정 짓기 어렵다.

주지하다시피 대륙법계에서 최초로 로스쿨을 도입한 일본에서는 우리와 다른 결정적인 두 가지 인자가 있다. 첫째 법대 학부를 그대로 유지한다는 점에서 그러하고, 둘째 그에 따른 당연한 결과로 로스쿨에서 법학 기수자와 법학 미수자를 구분하여 수학연한도 각기 2년과 3년으로 구분하고 있다. 그런데 우리는 로스쿨의 학부를 폐지함에 따른 결과로 로스쿨에서 법학 기수자와 미수자를 구분하지 않고 교육함에 따라 새로운 문제점을 제기한다. 즉 기수자는 학부에서 4년 이상 법학을 공부한 학생들이고, 미수자는 학부에서 법학을 전혀 공부하지 않은 학생이다. 대부분의 로스쿨에서는 이들이 입학하자마자 같은 반에 넣어서 강의한다. 일부 로스쿨처럼 기수자와 미수자의 반을 구분하는 경우도 있다고 하지만 이는 또 다른 문제를 야기할 것이다. 즉 엄격한 상대평가를 시행하고 있는 상황에서 기수자에게 불리하게 작동할 우려가 있다. 사실 기수자는 어떤 의미에서는 과도기적인 양상으로 보일 수 있다. 하지만 지금은 기수자가 넘쳐나기 때문에 비법대 출신 미수자가 많지 않은 상황이다. 바로 이 점 때문에 일부 논자들은 기수자는 로스쿨에 입학하면 안 된다고 목소리를 높이기도 한다.

현실적인 상황을 살펴보면 당장 금년 제1회 변시만 해도 일부 로스쿨에서 전원합격이라는 명예(?)를 자랑스러워한다. 앞으로 현재와 같이 입학생기준의 합격비율을 유지하는 한 훨씬 많은 탈락자가 발생하기 마련인데 이를 극복하는 가장 현실적인 방안으로는 사법시험 1차합격경험자를 절대적으로 우대하는 것이다. 하지만 사법시험이 종료되면 변호사시험을 위해서 학부법대출신들을 선호할 가능성도 열려 있다. 이래가지고는 그 많은 장치에도 불구하고 로스쿨이 변시합격률 제고를 위한 시험기관으로 전락할 우려가 매우 높다.

입학 1차년도에 기수자와 미수자의 법학지식에 관한 한 출발선상에서 이미 천지차이가 날 수 밖에 없는 구조이다. 4년 이상 법학을 이수한 기수자에게 기본3법은 친근한 이웃이다. 근데 미수자에게는 1년만에 헌민형 기본3법에 추가하여 심지어 행정법이나 상법까지 필수적으로 습득하게 만드는 상황이라 미수자에게 1학년은 지옥이나 마찬가지다. 실제로 상대평가를 엄격히 실시하는 상황에서 미수자에게 거의 법대 3년과정에 해당되는 수업을 1년만에 해치우라는 것은 무리가 아닐 수 없다. 이는 성문법을 중심으로 하는 대륙법계의 특성을 무시하고 판례법 중심의 미국 시스템을 답습한 역효과라 아니할 수 없다.

앞으로 로스쿨의 커리큘럼을 전면적으로 재조정하여 필수과목을 2학년 1학기 내지는 2학년말까지 분산하고 그에 따라 로스쿨 신입생에게 법학의 기초이론을 습득할 기회를 더 많이 부여해야 할 것이다. 지옥같은 1학년 커리큘럼이 계속되는 한 미수자의 고통은 더욱 가중될 것이다. 어차피 로스쿨이 미수자 중심으로 작동될 수밖에 없는 상황이라면 커리큘럼도 이제 미수자를 중심으로 재조정되어야 한다. 특히 1학년 학생들에게는 법률가로서의 기본적인 소양을 일깨우고 법적 소양의 외양을 넓히는 법조윤리, 법사상사, 법고전강독과 같은 다양한 과목을 습득하도록 함으로써 미수자들에게 법학에 대한 친근감을 고양시킬 수 있도록 하여야 한다. 역발상 같지마는 오히려 1학년 1학기를 교양법학 중심으로 작동시키면 어떨지 하는 생각도 든다. 또한 1학년 여름방학부터 시작되는 법조실무를 중심으로 하는 인턴과정도 1학년 겨울 또는 2학년부터로 조정하고 그 대신 '썸머 스쿨Summer School'을 통해서 더 많은 이론과 씨름할 수 있도록 배려하여야 할 것이다. 미국식 로스쿨 제도를 도입하였지만 대륙법체계를 갖고 있는 한국적 현실을 반영한 새로운 교육 프로그램을 고민할 때다.

법률저널_2012. 5. 4.

로스쿨 법학교육의 세계화

일찍이 대우그룹 창업자인 김우중 회장은 "세상은 넓고 할 일은 많다"라는 화두를 제시함으로써 세계경영의 깃발을 내디뎠다. 대우실업은 다수의 미수교국에까지 진출하여 이들 국가에서 실질적으로 우리나라의 외교관 역할까지 수행한 바 있다. 기업의 해외진출이라고 하지만 1970년대 당시만 해도 해외연수경험이 전혀 없는 회사원들이 용감하게 현장에 투입되어 비즈니스를 이끌 수 있었던 것만으로도 우리 교육의 성공을 자축할 만 하다. 기업경영이나 외교에서만 할 일이 많은 것이 아니라 날로 첨예화되고 있는 세계적인 경쟁의 현장에서 글로벌 스탠더드에 입각한 법과 원칙을 제시하는 것은 법률가의 몫이다. 바로 그런 점에서 세계 속에 우뚝 선 대한민국 법률가의 탄생이 속출해야 한다. 이를 위해 기왕에 도입된 법학전문대학원제도가 교육을 통한 법률가양성이라는 당초의 설립취지에 부합하기 위해서는 국제화시대에 능동적으로 대응할 수 있는 교육시스템의 구축이 절실히 요구된다.

다행스럽게도 최근에는 사법연수원생들의 특별 프로그램 중에도 해외 연수기회가 주어지고 있다. 비록 한두 달 정도의 짧은 기간이지만 국제연합UN이나 OECD같은 국제기구에서 외국의 젊은이들과 어깨를 나란히 하고 근무하였다는 그 자체만으로도 충분한 값어치가 있다. 젊은 나이에 외국에서의 자그마한 실무경험은 그들에게 새로운 세계를 보여줄 것이다. 국부가 증대됨에 따라 현직 판검사들의 해외연수 기회도 증대되고 있다. 1년 정도의 비교적 짧은 체류기간이지만 이를 통해 법이 단순히 인위적인 제정의 산물이 아니라 각 국가 특유의 정치 · 경제 · 사회 · 문화를 둘러싼 복합적 환경의 산물임을 체감할 수 있을 것이다.

이제 막 닻을 올린 로스쿨들도 다양한 국제화 프로그램을 제시하고 있다. 해외 유수 로스쿨과의 교류를 활성화하고 학생들이 방학기간을 활용해서 직접 현지 연수를 할 수 있도록 국제화 프로그램을 확충해야 한다. 그런 의미에서 최근 국내 로스쿨들이 해외 유명 로스쿨과의 MOU 체결을 통해서 학문적인 상호교류를 증진하고 있는 것은 바람직한 제도설계다. 각국 특유의 법과 제도에 얽매이지 않기 때문에 로스쿨보다는 자유롭긴 하지만 경영전문대학원의 MBA 과정에서 외국 대학과의 복수학위제도나 공동학위제도를 시행하고 있는 것은 로스쿨에도 하나의 중요한 시사점을 던져 준다. 그간 일부 미국의 로스쿨이 한국에 분교를 설치하여 변형된 강의시스템을 운영하고 있음에도 불구하고 상당한 호응을 얻고 있는 점을 간과해서는 안 된다.

경비문제 때문에 장기간에 걸친 정규강좌 수강이 어렵다면 학생들의 견문을 넓히는 의미에서 해외 유명 대학이나 사법제도를 시찰하는 것도 좋은 방안의 하나다. 우물 안 개구리 식 사고의 틀을 벗어나 세계적인 글로벌 스탠더드의 현장을 둘러보는 것만으로도 충분한 효과가 있다. 그런 점에서 여름방학기간동안에 중앙대 로스쿨에서 일본 최고재판소를 비롯한 현장수업을 실시한 것은 의미가 있다. 어차피 우리의 기본법제가 일본으로부터 비롯되었다는 점을 고려한다면 지피지기知彼知己 아닌가.

해외 연수가 아니더라도 외국의 저명교수를 초청하여 우리의 안방에서 방학 프로그램을 전개하는 것도 유익한 방안이다. 조금 성격이 다르긴 하지만 로스쿨이 개원되기 이전에도 서울대와 국민대는 미국의 산타클라라 로스쿨 학생들의 하계학교를 개설한 바 있다. 이제 로스쿨 개원 이후 로스쿨 학생들을 위한 하계학교가 개설되어 주목을 받고 있다. 서울대 법학전문대학원은 지난 여름방학 동안에 미국의 저명교수를 초빙하여 여러 개의 강좌를 성공적으로 수행한 바 있다. 더 나아가서 아예 하버드 로스쿨 출신의 젊은 법률가를 로스쿨 정식 교수로 초빙하여 상시적으로 강좌를 개설함으로써 국제화에 능동적으로 대응하고 있다.

외국대학과의 MOU체결을 통한 장기적인 공동학위제의 구축 이전에 그 준비과정에서 능동적으로 대응할 수 있는 다양한 국제화 프로그램을 동시다발적으로 작동시킴으로써 로스쿨 도입 취지에 부응해야 한다. 국내법의 전문가에서 한발 더 나아가 국제화된 로스쿨 법학도만이 법률시장개방에 우위를 점할 수 있을 것이다.

법률저널_2009. 9. 4.

로스쿨 교육의 다양화

10월의 가을바람이 옷깃을 스치면서 벌써 2년차 로스쿨 입시가 시작된다. 미국식 로스쿨 제도를 도입함으로써 외견상 법학교육의 혁명적 변화를 초래하였다. 로스쿨을 도입한 대학은 대학원과정의 학생만 선발한다. 전통적인 명문 법과대학이 사라져간다.

하지만 법학전문대학원은 아직도 한국적 대학원 법학교육의 실험장이 되고 있다. 무엇하나 분명하게 정리된 것이 없다. 3년간 로스쿨에서 교육을 받은 이후에 변호사 자격시험은 어떠한 형태로 어느 정도의 수준에서 몇 %나 합격할지에 관해 아무런 합의도 없다. 불확실성의 시대에 학생들에게 로스쿨에서 다양한 학문적 체험과 실무수습을 이행하는 요구하는 것은 무리다. 로스쿨 재학생들의 불안은 바로 여기에 있다. 심지어 같은 해에 변호사자격을 취득하는 사법연수원 졸업생의 상당수는 지금처럼 수료 후 곧 바로 판검사에 임용될 것이다. 하지만 로스쿨 졸업생들 중에서 판검사에 바로 임용될 수 있을지 여부에 대한 아무런 응답이 없다. 부정적인 견해만 지배적이다. 졸업 후 일정기간 이후에 판검사로 임용된다면 그에 관한 청사진도 보이지 않는다.

학생이니까 열심히 공부해야 하는 것은 너무나 당연하다. 하지만 도대체 로스쿨을 개원해 놓고 전문대학원 학생들에게 바람직한 학습 방향을 명확하게 제시하지 못한 채 단지 공부만 하고 있으라는 것은 초등학생과 마찬가지로 취급하는 것 아닌가. 로스쿨 도입 취지 중에 큰 몫을 차지하는 것이 국제화와 전문화 시대에 능동적으로 대응할 수 있는 법조인의 양성에 있다. 대학에서 다양한 학문분야를 전공한 학생들이 자신의 전공과 관심영역을 최대한 살려가면서 전문적인 법률가로서의 길을 개척할 수 있다는 취지다. 이를 현실적으로 구현하기 위해서는 기본적인 전제조건을 충족하여야만 한다.

법은 인간생활의 모든 영역에서 작동되어야 한다. 그 모든 영역의 문제를 인문계 고교졸업 후 바로 법과대학을 졸업한 법률가로서는 이해하지 못할 많은 영역이 있을 수밖에 없다. 예컨대 이과계 대학을 졸업한 학생이 자신의 전공을 살려서 특허분야의 전문변호사patent lawyer가 된다면 문과계 대학 졸업생보다 경쟁에서 훨씬 유리한 위치를 점할 수 있을 것이다. 그런데 학생들이 대학원 재학 중에 한가히 특허법과 지적 재산권 영역에만 매몰될 수 있을 정도로 변호사시험을 대비하지 않아도 괜찮을 것인지에 대해서 아무도 자신 있게 대답하지 못한다.

미국식 자유설립주의에 입각한 로스쿨의 경우 다수의 하위 로스쿨에서는 여전히 변호사시험이 매우 어려운 관문인 것은 사실이다. 하지만 우리가 벤치마킹의 대상으로 삼는 로스쿨들에서는 교육과정에서 교수나 학생 할 것 없이 변호사시험에 연연하지 않는다. 따라서 변호사시험 성적도 특별한 의미를 갖지 못한다. 단지 통과의례 정도로 인식된다.

하지만 한국 로스쿨은 태생적으로 2천명이라는 제한된 인원 아래 로스쿨 당첨과 인원배정을 단행했다. 그 중에서 다시 일정 수의 학생들을 배제하기 위한 장치가 변호사시험이다. 물론 로스쿨 졸업생 전원이 변호사시험에 합격해야만 하는 법은 없다. 경쟁에서 일정 수는 탈락시킬 수 있다. 하지만 한국적 특수성을 외면하고 변호사시험 경쟁을 부추길 경우에 로스쿨 교육현장은 변호사시험 준비의 장으로 황폐화될 수밖에 없다.

로스쿨 제도가 정착된 지 백년을 넘어선 미국에서는 이미 로스쿨 재학생들이 다양한 학문 영역을 동시에 이수하는 프로그램이 활성화되고 있다. 로스쿨 학위인 JD와 다른 학문 영역인 Ph.D를 연계해서 변호사자격과 예컨대 경제학 박사학위를 동시에 취득한다. 또 JD학위와 경영전문석사MBA 학위도 병행한다. 심지어 로스쿨의 정규학위과정이 아닌 법학석사LLM 과정과 MBA과정을 동시에 이행하는 프로그램도 개설한다. 교육의 다양성을 통해서 학생들의 수요에 능동적으로 대응하는 프로그램의 개발이 절실한 시점에서 우리 학생들도 변호사시험의 족쇄에서 풀려나 로스쿨 재학 중에 마음껏 자신의 영역을 개척할 수 있는 다양성을 제도적으로 보장해야 한다.

법률저널_2009. 10. 1.

탄탄한 법학이론에 기초한 실무법학교육

법학은 생활 속의 학문이다. 현실을 떠난 법학 이론은 공허하다. 법학전문대학원 제도 즉 로스쿨 제도가 도입된 이후에 실무 법학교육의 강화가 필요하다. 실무 법학교육을 위해서 로스쿨에는 많은 판사, 검사, 변호사 출신이 전임교수로 부임했다.

영미법계와 같은 불문법국가에서는 실정법전 체계가 갖추어져 있지 않기 때문에 자연스럽게 판례 중심으로 교육과 이론이 전개된다. 하지만 대륙법계와 같이 실정법 체계를 갖춘 나라에서의 법학교육은 이론 중심 즉 주어진 법전을 중심으로 해석하고 적용하는 교육이 일상적이다. 우리나라도 대륙법계의 법제와 이론을 수용하고 있기 때문에 추상적인 이론이 중심적인 자리를 차지하고 있다. 특히 일천한 서양법 운용의 실제에 비추어 이론을 뒷받침하는 판례나 생활 속의 구체적 사례는 턱없이 부족한 실정이었다. 이에 따라 종래 실무교육에서는 우리가 계수한 것이나 다름없는 일본의 판례나 이론 공부에 치중할 수밖에 없었다. 예컨대 사법시험에 합격한 이후 사법연수원 입소 전에 있는 예비법조인들은 일본어 공부가 필수적인 덕목이었다. 하지만 우리나라에서 이론과 판례가 축적됨에 따라 이제 사법연수원생들의 일본어 공부는 불필요한 상황이다.

문제는 법학교육에 있어서 실무교육과 이론교육이 병행되어야 하느냐에 있다. 이론과 판례까지는 이론교육의 장이라고 해도 과언이 아니다. 대부분의 법학이론서에서도 이론 못지않게 판례를 접목시켜 놓고 있다. 심지어 단일의 실정법이 없는 행정법 분야에서는 독일과 프랑스에서도 판례를 이론적으로 승화시켜 실정법이 존재하는 여타 법과 마찬가지로 교과서가 저술되어 있다. 특징적인 것은 모든 항목마다 판례를 소개하고 있다는 점이 약간의 차이라면 차이이다.

그런데 지금까지 법학교육은 대학에서의 판례를 포함한 이론교육과 사법시험 합격자들의 사법연수원에서의 실무교육으로 이원화되어 있었다. 그런데 로스쿨이 도입되면서 사법연수원에서의 실무교육까지 로스쿨에서 떠안아야 하는 실정이다. 이에 주요과목에서는 실무교육과목이 개설되어 있다. 공법, 민사, 형사 등으로 실무교육을 받는다. 소장, 준비서면, 판결문 작성 등과 같은 일을 구체적인 사안을 가지고 교육한다. 궁극적으로 실무교육은 실체적 진실발견에 있다.

자신이 학습해 온 법이론을 구체적인 사실관계에서 실제로 적용하는 일은 매우 중요하다. 하지만 법이론이 제대로 무장되지 않고는 실무적인 일을 처리할 수가 없다. 역으로 아무리 법이론이 뛰어나다 하더라도 구체적인 사안에서 이를 제대로 적용하지 못한다면 공허한 논리로 머물고 만다. 따라서 법이론과 법실무가 조화를 이루어야 한다. 그런데 법학교수로 임용된 실무가 출신들은 현실적으로 구체적인 사건을 다루지 못한다. 해가 갈수록 이들의 실무능력은 저하될 수밖에 없다.

따라서 대학에 리갈 클리닉legal clinic이 필요하다. 하지만 의과대학의 부속병원같이 임상을 할 수 있는 처지가 못 되는 한계가 있다. 대학에서 최소한 교육과 공익적 필요성에 따른 법실무가 실제로 진행될 수 있는 방안을 모색해야 한다. 변호사 개업 제한이라는 명분에 휩싸여 법학교수가 송무를 담당할 수 없다는 단순한 논리만으로 접근해서는 안 된다. 일본의 예에서도 그러하듯이 법원, 검찰, 변호사 실무는 각기 현직 판사, 검사, 변호사들이 담당하는 것이 바람직하고 이를 법제화하여야 한다. 대학에 있는 법학교수는 순수이론가이든 법조실무가이든 간에 이들이 대학에서 실무교육을 제대로 할 수 있도록 가교 역할을 수행해야 한다. 또한 로스쿨 아닌 학부 법학교육에서도 지금까지의 이론 중심 교육에서 최소한의 실무교육을 병행하는 것이 필요하다. 학부에서는 예컨대 대학 4학년 과정에 개설되어 있는 연습과목을 통해서 법실무에 관한 최소한의 교육이 가능할 것이다.

대학교수는 분야가 여하하든 관계없이 이론가여야 한다. 이론으로부터 출발하여 실무에까지 정통해야 한다. 그렇게 본다면 현재 로스쿨에서 종전의 법학교수와 실무교수를 이분화하여 이론교수와 실무교수로 구분해서는 안 된다. 궁극적으로는 이론에 정통한 법학자들에게도 실무자격을 부여한다면 이와 같은 이론교수 실무교수라는 말도 안 되는 현상도 사라질 것이다.

법률저널_2010. 12. 3.

로스쿨시대의 기초법학

서양에서 유사 이래 4대학문으로 꼽히는 것이 철학, 신학, 법학, 의학이다. 이 중에서 철학과 신학은 인간의 본성을 도야하는 기초학문이다. 오늘날로 치면 문학, 철학, 사학을 일컫는 소위 문사철 부류다. 이는 우리나라에서 '서울문리대 정신'으로 상징되기도 하였다. 그런데 현대사회에 접어들면서 기초학문이 위기론에 처해 있다. 인간의 삶과 정신세계를 풍요롭게 하는 문사철은 설자리를 잃고 실용학문이 대학을 지배한다. 첨단과학기술이 미래의 세계를 이끌어 갈 것이라는 예견에도 불구하고 이공계보다는 소위 의醫, 치齒, 한韓으로 쏠림현상이 심각하다. 대학진학 배치표도 이들 모두가 차지한 다음에 서울공대가 자리 잡는다. 아무리 실사구시도 좋지만 안락한 현세적 욕구에 내몰리는 듯하여 안타깝기 그지없다.

법학전문대학원이라 하여 한국형 로스쿨이 개원된 이후에 법학에서도 기초학문 위기론이 심각하게 대두된다. 법학은 인간의 삶의 모든 영역과 직결되는 학문인지라 가장 고전적인 기본3법인 헌민형을 비롯해서 상법·행정법·국제법과 같은 기본법의 영역뿐 아니라 다양한 영역이 존재한다. 소위 특별법이라고 지칭되는 법학의 분야만 해도 그 수를 헤아리기 어려울 정도다. 이미 학부과정에서도 개설된 노동법, 사회보장법, 경제법, 환경법, 지적재산권법, 세법, 국제사법, 국제거래법, 증권거래법, 입법학, 인권법, 법경제학, 법사회학, 법여성학, 법의학 외에도 언론정보법, 엔터테인먼트 로, 법과 문학, 건축법, 법인류학, 협상론, 금융법, 국제투자법, 통일법 등등.

그런데 법학의 문사철이라 할 수 있는 기초법학이 로스쿨과 더불어 위기에 봉착하고 있다. 법철학은 법학의 법학으로 예우 받은 게 엊그제 같다. 불과 얼마 전까지만 해도 서울대 대학원 석박사 논문자격시험에 법철학은 필수과목이었다. 그만큼 법철학의 중요성을 인식한 결과다. 어디 그뿐인가. 로마법, 한국법제사, 서양법제사, 법사상사도 법학도의 소중한 일용할 양식이다. 법을 통해서 인간의 본성을 성찰하고 인간존엄성을 고양하며, 법을 통해서 역사인식을 제고하고, 법을 통해서 인류의 사상세계를 엿볼 수 있는 기초법학은 로스쿨 시대에도 여전히 유효해야 한다.

미국식 로스쿨에서는 3년과정 이후를 중시하지 않기 때문에 실용학문적 성격이 강한 것은 사실이다. 법학자라 할 수 있는 로스쿨 교수들의 학력도 대부분 로스쿨 졸업학위JD에 그치고 있다. 하지만 미국에서도 최근에는 법학교수 중에 JD학위 이외에 다양한 박사학위Ph.D 소유자도 대두되고 있는 점은 주목할 만하다. 우리의 로스쿨 학제가 아무리 미국식이라고 하더라도 전통적인 대륙법학의 맥을 이어가야 하기 때문에 미국식 법학자 배출 시스템에 머무를 수는 없다. 로스쿨 졸업생들 중에는 아쉬워할지도 모르지만 로스쿨을 졸업하면 전문법학석사 학위를 부여한다. 이에 따라 서울대 로스쿨에서는 전문법학박사 학위과정을 개설하고 있다. 로스쿨 졸업 후에 보다 전문적인 영역에서 연구를 계속하고자 하는 법학도는 박사학위를 취득하는 게 바람직하다는 취지다. 로스쿨 졸업 후 학부에서의 다양한 전공을 살려서 전문화할 수도 있겠지만 3년 과정에서 법영역에서의 전문화는 실질적으로 불가능하기 때문이다.

앞으로 법학교수 충원에 있어서도 다양한 방안이 강구되겠지만 원칙적으로 전문법학박사 학위 소지자가 우대받을 수밖에 없을 것이다. 특히 기초법학 교수요원은 박사학위 소지자여야 할 것이다. 그래야만 로스쿨 이후에 법학이 단순히 실무과학이라는 우려를 씻어내고 학문으로서의 법학의 존재를 확인할 수 있다.

법조실무도 중요하고 실정법이론도 중요하지만, 과거를 통해서 미래를 내다보는 투철한 역사인식과 철학적 가치관을 형성하는 기초법학은 아무리 강조해도 지나침이 없다. 기초법학은 로스쿨뿐 아니라 박사과정을 통해서 더욱 빛을 발하고 법학도의 산소와 같은 영양소의 공급원이어야 한다. 박병호 같은 법사학자, 심헌섭 같은 법철학자, 최종고 같은 법사상가, 최병조 같은 로마법학자가 로스쿨시대에도 계속해서 배출될 수 있는 법학의 학문적 풍토가 조성돼야 한다.

법률저널_2009. 12. 31.

프로보노(Pro Bono)공공서비스, 공익인권

10여년 전 동경에서 개최된 정보공개법 국제학술대회에서 만난 미국의 여성 변호사 사이크스Sikes는 명문 하버드 로스쿨 졸업생으로서 랠프 네이더Ralph Nader가 주관하는 인포메이션 클리어링 하우스Information Clearing House의 책임자로서 일하는 전형적인 공익변호사이다. 필자가 그녀에게 왜 연봉 5만 달라도 되지 않는 박봉에도 불구하고 이와 같은 정보공개업무에 매달리느냐고 질문하였을 때 '나는 더 이상의 돈이 필요하기 보다는 보람 있는 인생이 필요하다'는 답변이었다.

한국형 로스쿨의 가인가 과정에서 각 대학들이 제시한 특성화 프로그램이 얼마나 심사과정에서 반영되었는지 알 수 없지만, 적어도 각 대학이 제시한 프로그램을 살펴보면 로스쿨의 장밋빛 미래가 약속되어 있다. 기업금융, 국제법무, 지적재산권, 조세와 같은 전형적인 분야에서부터 의료, 물류, 문화에 이르기까지 매우 다양하다.

특히 눈길을 끄는 것은 공익인권분야다. 서울대를 비롯해서 전남대와 영남대도 공익인권을 로스쿨의 중점 프로그램으로 제시하고 있다. 지난 5월에 서울대 공인인권법센터는 "로스쿨과 공익인권법, 전망과 모색"이라는 주제로 국제심포지엄을 개최한 바 있다. 한인섭 소장은 가진 자, 못가진 자, 사회, 국가라는 틀에 기초하여 기업변호사, 관료형 변호사, 공익변호사, 인권변호사로 법조인의 기본모델을 설정하고 있다.

일반적으로 공익인권법이라고 지칭하고 있지만 성균관대 죄드Goedde 교수에 의하면 프로 보노pro bono는 라틴어의 "공익을 위하여"라는 의미에서 비롯된 것으로서 변호사들이 자발적으로 무료 법률 서비스를 제공하는 것을 말한다. 한편 공공서비스public service 프로그램은 보다 넓은 개념으로서 프로 보노 활동뿐만 아니라 비법적인 서비스까지 포함하는 넓은 의미를 갖는다. 미국 로스쿨에서 이 분야의 프로그램이 발달되어 있을 뿐만 아니라 미국변호사협회ABA도 윤리강령으로 채택하고 있다.

사실 로스쿨은 미국식 시장경제원리에 입각한 인재를 배출하는 산실이다. 학부에서 우수한 학업성취도를 이룩한 이후에 진입하는 대학원과정인 로스쿨 졸업생은 으레 유명 로펌에 취업하여 금전적 이득과 더불어 사회적 입신양명立身揚名을 구가할 수 있었다. 그럼에도 불구하고 로스쿨에서 공익법public interest law의 중요성을 인식하고 이들 분야에서 활동하고 있는 많은 법률가를 배출하고 있다는 사실이 어쩌면 미국 사회의 건강함을 보여주는 징표이기도 하다. 로스쿨이라는 신흥 특권층을 위한 제도에서 국가적 혜택을 입은 영재들이 사적 동기에 몰입하기 보다는 공동체적 가치에 관심을 가지고 다함께 하는 사회 건설에 헌신한다면 그 이상의 보람은 없을 것이다.

하지만 현실은 그리 녹록치 않다. 로스쿨에 진입한 학생들은 비싼 학비를 감수하고 있기 때문에 그들에게 부과된 금전적 보상이 로스쿨 졸업 이후에 커다란 과제다. 미국 로스쿨 졸업생 중 상당수가 재학 중에 대여 받은 등록금을 졸업 후에 되갚기 위해 거대 로펌에 취업하여 경제적 정신적으로 여유가 없는 실정이다. 우리나라에서도 최근 로스쿨 예비인가대학들이 처음 제시한 액수보다 훨신 높은 등록금을 제시하여 논란이 일고 있다.

미국식 자본주의의 총아로 등장한 학교가 바로 로스쿨과 MBA스쿨이다. MBA 학생들은 그들의 전공 자체가 시장이라는 정글에 기초해 있기 때문에 로스쿨학생들보다는 공공영역에 대한 관심과 이해가 떨어지기 마련이다. 하지만 로스쿨의 경우는 반드시 같지 않다. 사적 시장에 투입되는 것이 당연한 MBA 졸업생들과는 달리 로스쿨 졸업생들은 한편으로 자본주의사회의 법질서의 첨병이기도 하지만 다른 한편으로는 사회적 정의의 실현이라는 사명을 동시에 안고 있다. 바로 여기에 로스쿨 졸업생들의 공적 부문 진출과 사적 부문 진출이라는 이중의 갈등이 존재한다.

경제적 부의 성취를 통한 로이어스 드림lawyer's dream 못지않게 공동체적 삶에 가치를 부여하는 법률가가 있는 한 한국적 로스쿨도 새로운 지평을 열 수 있을 것이다.

법률저널_2008. 7. 5.

법학도의 수학연령

가을이 깊어가면서 스산한 가을바람만큼이나 법학도의 애간장을 태우는 계절이다. 사법시험 2차시험 합격자가 발표되고 로스쿨 2년차 합격자도 발표되면서 희비가 교차된다. 그런데 사법시험과 로스쿨 모두 합격자의 나이는 좀처럼 내려가지 않는다. 2009년도 제51회 사법시험 합격자 평균연령이 28세를 상회한다. 전체 평균 28.34세, 남자 평균 29.11세, 여자 평균 26.94세다. 사법시험 합격자 1천명 시대를 열면서 하향하던 합격자 연령이 최근 몇 년보다 오히려 높아간다. 로스쿨도 마찬가지다. 합격자의 평균연령이 사법시험 합격자 평균연령만큼이나 높다. 이래가지고는 고시낭인을 마감하겠다는 로스쿨제도 도입의 원래 취지에도 부합하지 않는다. 더구나 남학생은 국방의무가 남아 있다.

합격자 연령이 이러하니 합격 후 사법연수원이나 로스쿨 수학을 더하면 평균 연령은 30세를 상회한다. 꽃다운 20대를 시험 준비와 연수에 매몰돼 법률가로서의 자기개발을 위한 투자가 불가능하다. 법률가의 고령화가 바람직하지 않다는 점에는 이의가 없다. 더구나 고령화 사회의 진전에도 불구하고 실제 활동연령은 오히려 젊어지고 있다. 예컨대 자격증만 있으면 의사나 변호사 같은 전문직종은 평생 일할 수 있는 시대는 마감되고 있다. 활동연령도 낮아진다. 50대 후반이면 사실상 은퇴단계로 접어든다. 결국 법률가로서의 활동가능 기간은 20여년에 불과하다. 이래가지고는 투자 대비 과실 획득이 너무 초라하다.

유럽에서도 독일의 법률가 배출 연령이 다른 나라에 비해서 너무 높다는 비판에 직면하고 있다. 독일은 법과대학 졸업과 더불어 국가시험에 합격하면 법률가가 된다. 평균적으로 대학 6~7학년에 졸업한다. 그래봐야 25세 정도다. 그런데도 다른 유럽연합에 비해 연령이 높다는 비판이다. 우리는 그 보다 평균 5년 이상 더 높다. 게다가 미국과는 달리 의무복무까지 해야 한다. 법률가가 되기 위해서 10년 이상을 투자해야 한다. 그런데 대우는 예전 같지 않다. 법률가 자격 취득 후 대기업 임원으로 영입되던 시대는 흘러간 옛날 얘기다. 지금은 대리급 평사원대우에 만족해야 한다. 10년에 걸친 인고의 세월을 통해서 취득한 법률가 자격이 허망하기 그지없다.

사법시험 1천명 시대, 로스쿨 2천명 시대에 걸 맞는 변호사상이 구축돼야 한다. 학생들도 과연 법률가의 길이 가장 적합한 자신의 인생행로인지 심사숙고해서 판단해야 한다. 전공불문하고 전국의 우수한 학생들이 로스쿨로 진입하는 상황에서 그들을 강제로 말릴 수는 없겠지만 무엇이 자신의 길인지는 곱씹어 봐야 한다. 특히 남들이 부러워하는 좋은 직장을 포기하고 로스쿨 대열에 동참한 이들에게 보다 나은 장래를 보장하리란 법이 없다. 3년간의 엄청난 등록금과 직장을 포기한 기회비용까지 합치면 2억원의 투자가 든다는 계산법도 나온다. 그만한 투자의 대가를 보상받을 수 있을지 의문이다. 앞으로는 대학을 갓 졸업한 우수한 인재들이 하루 빨리 더 넓은 법률가의 세계를 구축해야 한다. 젊은 나이에 로스쿨과 변호사시험에 얽매이는 한 창조적 인재로 발돋움하기 어렵다. 그런 점에서 변호사시험의 경량화도 필수적이다.

법률가배출의 연령을 하향조정할 수 있는 획기적인 제도적 장치가 필요하다. 직업선택의 자유라는 미명 아래 대한민국 최고급 인재들인 선량한 학생들을 방치해서는 안 된다. 정책당국은 기왕에 도입된 로스쿨의 성공적인 제도 정착을 위한 적극적인 정책적 배려를 하여야 한다. 로스쿨의 명암, 법률가의 명암에 관해서 인식 제고를 위한 국가적 차원의 대안 제시와 행정적 · 재정적 뒷받침이 뒤따라야 한다. 지금의 방기된 로스쿨로는 미래를 보장할 수 없다. 시대에 부응하는 정확한 데이터베이스를 구축하고 그에 걸맞은 제도적 방향 설계가 무엇인지를 고민해야 한다. 치열한 경쟁사회에서 적성이 맞지 않는 법률가의 길은 성공이 보장될 수 없다. 바로 그런 점에서 로이어스 드림lawyer's dream을 꿈꾸는 청년학도에게 정확한 향도가 될 수 있는 제도의 적극적인 개발이 필요하다. 주먹구구식 정책과 교육은 결국 우수한 인재들을 법률가의 무덤으로 안내할 뿐이다.

법률저널_2009. 11. 6.

웅비를 향한 법학도의 하한기

7월에 접어들면서 법학도들도 하한기에 접어들었다. 2010년 제52회 사법시험 2차시험이 막을 내렸다. 로스쿨이 도입된 이래 두 번째 사법시험이기도 하지만 이제는 합격자 숫자가 1000명에서 800명으로 줄어든다. 그만큼 경쟁도 치열하다. 사법시험은 합격만하면 2년간 사법연수원에서 국가로부터 월급을 받으면서 공부할 수 있다는 결정적인 장점이 있다. 로스쿨의 기회비용을 분석한 어떤 보도에서는 2억원에 가까운 천문학적인 비용이 든다고 한다.

사법시험 합격자 수의 감소에 따라 1차시험 합격자 수도 계속해서 줄어든다. 기왕에 사법시험을 준비하는 법학도들 중에서도 1차시험에 실패한 우수한 인재들이 많다. 어차피 갈수록 1차시험이 어려워질 수밖에 없다면 새로 1차시험에 응시해야 하는 학생들은 2차시험과목 소위 후4법은 당분간 덮어두고 1차시험 공부에 매진해야 한다. 사실 1차시험이라고 하지만 법학의 기본3법인 헌법 · 민법 · 형법 공부를 체계적으로 공부할 수 있는 기회라고 생각한다면 굳이 1차시험에 얽매인다고 한탄할 필요도 없다. 1차시험 준비도 하고 법학의 기본틀을 다시 한번 재점검할 수 있는 소중한 기회로 삼아야 한다.

통계에 의하면 대부뷰의 1차시험 통과자들이 법과대학을 졸업하였거나 연한은 찼지만 졸업을 미루고 있는 학생들이다. 따라서 특별히 학교수업에 얽매이지 않기 때문에 더욱 소중한 시간을 낭비할 우려가 높다. 사법시험 2차시험을 마친 법학도들은 연말에 있을 합격자 발표 때까지 적지 않은 시간을 불안 속에서 보내야 한다. 이 기간은 의외로 짧다면 짧지만 길다면 긴 기간이다. 거의 한 학기에 해당하는 기간이다. 꽃다운 20대 청춘의 나이에 수험생활에 얽매여 자신의 독자적인 삶을 추구하지 못하는 것도 아쉬운데 공연히 합격자 발표일만 기다리면서 하루하루를 허송세월하는 것은 바람직하지 않다. 이 기간을 잘 활용하면 인생에 있어서 소중한 여백이 채워질 수도 있다.

무엇인가 새로운 활력소를 찾아야 한다. 법대 재학생들은 졸업논문을 작성하고 그간 부족한 학점도 끌어올리는 노력이 필요하다. 그간 법대생들은 사법시험만 합격하면 그만이라는 생각에서 학점관리를 소홀히 한 것도 사실이다. 그런데 사법시험이 종착역을 향하고 있고, 사법시험에 반드시 합격한다는 보장도 없는 터에 학업을 소홀히 하는 것은 금물이다. 학업과 사법시험은 별개의 것이 아니라 상호 동반상승으로 시너지 효과를 증대시킬 수 있는 종합적인 계획을 수립해야 한다.

대학원에 재학중인 학생들은 대학원 공부에 전념하면서 시험 중심의 사고에서 벗어나 법학의 큰 흐름을 조망할 수 있는 소중한 기회다. 대학원 수료상태의 법학도라면 특정 주제를 선정하여 법학석사 논문준비를 한다면 앞으로의 미래에 대한 설계에 큰 도움이 될 수 있을 것이다. 시험으로서의 법학 소위 수험법학이 아니라 학문으로서의 법학에 입문할 수 있는 소중한 기회로 삼아야 한다. 실제로 사법시험 2차시험 후 주어진 기간에 훌륭한 법학석사 논문을 작성한 학생들도 많이 있다. 굳이 학위논문이 아니더라도 평소에 수험생활을 하면서 의문을 가졌거나 부족하다고 생각하던 부분을 교과서뿐 아니라 교수님들의 논문을 참조하면서 집중적으로 공부하다보면 새롭게 학문으로서의 법학의 묘미를 음미할 수 있을 것이다.

체력은 국력이라는 말과 같이 긴 수험생활의 터널에서 본인이 의식하고 있는가의 여부에 관계없이 20대의 활기찬 건강상태가 아닐 것이다. 하한기에 산천을 주유하면서 대자연을 굽어보고 호연지기도 기르면서 건강을 도모해야 한다. 요즈음 사회생활에서도 몰입이 강조된다. 특히 공부에 있어서 집중은 그 무엇보다 중요하다. 졸면서 10시간 책상에 앉아 있어 보아야 아무런 소용이 없다. 한 시간을 하더라도 집중적인 몰입이 필요하다. 몰입을 위해서는 건강이 쾌적한 상태를 유지해야 한다. 즉 내 몸이 하늘을 날듯이 가벼워야 한다. 머리를 빌릴 수 있어도 건강은 빌릴 수 없다는 평범한 명제를 되새겨 볼 일이다.

법률저널_2010. 7. 2.

법학도의 미래설계는 학창시절부터

현직 부장판사가 우울증으로 고생하던 끝에 자살로 생을 마감했다는 슬픈 소식이 전해진다. 그런데 그의 유서에 해당하는 글이 우리를 더욱 슬프게 한다: "기본적으로, 판사는 생산적인 직업이 아닙니다. 막말로 이야기 하면, 세상 사람들이 토하거나 배설한 물건들을 치우는 쓰레기 청소부와 같은 역할을 담당한다고 하여도 과언이 아닙니다." 비록 한계 상황에서 작성한 글이긴 하지만 판사, 검사, 송무변호사의 일면을 단적으로 보여주는 표현이다. 1년에 천명의 법률가를 배출하는 시대에 접어들면서 변호사시장이 포화상태에 빠졌다고 한다. 사실 법정을 중심으로 하는 소송사건은 아무리 늘어난다한들 변호사 숫자의 증가에는 미치지 못한다. 그런데 아직도 법조인이라고 하면 으레 송무를 담당하는 법조인만 생각한다. 매년 법관으로 임용되는 숫자는 100명 남짓하다. 그런데도 대법원 소속의 사법연수원에서는 재판 중심의 교육에 치중한다. 전 부장판사의 말대로 당사자들이 실체적 진실을 가장 잘 알고 있는데 그 뒤치다꺼리를 법조인이 맡게 된다는 점에서 송무 일은 창의성이나 개혁성과는 거리가 멀다. 그런 점에서 사법의 법창조적 기능을 아무리 강조해도 사법의 본질적 속성인 소극성으로부터 벗어날 수 없다.

법학전문대학원 소위 로스쿨이 도입되면서 학부에서 다양한 전공을 한 학생들이 대학원 과정에서 법학교육을 받는다. 그들의 다양한 전공을 살려나가야 한다고 하지만 사실은 오늘날 학부교육이 전문교육보다는 교양 교육화하고 학부대학까지 설립되고 있는 실정이고 보면 학부에서의 다양한 전공이 법률가의 길에 얼마나 도움이 되고 영향을 미칠지는 미지수다. 특히 법조시장의 경쟁이 치열해 질수록 판검사 선호도가 늘어나게 될 것이지만, 재조 법조인에게 다양한 학부전공을 살릴 수 있는 기회란 거의 없다고 해도 과언이 아니다. 의료, 특허 같은 예외적인 경우를 제외하고는 학부전공이 법률가의 길에 결정적인 영향을 미치기는 어려울 것이다.

학부에서 다양한 전공을 습득한 법학대학원생 중에서 일부분만 판검사의 길을 가고 나머지 대부분은 제3의 활동무대를 마련해야 한다. 혹자는 사법연수원과 법원검찰을 축으로 하는 교육체계와 로스쿨과 로펌을 중심으로 하는 로스쿨 교육체계의 근본적인 변화를 중시하기도 한다. 아마도 이런 주장의 근저에는 로스쿨 졸업 이후에는 일정기간 로펌 변호사를 거쳐서 판검사로 나가는 시스템을 염두에 둔 것으로 보인다. 하지만 로스쿨교육을 로펌 중심으로 연계하는 것 또한 반드시 바람직하다고 볼 수 없다. 지금처럼 로펌이 송무 중심으로 작동되는 한 로스쿨 졸업생의 활동무대로는 너무 좁다. 이제 로스쿨 졸업생들은 자신만의 인생설계를 새롭게 해야 할 시점에 이르렀다. 좌고우면해서는 안 된다는 말이다.

예컨대 공직을 선호하는 학생이면 공직자로서 평생을 헌신할 각오가 돼 있어야 한다. 공직생활을 적당히 즐기다가 어느 순간에 로펌으로 옮겨서 돈이나 벌자는 생각으로는 치열한 공직사회에 적응하기 어렵다. 공역무service public에 대한 확고한 신념을 가지고 희생과 봉사의 정신으로 무장할 때 비로소 공직을 통한 미래가 보장될 수 있다. 다른 모든 직역에 종사할 경우에도 어느 길이 자신의 적성에 맞는지를 숙고해서 신중한 판단이 뒤따라야 한다. 만연히 법조인이 되었으니 판검사나 변호사를 하겠다는 식의 안이한 생각으로는 자신만의 보람 있는 삶을 영위하기 어려울 것이다. 과거나 지금이나 또 장래에도 법률가가 사회에서 할 일은 태산 같이 많이 널려 있다. 이 와중에 자신만의 길을 정성스럽게 가꾸어 나간다면 미래도 보장될 것이다.

법률가로서의 미래의 설계는 로스쿨에서부터 시작돼야 한다. 더구나 학부에서 다양한 전공을 체험한 학생들일수록 법률가로서의 새로운 삶의 방향이 무엇인가를 재학 중에 충분히 숙고해야 한다. 스무 살 가장 예민한 나이에 특정전공 학문을 4년간 이수한 학생들은 사실 평생토록 학부에서의 지향점이 작동될 여지가 많다. 자신의 학부전공을 뛰어넘어 법학을 대학원 과정에서 새로 시작할 때는 많은 부담이 따르기 마련이다. 방학은 새 동력을 찾아나서는 소중한 기회다. 3년의 짧지 않은 몰입과정을 통해서 법학을 체화함으로써 미래를 향한 설계를 도모해야 한다.

법률저널_2010. 8. 6.

위기에 봉착한 로스쿨 교육과 변호사시험

로스쿨 졸업생을 대상으로 하는 변호사 시험이 새로운 시험대에 오른다. 작년의 제1회 변호사시험에서는 제1기 로스쿨 입학생의 상당수가 휴학 등으로 자리를 비워 면 과락자는 거의 합격하는 쉬운 시험이었다. 이에 사법시험에 비하여 무임승차한다는 비판에 직면하기도 했다. 그런데 금년 제2회 변호사시험에서는 아니나 다를까 우려하던 문제가 현실로 나타났다.

총 2,046명이 응시자 중 1,538명이 합격(합격률 75.17%)했다. 이 중 초시자(로스쿨 2기생)는 1,477명(96.0%), 재시자(작년 불합격 로스쿨 1기생)는 61명(3.97%)이었다. 응시자 2,046명 중 초시자는 1,829명(89.4%)이있고 재시자는 217명(10.6%)이었다. 초시자 합격률은 80.8%(1,829명 중 1,477명)인 반면 재시자 합격률은 불과 28.1%(217명 중 61명)에 그쳤다. 응시자의 전체 (평균) 득점은 843.62점(50.82점)으로 전년도 868.15점(52.29점)에 비해 다소 하락했고 응시자 2,046명 중 과락자도 343명(16.76%)으로 전년도 193명(11.59%)에 비해 약 5% 증가했다. 초시자의 평균 득점은 859.12점으로 전체 응시자 득점 843.62점과 비슷하나 재시자의 평균 득점은 712.97점으로 상대적으로 매우저조하다. 과락인원은 초시자의 경우 1,829명 중 227명(12.41%)으로 전년도 193명(11.59%)과 비슷하지만 재시자의 경우는 217명 중 116명(53.46%)이나 된다.

위 통계가 제시하는 의미는 매우 심각하다. 첫째, 작년에 이어 1천5백여명의 합격자만 배출한다는 전제에서 본다면 금년에 응시자가 이미 2천명을 초과하고 있다. 향후 계속해서 재시가 가능하기 때문에 앞으로 응시자는 더욱 늘어나게 되어 있다. 즉 응시자는 최대 3천명까지 증가할 수 있다. 따라서 합격자 수를 1천 5백 명 수준으로 고정시키면 최악의 경우 과반수의 응시자가 탈락할 수 있다는 점에서 로스쿨 학생들이 변호사시험에만 매몰될 가능성이 높다. 특히 선택과목이 황폐화됨에 따라 로스쿨의 도입취지인 학부에서 다양한 전공을 살려서 특화된 법률가의 양성이라는 기본 목표에 치명적인 타격을 입을 수 있다. 우수한 학생들만 변호사가 될 수 있어야 한다는 명제에 찬성하면서도 로스쿨이 변호사시험 학원화하는 현상을 피할 수 있는 특단의 대책이 마련되어야 한다. 그렇지 않아도 변호사시험 대비를 중점적으로 해 온 대학은 좋은 합격률을 보였지만 학문적 다양성을 추구하면서 변호사시험에 대비를 소홀히 한 학교의 타격이 매우 심각한 수준으로 나타나고 있다.

둘째, 과락자의 숫자가 매우 많다. 즉 전체 응시자 2,046명 중에서 과락자가 343명이므로 면 과락자 1,703명 중에서 165명만 불합격하였다. 사실상 면 과락이면 합격하는 형태이기 때문에 과락으로 인한 불합격 문제가 새로운 쟁점으로 부각될 수 있다. 그런 점에서 과락으로 인한 불합격 문제를 해결할 수 있는 또 다른 방안이 모색되어야 한다. 전체적으로 우수한 성적을 거두었음에도 불구하고 특정과목에서 과락이라는 이유만으로 불합격시키는 것은 재고의 여지가 있다.

셋째, 초시자에 비하여 재시자의 불합격률과 과락률이 매우 높다. 즉 졸업과 더불어 합격하지 못한 학생들은 상대적으로 법학도로서의 자질이 매우 낮다는 점을 인지할 수 있다. 재시자 세 명 중 한 명도 합격하지 못하였다는 점은 이를 단적으로 보여준다. 이와 같은 현상에 비추어 보더라도 위에서 과락이라는 이유로 불합격되는 문제를 해결할 수 있는 방책을 강구하여야 한다. 앞으로 재시, 삼시 불합격자에 대한 특단의 대책이 필요하다.

결과적으로 로스쿨 졸업생들의 과반수가 탈락할 수 있다는 우려는 현실화될 가능성이 매우 높다. 이렇게 될 경우에 우수한 대학이나 변호사시험에만 중점을 두는 대학을 제외하고는 합격률이 30%를 밑도는 로스쿨도 발생할 것이고 그에 따라 이들 로스쿨의 존폐문제가 급격히 대두될 가능성을 배제할 수 없다.

필자는 법률저널 칼럼을 통해서 이미 수년 전에 이와 같은 우려를 적시하였지만 이에 대한 대응책을 전혀 마련하지 못한 상태에서 불안한 문제가 현실화되고 있다. 시험을 통한 법률가 양성에서 교육을 통한 법률가 양성이라는 로스쿨 본래의 취지가 새로운 위기에 봉착해 있다. 어렵게 로스쿨을 이수한 학생들의 희생을 최소화할 수 있는 대책을 마련하기 위한 공론의 장이 필요한 시점이다. 더 나아가 법률가로서의 자질을 종합적으로 검증할 수 있는 더 나은 시스템을 모색할 때가 되었다.

법률저널_2013. 5. 3.

난관에 봉착한 일본 로스쿨

법조인 충원방식으로서의 고등고시 사법과나 사법시험은 일본의 고등문관시험을 계수한 것이나 다름없다. 기본적인 바탕은 소수의 합격자를 배출함으로써 법률가의 질적 통제를 엄격히 하는데 있다. 이에 따라 소수 엘리트 법률가들이 법률시장을 독과점해 왔다. 하지만 시대변화에 따라 1980년대부터 합격자의 대량배출시대를 열었고, 1990년대부터는 사법개혁 내지 법조개혁의 일환으로 법학교육 시스템의 변화를 논하기 시작하였다. 여기까지는 일본과 한국이 비슷한 양상을 보여 왔다.

그런데 미국식 로스쿨을 도입할 것인지 여부에 관한 논의에서 일본이 한 발짝 앞서가기 시작했다. 비록 학부 법학부를 유지하긴 하지만 일본은 2004년에 마침내 로스쿨 신입생을 받아들였다. 일본식 로스쿨 제도의 특징은 준칙주의와 인가주의가 병행된 모델로서 일정한 요건만 갖추면 로스쿨을 설립해 주었다. 심지어 법학부 운영 실적이 전혀 없는 대학에도 로스쿨을 인가해 주다보니 74개의 로스쿨이 난립하게 되었다. 입학생은 재대로 통제하지 않으면서 정작 합격자 수는 2000명 정도로 엄격하게 제한하고 있다.

비대칭적 부조화는 일본 로스쿨의 위기를 사초한다. 법률가의 꿈을 안고 로스쿨 개원과 더불어 몰려오던 법학도는 줄어들고 과반수의 로스쿨이 정원미달 사태에 이른다. 정원미달 로스쿨은 통폐합이 불가피하다. 이런 와중에 신사법시험 합격자를 제대로 배출하지 못한 학교는 폐교 사태에 이른다. 2009년도 입학생이 한 명도 없었던 히메지돗쿄姫路獨協대 로스쿨은 내년부터 학생 모집을 중단하고 폐교하기로 결정했다. 2004년도 첫 개교시에 8:1의 경쟁률을 보였다. 그런데 2006년도 첫 시험에 한 명의 합격자도 배출하지 못했고 지금껏 단 3명이 합격했을 뿐이다. 신사법시험 평균 합격률이 2006년 첫해 48%에서 2008년부터 20%대로 내려가면서 명문대학도 50%의 합격률을 넘기기 못한다. 군소대학은 벌써 정원을 20~40%까지 자진 반납하는 사태에 이르렀다. 일본 법학부를 상징하는 도쿄대와 교토대조차 내년부터 정원을 20%이상 감축할 것으로 보인다.

일본 로스쿨의 근본적인 문제는 졸업생에 대한 일정한 합격률을 보장하지 않는데 있다. 대학을 졸업하고 대학원과정에서의 법학공부를 마친 학생들이 4명

중 겨우 1명만 법률가의 길이 보장된다. 미래에 대한 불안은 로스쿨 포기로 이어진다. 일본 로스쿨의 예고된 재앙이다. 현실적으로 일본에서 택할 수 있는 길은 로스쿨 학생 수를 줄이든가 아니면 합격자를 늘리든가 둘 중의 하나이다. 그런데 지금의 흐름은 합격자 수 증가가 아닌 로스쿨의 축소나 학생 수의 감축에 이른다. 어쩌면 시장의 논리상 당연한 것이 아닌가 하는 반론도 가능하겠지만 정부의 안이한 무대책의 결과로 보아야 한다. 일본이 처한 혼란을 극복하기 위해서는 합격자 수를 지금보다는 대폭 증원하는 것이 불가피해 보인다.

일본보다 5년 늦게 시작한 한국의 로스쿨도 비슷한 문제를 안고 있다. 작년 신입생이 반환점에 이르렀음에도 불구하고 아직까지 일본의 신사법시험과 유사한 변호사시험에 대한 명확한 그림이 나와 있지 않다. 무엇보다도 합격자 수 내지 합격비율에 대한 가이드라인이 분명하지 않다. 얼핏 80% 정도의 합격률을 보장할 듯하지만 그래봐야 어차피 20% 이상이 낭인 법학도로 전락할 수밖에 없다. 변호사시험 합격이 어려워질수록 교육을 통한 법률가 양성이라는 원래의 로스쿨 도입취지는 사라지고 시험을 통한 법률가 양성이라는 사법시험 시대로 되돌아갈 위험이 크다. 시험과목도 무늬만 공법, 사법, 형사법으로 줄어들었을 뿐이고 실상은 사법시험 과목인 7법을 전부 공부해야 한다. 오히려 전과목에 걸쳐서 객관식 1차시험을 거쳐야 하니까 부담이 더 늘어난 셈이다. 이래가지고는 로스쿨에서 정상적인 법학교육이 불가능하다. 특히 다양한 학부 전공생들이 전문적인 영역에서 공부할 수 있는 터전을 마련하는 것과는 거리가 멀다. 변호사시험 합격자 발표가 난 다음에 나타날 공황상태는 겪어 보지 않아도 뻔하다. 로스쿨 학생들이 변호사시험의 질곡을 벗어나지 못하는 한 교육을 통한 법률가 양성이라는 명제는 허공으로 날아갈 것이다. 하루 빨리 정부와 법조계 그리고 대학당국이 지혜를 모아야 한다.

법률저널_2010. 6. 4.

인재 선발의 새로운 패러다임

외교부장관 자녀의 외교부 특채 파문이 고시제도 전반에 대한 재검토의 기폭제가 되고 있다. 고시제도는 1948년 건국 이후 한국적 인재등용의 지름길이자 개천에서 용이 나게 하는 첩경이었다. 개발연대에 마땅히 취업할 데가 없는 상황에서 공직은 엘리트의 최고의 등용문이었다. 일제시대부터 내려온 고등고시는 입신양명立身揚名을 위한 최고의 안식처였다. 건국 이후 고등고시는 1부 사법, 2부행정, 3부외무로 시작되었다. 고시에 합격하기만 하면 첫 직장생활의 시작부터 '영감님' 자가 붙게 된다. 판검사를 말할 것도 없고 행정고시에 합격해도 사무관으로서 바로 군수발령을 받았다. 지금은 사무관이 읍면장직이고 보면 금석지감이 든다. 척박한 나라에서 고시에 합격한 엘리트들은 법조인으로서 우리나라 법치주의의 근간을 형성했고, 행정 관료들은 산업화의 견인차 역할을 수행했다.

그런데 이제 시대가 바뀌었다. 세계를 누비는 수출입국의 뒤에는 산업현장에서 묵묵히 일하는 인재들의 빛나는 노력이 돋보인다. 그 과정에서 고시 합격만 하면 부귀영화를 누리던 시대를 마감해 간다. 박봉의 공직에 비하면 유수의 대기업 임원에 오르면 엄청난 부를 누린다. 게다가 공직자로 사생활에 얽매이기를 싫어하는 젊은이들의 새로운 풍속도와 맞물려 많은 엘리트들이 공직보다는 사직으로 눈을 돌린다. 삼성전자만 해도 2천명이 넘는 박사군단이 포진해 있다.

이 와중에 정부도 고시제도의 근본적인 변화를 의미하는 특채를 대폭 확대하겠다는 방침을 천명한다. 외교관은 외교아카데미를 통해서 배출하고, 행정 관료도 행정고시보다는 특채로 전환하고자 한다. 사법시험도 로스쿨 도입과 더불어 2017년에는 종언을 고한다. 시대의 흐름은 고시과목 위주의 시험을 통한 인재의 선발보다는 교육을 통한 인재의 배출을 원한다. 그 변화의 기폭제가 바로 로스쿨의 도입이다. 지금의 법령상으로는 로스쿨을 졸업하지 않으면 변호사시험에 응시할 수가 없다.

이미 지난 정부에서부터 시작된 다양한 인재의 적재적소 충원 방침은 굳이 나무랄 필요는 없다. 국가를 이끌어갈 인재를 충원하는 시스템은 시대 변화에 능동적으로 대응해야 한다. 다만 그 과정에서 공정성 투명성 객관성이 먼저 담보돼야 한다. 세계를 누비는 외교무대에 뛰어난 어학실력의 소유자는 당연히 요구된다. 주재국의 언어도 못하면서 영자 신문인 인터내셔널 해랄드 트리뷴만 읽고서는 정상적인 외교역량을 발휘할 수 없다. 행정의 전문화 다기화가 심화되고 있음에도 고시과목 위주의 학습만으로는 한계가 있다. 세계화시대에 끝없이 이어지는 국내외적 현안을 해결하기 위해서는 이제 공정한 법의 잣대가 우선돼야 한다. 로스쿨의 도입취지도 학부에서 다양한 전공을 이수한 학생들이 사회 전반에 걸쳐서 법의 지배를 구현하고자 한 것이다. 그렇다면 로스쿨 졸업생들이 각자의 전문성과 능력에 부합하는 길로 나아가야 한다. 법정을 오가는 판검사나 변호사만 배출하겠다면 굳이 로스쿨을 도입할 필요가 없다. 세계에서 최초로 영국식 법학교육제도를 버리고 로스쿨제도를 도입한 미국의 예를 보더라도 사법은 물론이고 행정부와 입법부에 로스쿨 졸업생들이 널리 포진해 있다.

의치학전문대학원이 사실상 학부 의치대로 회귀하는 현상을 보면서 법학전문대학원도 새로운 제도의 틀에 대한 모색과 기대가 있는 것도 사실이다. 하지만 의치학의 경우에는 전문대학원 제도만 채택하고 있는 나라가 전 세계에서 없을 뿐 아니라 우리도 그간 투 트랙이 병존해 왔다. 하지만 로스쿨은 외형적으로는 순수한 대학원 형태의 미국식을 답습하고 있을 뿐 아니라 법령사항이다. 이제 무늬만 로스쿨 형태를 취할 것이 아니라 실질에 있어서도 로스쿨 이후의 문제가 해결되어야 한다. 법률상의 제도가 더 이상 실험의 대상이 되어서는 안 된다. 다만 로스쿨 졸업생에게만 주어지는 변호사시험 응시제도가 학부에서 법학을 이수한 절대 다수의 법학도들에게 제3의 길을 모색할 수는 없을 것인지 다 같이 지혜를 모아야 한다. 모든 법학도들에게 "각자에게 그의 것을" 부여할 수 있는 공정한 길이 열리길 희원한다.

법률저널_2010. 10. 1.

로스쿨과 메디컬스쿨

노무현 정부에서 대표적인 학제 개혁이 로스쿨과 메디컬스쿨이다. 노무현 정부에서는 한국적인 입시병의 원인이 이공계는 의대, 문과계는 법대 입시 때문인 것으로 진단하였다. 이에 따라 의대와 법대를 소위 의학전문대학원인 메디컬스쿨과 법학전문대학원인 로스쿨 설립을 통해서 이를 대학원대학으로 전환시키는 학제 개혁을 단행하려 했다. 메디컬스쿨과 로스쿨은 미국식 교육제도의 산물이다. 원래 미국이 뒤따라 한 영국뿐 아니라 유럽식에서는 의학과 법학 모두 학부에서 교육해 왔고 아직까지 그 체제를 유지하고 있다.

메디컬스쿨 도입에는 찬반이 치열하게 대립되었다. 특히 미국에서도 메디컬스쿨은 반드시 학부를 졸업한 학생들만 대학원 교육을 받는 것이 아니라는 비판에 직면했다. 결국 정부의 의학전문대학원 제도에 반발한 서울대 의대는 반은 고교 졸업생들을 선발하고 반은 대학학부 졸업생을 선발하는 이원적인 체제를 도입했다. 하지만 노무현 정부가 끝나고 서울대 의대를 비롯한 상당수의 대학에서는 다시금 종전의 고교졸업생을 선발하는 의대 시스템으로 되돌아갔다.

실제로 의 · 치 · 약 · 한의대로 인하여 이공계 교육이 황폐화한다는 비판에 직면하였다. 우수한 고교졸업생들이 의 · 치 · 약 · 한의대를 진학하고 그 다음에 서울대 공대를 비롯한 이공계 대학에 진학하는 기현상까지 발생하면서 그에 대한 우려가 심각한 것도 사실이다. 하지만 시대 상황을 단지 학제 개편으로 해결될 수는 없는 일이다. 한 곳을 누르면 다른 곳에서 터져 나오기 마련이다. 메디컬스쿨의 설치에 따라 이공계대학은 전국의 우수한 이공계 학생들의 메디컬스쿨 진학을 위한 예비학교화하는 또 다른 부작용을 초래하기도 했다.

반면에 미국식 로스쿨은 학부 폐지와 더불어 대학원 교육으로 일원화시켜서 나름대로 제도의 정착을 이루는 듯 했다. '법학전문대학원의 설치 · 운영에 관한 법률'을 통해서 학제 개편의 대못을 박아버렸다. 정부가 바뀌어도 의대와는 달리 쉽사리 법학부로 되돌아 갈 수 없는 상황이 되었기 때문에 로스쿨 제도의 성공적인 정착을 기약하는 수밖에 다른 도리가 없다.

하지만 전국의 25개 로스쿨 이외의 대학에서는 여전히 법학부가 존치하는 상황에서 로스쿨의 출현에 따라 학부 법학교육은 사실상 황폐한 상황으로 내몰릴 수밖에 없다. 이에 따라 2017년부터 로스쿨만이 법률가 양성을 독점하는 체제에 대한 비판에 고조된다. 그 대안이 로스쿨을 졸업하지 않은 법학도를 위한 사법시험 영구존치론과 로스쿨 교육에서 일본식으로 법학부 졸업생과 비법학부 졸업생들의 교육연한 차별화 시도 같은 것이다. 그 기저에는 미국과 일본에 잔존하고 있는 예외적인 법률가 충원시스템에 대한 미련이라고 할 수 있다.

대륙법계의 성문법 체제를 가진 나라에서 미국식 로스쿨의 전면적인 도입에는 여전히 문제점을 드러내고 있는 게 사실이다. 더구나 법학부 교육을 이수한 학생들과 비법학도를 동일한 선상에 놓고 로스쿨 교육을 진행하는 것 자체가 모순투성이다. 그러니 비법학도들의 선행학습을 위한 휴학 사태까지 초래되기도 한다. 앞으로 변호사시험 합격자 숫자를 1500명으로 제한하는 한 이와 같은 현상은 더욱 가속화되리라고 본다. 과도기적인 경과규정을 두지 아니하고 너무 쉽게 제도 개혁을 단행한 여진이라 할 수 있다. 이제 법학부 졸업생들의 로스쿨 진학도 금년으로 어느 정도 일단락되어 가는 상황이기 때문에 이 문제를 더 이상 촉발시킬 이유는 없다. 다만 사법시험 존치 문제는 아직도 논쟁이 현재진행형이다.

현 단계에서 정부가 지난 정부의 시행착오를 일거에 해결할 수 있는 특단의 방안은 없을 것이다. 메디컬스쿨 문제는 일단락된 상황이고 보면, 로스쿨 문제도 향후의 분명한 로드맵을 제시해야 한다. 이미 폐지하기로 한 2017년 이후에 사법시험의 존치 여부에 대해서 분명한 대답을 해야만 한다. 법률가 단체들도 무엇이 한국적인 법학교육과 법률가 양성의 바람직한 방향인지 결론을 내려야 한다. 로스쿨이란 새로운 시스템이 도입되고 정착되어가고 있는 마당에 새삼스럽게 분란을 자초해서는 아니 된다. 정부, 학계, 법률가단체들이 좀 더 진지한 자세로 로스쿨과 법학 및 법조계의 미래에 대한 회답을 해야 할 때다.

법률저널_2013. 12. 5.

신묘년 새해, 지혜와 순발력의 조화

신묘년 새해가 밝아 왔다. 새해에는 누구나 나름대로 많은 구상과 설계를 해 온다. 올해는 토끼해이다. 토끼는 흔히 거북이와 연상시킨다. 거북이가 느림의 미학이 있다면, 토끼는 빠르면서도 지혜로운 미물이다. 용왕님께도 스스럼없이 거짓을 부릴 수 있는 순발력과 기지가 가득차 있다.

법학도들도 거북이의 느림의 미학과 토끼의 지혜를 동시에 수용할 수 있는 자세가 필요하다. 법학이란 하루아침에 완결적으로 해결될 수 없는 학문이다. 인류 역사에서 가장 오랜 사회과학으로 자리 잡고 있는 학문이다. 그런데 최근 로스쿨이 도입되면서 법학은 실무가의 전유물인 것처럼 오해되는 측면도 부인할 수 없다. 하지만 법학만큼 학문적 완결성을 갖춘 학문도 드물다. 오랜 세월의 연륜이 이를 잘 말해 준다. 수천 년을 이어오면서 절차탁마切磋琢磨의 세월을 함께 해 온 법학의 특성을 깊이 새겨 보아야 한다.

첫째, 우리는 영미법계와 달리 대륙법계처럼 성문의 법전을 갖고 있다. 따라서 성문의 법전을 항시 염두에 두고 법이론을 전개해 나가야 한다. 성문법 체계의 특성상 법의 해석에 있어서 그 출발점은 법의 문의적 해석에서 비롯된다. 성문의 법전에서 무엇을 말하고 있는지 천착하지 않고서는 공허한 담론에 휩싸이기 마련이다. 한 구절 한 구절 조문의 의미를 되새김질 하는 가운데 법학의 묘미를 음미할 줄 알아야 한다. 법학만큼 완결적이고 정치한 학문도 드물다는 사실을 잊어서는 안 된다. 치열한 학문적 접근만이 법학도로서의 성숙도와 완성도를 높일 수 있다.

둘째, 성문법에서 출발하여 실사구시實事求是를 외면할 수 없다. 구체적 사안에서 무엇이 어떻게 작동되고 있는지를 탐구해야 한다. 이 과정에서 학자들이 쌓아올린 법이론과 판례를 결합해서 이해하는 과정이 필요하다. 판례는 흔히 살아있는 법이라고 지칭된다. 그만큼 구체적인 사실관계에서 이를 어떻게 법리적으로 파악할 것인가가 판례 속에 녹아들어 있다. 하지만 그 판례는 하늘에서 떨어진 것이 아니라 이론과 현실을 조화시킨 결과물이다. 그간 우리는 외국의 판례에 천착해 있었다. 비록 외국의 법제를 계수해 왔지만 환력이 넘는 세월에 걸쳐서 외국의 법제가 우리의 토양 속으로 스며들었다. 따라서 우리의 법체계에 상응하는 판례는 우리의 것으로부터 출발하여야 한다. 우리의 것이 부족할 때 외국의 판례를 적극적으로 수용하고 참조하면 된다.

셋째, 법학이론과 판례의 흐름을 꿰뚫어 본 다음에 비로소 현실의 문제를 구체적으로 핸들링할 수 있다. 이 과정에서는 실무의 몫이 중요해 진다. 구체적으로 주어진 사안에서 실무적으로 어떻게 접근하여 사안의 실체를 정확하게 파악할 것인가의 문제가 제기된다. 아무리 이론으로 무장되어 있다고 하더라도 실제로 구체적인 사안에 부닥치면 멍해질 수 있다. 따라서 실무적인 훈련은 현장 감각을 제고할 수 있는 최고의 기회다. 실무에 접하는 과정에서는 테크닉을 제대로 발휘할 수 있는 순발력과 지혜를 함께 습득하는 과정이 필요하다.

법학이론, 판례이론에 치밀하게 접근한 다음에 최종적으로 부닥치는 현실의 구체적 사안에서 이를 종합할 수 있는 능력이 필요하다. 따라서 그 어느 것 하나 놓칠 수 없는 소중한 자산이다. 법은 생활 속의 학문이다. 공허한 공리공론에 치우칠 수 없는 이유다. 의학이 사람의 생명을 다루는 학문이라면 법은 사람의 삶을 지배하는 학문이다. 법학만큼 사회성이 요구되는 학문도 드물다. 더구나 법적 분쟁은 인간의 삶의 모든 영역에서 야기된다. 학부과정에서 모든 영역에서의 전공자들이 각자의 전공을 최대한 살리면서 법이라는 이름으로 융합해 가는 과정이 로스쿨의 장점이기도 하다. 대륙법계 심지어 영미법계의 모국인 영국에서도 우리가 종래 해오던 학부법학 교육이 계속되고 있음에도 불구하고, 굳이 미국식 로스쿨을 채택한 이유를 제대로 알아야 한다.

새해 새아침 법학도들의 앞날에 건강과 행운이 함께 하기를 기원한다. 학부법학교육에 익숙한 사법시험을 준비하는 법학도들이나 로스쿨에서 새로운 실험을 해 나가는 법학도 모두에게 민주법치국가 대한민국의 희망이 되기를 기원한다.

법률저널 사회_2011. 1. 7.

제5장

법률가의

도전과 응전

법률가의 윤리와 사회적 책임

어린 시절에 선친께서는 신문의 주요 기사를 스크랩해서 자식들에게 보여줌으로써 이를 교육의 한 장으로 삼으셨다. 그 덕분에 태어나서 처음으로 신문기사를 접하게 되었다. 그 기사 하나가 천재소년의 고등고시 합격 소위 '소년등과'였다. 그런데 꿈에도 그리던 그 분을 조우한 것은 변호사징계위원회였다. 오래전 대한변호사협회 징계위원회의 외부위원으로 참여하여 심리하는 중에 바로 그 분의 징계 건이 상정되었는데 사안 자체가 너무나 어처구니없는 것이라 그 분에 대한 어린 시절의 환상이 한 순간에 무너져 버렸다.

최근 법률가들의 윤리와 사회적 책임을 야기하는 사건들이 이어지고 있다. 그 실체적 진실 여부를 떠나 이와 같은 사건들로 인해 국민들로부터 의혹의 시선을 받게 된 것 자체가 우리 사회의 불행이자 동시에 법률가의 사회적 책임을 다시 한 번 되새기는 계제가 된다.

현직 검찰총장이 실정법 이전에 '선량한 풍속과 사회질서'에 어긋나는 논쟁에 휩싸이게 되면서 대한민국 사정의 중추기관인 검찰이 흔들리는 모습을 보인 것은 안타깝기 그지없다. 이는 공인의 자세가 어떠하여야 하는가에 대한 엄중함을 보여주는 사안이다. "오얏나무 아래서 갓끈을 고쳐 매지 말라"는 속담을 곱씹어 보아야 한다. 이 와중에 수습중인 초임검사가 사무실에서 피의자와 불미스러운 성추문을 일으킨 사건에서 법원은 징역 3년의 중형을 선고하였다. 정의의 구현자이자 공익의 대변자인 검찰이 위아래 할 것 없이 제 정신을 못 차리고 있다는 국민적 비난을 면하기 어렵다.

한편 사법연수생을 비난하는 부형의 로펌 앞 1인 시위가 세인의 눈살을 찌푸리게 한다. 유부남인 연수생이 동료 연수생을 상대로 총각행세를 한 애정행각이 문제의 본질인 것 같다. 이 혼돈 속에 연수생의 부인은 꽃다운 나이에 스스로 생을 마감했다. 사법연수원은 남자 연수생에 대해서는 퇴출이라는 중징계를 내렸다. 여자 연수생도 정직 3월의 중징계를 피할 수 없었다. 아무리 젊은 나이라고 하지만 5급 사무관이라는 공무원 신분인 연수생들의 일탈 행동은 사회적 비난을 면할 수 없다. 이들의 철없는 행동으로 인하여 선량한 절대다수의 연수생들까지 싸잡아 비난당하는 현실이 안타깝기 그지없다.

우리 사회에서 법률가들은 그 어느 직업인보다 선택받은 이들이다. 좋은 대학 나와서 어려운 시험에 합격했고 그들이 향후 어떠한 직업을 가지는가에 관계없이 국가로부터 공무원신분으로 2년간 무료교육의 혜택까지 받고 있다. 그럼에도 불구하고 우리 사회로부터 은혜를 입었다고 생각하는 이들이 과연 얼마나 있을까 하는 의구심을 지울 수 없다. 보다 근본적으로는 경쟁과 시험에만 익숙하고 인간 본성에 충실한 법률가로서의 윤리와 책임에 대한 교육이 부족하지 않았는지 우리 법학교육에 대한 근본적인 반성이 필요한 장면이다.

외형적으로 드러난 일들 못지않게 현실세계에서는 선량한 시민들이 상상할 수 없을 정도의 비리가 법률가 사회에서 속출하고 있다. 법원, 검찰, 변호사뿐만 아니라 민생현장과 직결된 경찰도 수많은 비리의 온상이 되고 있다. 이와 같은 문제를 해결하기 위해서 법학전문대학원 소위 로스쿨은 시험에 의한 법률가 배출이 아니라 교육을 통한 법률가 배출이라는 명제를 구현하고자 한다. 하지만 로스쿨도 차츰 변호사시험 학원화하고 있다는 비판으로부터 자유롭지 못하다. 변호사시험을 위한 필수코스인 법조윤리만 해도 그렇다. 그 내용은 천편일률적으로 온통 법률가로서 업무와 관련하여 비난받을 일인지 아닌지에 한정되어 있다. 법률가로서 지켜야 할 법적 윤리적 소양을 시험하는 일은 필요한 일이다. 하지만 그 내용은 어쩌면 미국식 법조윤리의 한국적 이식에 불과하다. 즉 법조윤리는 법률가로서의 법적 윤리에만 치중하여 법률가로서의 사회적 책임에 관해서는 소홀히 하고 있다. 그것은 우리 사회의 법률가에 대한 기대와는 동떨어져 있다. 차제에 로스쿨의 의전형식 과목으로 전락한 법조윤리 교육과 시험을 법률가로서의 온전한 소양을 제고함은 물론 우리 사회에서 마땅히 가져야 할 법률가의 사회적 책임의식을 제고하는 방향으로 재정립하여야 한다. 시험을 통한 법조윤리가 아니라 교육을 통한 법조윤리가 바로 로스쿨이 지향하는 목표와도 부합한다.

법률저널_2013. 10. 4.

법률가에 대한 국민의 눈

영국은 1215년에 이미 마그나 카르타(대헌장)을 통하여 민주주의의 단초를 열었다. 오랜 세월의 손때가 묻어나는 역사와 전통을 소중히 여기면서 오늘에 이르고 있다. 명예혁명, 인신보호법, 권리장전을 채택하면서 서서히 절대군주시대의 종언을 고하고 국민주권주의를 채택하면서도 군주제를 그대로 유지하고 있다. 최고법원이 상원에 소속된 법률위원회라고 한다면 믿지 않을 정도이지만 이 또한 사실이다. 2009년에 비로소 대법원을 상원과 별도로 설치하였지만 대법원장을 비롯하여 임기가 남은 상원의원은 여전히 그 직을 유지하고 있다. 다만 이들의 임기가 끝나면 그 후에는 민간 법률가로 충원한다는 것이다. 그만큼 전통과의 단절을 원하지 않는다는 의미와 더불어 여전히 의회주권적인 전통이 남아 있음을 의미한다.

반면에 프랑스는 1789년 혁명을 통하여 절대군주시대를 마감하고 공화국을 창건하였다. 태양왕roi du soleil의 후예는 혁명군에 의하여 단두대guillotine의 이슬로 사라졌다. 하지만 왕정복고, 나폴레옹의 황제정이라는 반동의 역사를 거듭한 끝에 1875년에 이르러 공화국은 새롭게 자리 잡는다. 제3공화국은 비록 1940년 독일의 침공에 따라 비쉬체제로 종언을 고하지만 프랑스 민주주의의 기틀을 잡은 황금기라 할 수 있다. 현행헌법에서도 공화국은 헌법개정의 대상이 되지 않음을 명시하고 있다. 그만큼 공화국적 전통에 대한 국민적 가치를 부여하고 있는 셈이다.

혁명 이후 과거의 세습귀족은 법률가라는 이름으로 실질적인 귀족의 역할을 수행한다는 의미에서 법복귀족noblesse de la robe이라는 비판을 받아 왔다. 그런데 혁명 이후 도전과 응전의 역사를 거친 끝에 탄생한 제3공화국의 의회주권적 민주주의는 곧 국민주권은 의회주권을 의미하며 그 의회주권은 곧 법률주권 즉 법률은 국민의 일반의사의 표현으로 연결되었다. 민주주의를 정립하는 과정에서 민주주의적 원리를 법규범으로 정립하는 과정에서 법률가의 역할과 기능이 중요함은 말할 필요가 없다. 실제로 국가생활에 필요한 중요한 규범뿐만 아니라 국법질서의 기초를 다지는 공법학이론도 이 시대에 정립되었다는 사실은 제3공화국이 근대적인 민주법치국가 건설에 효시를 이루고 있음을 단적으로 보여준다. 문제는 의회주권시대에 법률가들의 높은 역할과 참여에도 불구하고 법률가들의 전횡이 너무 심해 제3공화국이 흔히 법률가 공화국République des juristes 라는 비아냥의 대상이 되고 있다는 점이다. 법률가는 좋은 일을 해도 비판받을 수 있고 나쁜 일을 하면 더욱 비판을 받을 소지를 늘 안고 있다. 그래서 그런지 프랑스에서는 일반법원과 검찰을 중심으로 한 순수 법조직보다는 오히려 행정대학원 격인 국립행정학교École d'administration를 졸업하고 행정관료로 진출하는 것이 더 인기다. 뿐만 아니라 국사원Conseil d'État를 정점으로 하는 행정법원뿐 아니라 헌법재판기관Conseil constitutionnel인 헌법위원회(헌법원, 헌법평의회 또는 헌법재판소로 번역되고 있다)의 재판관은 사법관일 필요가 없다.

우리나라에서도 최근 법률가에 대한 국민의 시각이 별로 좋지 않아 보인다. 법원의 판결을 둘러싼 갈등은 같은 사건, 유사 사건에서 법원마다 판결 내용이 상이하다. 이 와중에 국회의원이 자신의 홈 페이지에 전교조 교원명단 공개를 강행하면서 이제 국회의원과 법원의 갈등 양상으로 변질된다. 거기에 소위 스폰서 검사 파문이 일어나면서 법원과 검찰에 대한 국민들의 불편한 심기가 예사롭지 않다. 법률 전문가의 입장에서 본다면 법원마다 판결이 다를 수 있다고 하지만 국민의 눈높이에서 본다면 이해하기 어려운 일일 것이다. 더구나 국가사정체계의 중심에 서 있는 검사들이 업자한테서 공짜 술이나 얻어 마시고 다녔다 하니 이를 심정적으로 용납할 수 있는 국민은 없을 것이다. 법률가라는 대한민국에서 선택된 인재들이 국민적 기대에 부응하지 못하고 있는 한 법치국가로의 진입은 그리 쉬운 일이 아닐 것이다. 그 어느 때보다도 법률가의 새로운 각성과 높은 윤리의식이 요구되는 시점이다.

법률저널_2010. 5. 7.

법률가의 소명의식

인류의 초창기 삶에 있어서는 직업이란 별다른 것이 없었다. 근대국민국가를 형성하면서 사농공상士農工商이라는 직업 계층화도 나타났다. 산업의 발전 순서에 따른 농공상에 대해 우리나라에서는 산업화과정에서 상업을 천하게 여긴 결과라는 비판을 받기도 하였다. 그 사이 비약적인 산업에 따라 공상으로 대표되는 산업화 유관 직업이 엄청나게 늘어나면서 공직으로 대표되는 사 직업을 압도하는 시대가 되었다. 직업의 종류가 우리나라에서만 해도 1만개가 이상 된다. 하지만 공상으로 성공하기란 그리 쉬운 일이 아니라는 사실을 일반 대중은 너무도 잘 안다. 그러기에 쉽게 퇴출당하지 않는 안정된 직장이라는 이유로 공직은 새삼 인기를 끈다. 소위 공무원시험 열풍에 따라 공시족公試族이라는 새로운 은어가 등장한다. 우리나라뿐 아니라 한동안 등소평의 개혁개방정책에 따라 회사 특히 외국회사 취업을 최고로 치던 중국에서조차 최근에는 공시족 열풍이 일어나고 있다고 하니 공직이 좋기는 좋은 모양이다.

공직의 꽃은 고시라는 어려운 관문을 통과한 고위공직이다. 평균적인 보통 학생들에게는 고시는커녕 대학을 졸업하고도 7급은 고사하고 9급도 합격하기 어려운 실정이다. 고시합격이란 대학생들 사이에서도 하늘의 별따기다. 행정·입법·외무고시 못지않게 어려운 시험이 바로 사법시험이다. 대부분의 사법시험 응시자들은 입학하기 어렵다는 법과대학 학생들이다. 사법시험에 합격하면 과거에는 모든 수료생에게 판검사 임용이 보장되었지만 근래 사법시험 합격자 1천명시대에 접어들면서 옛날 같은 명예를 누리지는 못해도 그래도 선남선녀의 부러움의 대상이다. 작년부터 로스쿨이 개원하면서 이제 법률가 양성도 고시시대에서 교육의 시대로 전환되고 있지만 여전히 로스쿨 입학도 쉬운 일이 아니다.

그런데 왜들 이렇게 법률가의 길을 가려 하는가 라는 물음에 명쾌한 해답을 얻기 어렵다. 면접시험장에서 대부분의 예비법률가들은 법과 정의를 수호하는 파수꾼이 되겠다는 응답이다. 하지만 현실에서 정의를 세우는 일은 그리 쉬운 일이 아니다. 바로 여기에 정의의 사도로서의 법학도는 어느 덧 생활인으로서의 법률가로 안주하는 것이 아닌지 하는 의문을 지울 수 없다.

현직 판검사 숫자만 해도 4천명을 넘어섰고, 개업변호사 숫자도 1만명을 넘어선지 오래다. 대량으로 배출되는 지금의 상황을 고려하면 법조인 숫자는 조만간 2만명, 3만명도 넘어 설 것 같다. 법률가의 증대는 국민들에게 다가서는 찾아가는 서비스를 구현할 수 있는 장점이 있다. 그런데 넘치는 숫자만큼 야기될 수 있는 법률가의 탐욕은 불의를 넘어서 선량한 시민들에게 엄청난 피해를 입힐 수도 있다. 하지만 직업으로서의 법률가는 다른 직업과는 구별되는 공공성이 요구된다.

최근에 제기되고 있는 법관이나 검사와 관련된 사회적 물의를 일으킨 사건을 보면 이제 판검사도 자연인으로서 직업의 하나로서 선택한 것에 불과하다는 생각을 갖게 된다. 물론 판검사 숫자가 과거 몇 백명에서 급속하게 몇 천명으로 증대되고 있는 상황에서 직업의 하나로서 법조직을 선택했다는 점을 나무랄 수 없다. 그러나 법조직 특히 판검사로 대표되는 소위 재조직在曹職에 임하는 이들은 성직자나 구도자와 마찬가지의 자세를 가져야 한다. 남이 저지른 잘못에 대해 벌을 주고 타인들 사이의 다툼에 대해 법의 이름으로 재단하는 것은 결코 쉬운 일이 아니다. 아무나 할 수 있는 일이 아니다. 비록 막스 웨버가 '프로테스탄티즘의 윤리와 자본주의 정신'에서 강조한 바와 같은 절제와 금욕의 수준에 이르지는 못하더라도 법률가는 언제나 자기수련이 뒤따라야 한다. 몸과 마음을 가다듬고 사건 처리에 있어서 당사자가 충분히 수긍하고 납득할 수 있는 자세를 견지해야 한다. 그저 각종 직업 중에서 좋은 직장으로서 판검사를 선택했다는 식의 안이한 자세를 가져서는 안 된다. 소명의식을 상실한 판검사는 하루 빨리 아예 법복을 벗고 재야로 나가야 한다.

법률저널_2010. 3. 5.

한국적 법률가상의 정립

예로부터 법률가는 누구나 선망하는 좋은 직업이긴 하지만 국민들로부터 그리 존경받지 못하는 경원敬遠의 대상이다. 즉 좋은 직업이기 때문에 수많은 인재들이 법률가가 되고자 하지만 막상 법률가에 대한 인식은 그리 좋지 않다는 의미다. 판검사로 상징되는 법률가는 지금도 결혼중개회사에서 제1순위 신랑감으로 꼽고 있지만 좋은 일을 하고 있는지에 대해서는 여전히 의문을 갖는다.

필자는 최근에 소위 스폰서 검사문제가 대두되면서 대검찰청 진상규명위원장을 맡은 바 있다. 그런데 기자들에게 검사들이 대부분 본인의 제자나 후배들인데 너무 질타만 하지 말고 따뜻한 눈길도 필요하다는 요지의 말을 했다가 온정주의자라는 거센 비판을 받았다. 지금도 그 말이 그리 잘못된 표현이라고 생각하지 않고 있기 때문에 왜 그렇게 비판을 받아야 했는지 잘 이해가 되지 않는다. 하지만 국민들의 눈높이에서 보면 그간 법조인들이 대체로 국민의 사랑을 받지 못하고 있다는 사실을 피부로 느낄 수 있다. 아마도 법조직역이기주의에 대한 불만이 팽배해 온 때문이 아닌가 하는 생각도 든다.

사실 그 동안 법과대학에서의 교육은 사법시험에 얽매인 법학이론에 치우친 나머지 법률가의 역할과 사명에 대한 교육이 태부족 아니 거의 전무했다고 해도 과언이 아니다. 그런 의미에서 법학자의 한 사람으로서 책임을 통감한다. 문제는 로스쿨 시대에 접어들었다고 하여 과연 얼마나 미래 법률가에 대한 인성교육을 강화할 수 있을지 의문이다. 로스쿨에서 학점 취득의 대상으로서 법조윤리나 법률가의 사회적 책임만을 논할 것이 아니라 법률가의 삶이 어떠하여야 할 것인가에 대한 근본적인 성찰이 필요한 시점이다. 로스쿨을 통한 법률가의 대량배출시대에 걸맞게 법률가들이 사회 곳곳에서 정의의 사도로서 역할을 다할 수 있기 위해서는 정의와 형평의 원리가 제대로 작동될 수 있는 소양을 학생 때부터 길러야 한다. 동서고금의 좋은 양서를 통해서 성찰의 기회를 갖는 것도 중요하지만 이제 한국적 법률가의 길을 선현들로부터 배워 나가는 것도 하나의 좋은 밑거름이 될 수 있을 것이다.

마침 금년에는 독립운동가이자 한국적 법률가의 사표로 추앙받고 있는 초대 대법원장 가인 김병로 선생을 기리는 가인연수관이 고향인 순창에 건립되고 로스쿨 학생들을 대상으로 제1회 가인 법정경연대회까지 개최되었다. 이 기회에 한국을 대표하는 법률가들의 삶을 탐색해 보는 것도 법률가의 삶을 이어갈 학생들에게 좋은 양식이 될 것이다. 서울법대 최종고 교수가 저술한 '한국의 법률가'(서울대학교 출판부 간)는 사표가 될 법률가에 대한 종합 다이제스트 판이다. 예컨대 헤이그에서 망국의 한을 안고 순직한 이준 열사는 서울법대가 전신으로 삼고 있는 1895년에 개설된 법관양성소의 제1회 졸업생으로서 구한말에 검사로 임용되어 활동한 근대 초기의 법률가이다. 서울법대 총동창회에서는 그 분의 높은 뜻을 기려 자랑스러운 서울법대인으로 추서한 바도 있다.

일반적으로 국민들의 눈에는 개업 변호사는 사적 이익만 추구하는 무리들로 오해하기 십상이다. 그런데 선배 변호사들 중에는 공익을 위해서 헌신하여 소중한 변론서를 통해서 기념비적인 판례를 남긴 이들도 많이 있다. 그런 점에서 이석태 변호사와 한인섭 교수가 대표편집한 '한국의 공익인권 소송'(경인문화사 간)은 공익인권 소송의 이론서에 머물지 않고 구체적인 사례를 통해서 공익인권 소송의 실례를 소상하게 밝혀준다. 예컨대 이 책의 제2편 사례연구에서 첫머리를 장식하는 사건이 '망원동 수재 집단 손해배상 청구 소송'이다. 한택근 변호사가 정리한 이 사건은 작고한 조영래 변호사가 남긴 위대한 업적 중의 하나이다. 이 사건을 통해서 집단 손해배상 청구 소송에 대해 우리 법조계에 살아 있는 실례를 남겼다. 조영래 변호사가 제시한 소장, 준비서면, 증거보전신청서는 지금의 관점에서 보면 그리 대단한 것이 아니라 생각할지 모르지만 1984년의 시점에서 본다면 집단소송의 새로운 시대를 연 명품이다. 이와 같은 소장을 통해서 새로운 전기를 마련한 판결을 이끌어 낸 선배들의 고귀한 삶을 그대로 읽을 수 있다는 점은 후학들의 행복이라 아니할 수 없다.

법률저널_2010. 9. 3.

법률가의 적극적 자기개발

1895년 법관양성소 개설 이후 서양법의 수용을 통해서 우리나라에서 근대법학의 도입은 하나의 역사적 전기를 마련하였다. 하지만 일제 식민 지배를 받으면서 시작된 일본식 고등문관시험을 통한 사법관으로의 등용은 해방 이후 고등고시와 사법시험을 통해서 그 명맥을 사실상 그대로 이어왔다. 지난 60년간 법률가는 교육을 통한 양성 보다는 시험을 통한 선발 시스템이었다.

2012년에 이어 금년에는 로스쿨 2기 졸업생을 배출함으로써 본격적인 로스쿨 시대에 접어들었다. 로스쿨을 도입한 기본적인 취지는 다원화된 현대 사회에서 다양한 학문적 배경을 가진 학생들이 법학의 길을 걸어가게 하는데 있다. 이는 종합과학으로서의 법학의 특성을 잘 반영할 수 있다는 취지이기도 하다. 프랑스·독일뿐 아니라 미국법의 모국인 영국에서는 아직도 전통적인 학부 법학교육 방식을 고수하고 있다. 반면에 미국은 백여 년 전부터 로스쿨이라는 대학원 법학교육제도를 통해서 다양한 전공의 학부 학생들을 수용하고 있다.

일본과 우리나라에서는 오랜 기간 미국식 로스쿨 제도의 도입을 위한 논쟁을 거듭해 왔다. 결국 일본은 학부 법학부를 존치한 가운데 그 위에 로스쿨을 설치했다. 하지만 두 마리 토끼를 잡으려던 일본의 계획은 사실상 로스쿨의 실패로 치닫고 있다. 20%대의 낮은 신사법시험변호사시험 합격률로는 로스쿨의 설립 취지에 부응하기 어렵다. 심지어 최고의 명문 도쿄 대학조차도 과반수 합격자를 보장하지 못하고 있으니 말이다. 제대로 된 합격자를 내지 못하는 로스쿨의 자진 폐교가 속출한다. 제도의 정상적으로 작동되지 못하고 있다는 경고음이다.

우리나라의 로스쿨은 나름 일정한 합격률을 보장한다. 남은 과제들은 여전히 안개속이다. 과연 다양한 학문 영역을 전공한 학생들이 로스쿨에서 제대로 된 법학교육을 이수하고 있느냐 하는 의문이 든다. 아직까지는 학부 법학이수자들이 주류를 이루는 상황이라 속단하기는 이르다. 학부에서 4년 이상 법학을 공부한 학생들과 비법학도가 뒤섞여 있는 상황에서 제도의 원래 취지가 반영되기는 쉽지 않다. 과도기적으로 일본과 같이 법학도와 비법학도 사이에 학습연한의 차등을 두었으면 하는 아쉬움이 남는다. 다만 조만간 법학도들의 로스쿨 진입이 희미해질 때쯤이면 다양한 학문 전공자의 경연장이 새롭게 펼쳐질 것이다. 이와 직접적으로 연계되는 사안이 변호사시험이다. 변호사시험이 로스쿨 졸업생들의 통과의례가 될 정도가 되면 이제 학생들은 자유분방하게 다양한 학문적 배경에 걸맞는 법학과목을 이수할 수 있을 것이다. 하지만 현실적으로 변호사시험의 장벽을 완전히 제거하기란 불가능하다고 보면 어느 정도의 사회적 합의가 가능한 적정 수준을 유지해 주어야 한다. 그렇지 않아도 영세한 규모의 로스쿨에서 수많은 선택과목이 제대로 개설도 못해보고 폐강하는 사태가 속출하고 있는 현실에서 합격자 제한까지 뒤따르면 변호사시험과목에 매달릴 수밖에 없을 것이기 때문이다.

다른 한편 변호사시험 합격자를 늘려보았자 사회가 이를 수용하지 못하면 그야말로 고등룸펜만 양산한다는 비판을 받게 된다. 결국 변시 합격자 중에서 양극화 현상이 더욱 심화될 수밖에 없는 현실을 받아들여야 한다. 이미 변호사뿐 아니라 회계사, 변리사, 의사, 약사 같은 다른 전문직에도 양극화 현상이 뚜렷하다. 사법연수원이나 로스쿨 졸업자에 대해 6급 공무원으로 채용하는데 대한 비판이 고조된다. 바람직하지 않은 현상임에는 틀림없다. 그렇다고 하더라도 주어진 현실을 부정하여서는 안 된다. 6급 공무원으로 지원하는 사람이 있는 한 수요에 따라 갈 수밖에 없다. 이제 법률가의 세계에서 첫 직장도 중요하지만 그 직장에서 얼마나 성실하게 복무하여 능력을 인정받느냐가 더 중요한 시대에 접어들었다. 비록 첫 출발이 기대에 미치지 못하더라도 자신의 능력을 최고도로 발휘할 수 있는 직장에 열정적으로 도전해 봄 직하다. 법률가의 자격증은 이제 법률가로서의 완결 편을 의미하는 것이 아니라 법률가로서의 새로운 도전을 위한 출발을 알리는 이정표가 되어야 한다. 법률가로서의 끊임없는 자기개발만이 장래를 보장할 수 있다. 계사년 새해 법률저널 애독자 여러분의 건강과 행운을 빕니다.

법률저널_2013. 1. 4.

정보사회에 걸 맞는 바람직한 법률가상

인간의 일상적인 삶의 모든 분야에서 법과 법률가는 항시 연계되고 작동된다. 그 규범을 작동시켜 현실세계에 적용시키는 법률가의 삶은 어쩌면 다른 사람의 생명과 재산과 자유를 담보하는 최후의 심판자이다. 그런 점에서 법률가는 옛날식 표현대로하면 군사부일체君師父一體의 사師 즉 군왕이나 어버이와 같은 차원에 있는 스승과 같은 존재라고도 할 수 있다. 또 다른 측면에서는 스승과 승려와 같은 성직자 군에 속한다고도 할 수 있다.

다른 한편 법률가 즉 변호사에 대해서는 악의적인 비판도 많이 제기된다. 변호사는 사회정의의 실현도 중요하지만 영리행위를 하기 때문인 것으로 보인다. 즉 변호사를 업業으로 하다보니 사건이 있어야 하고 사건이 있으면 승소해야 하는 과정에서 일탈이 뒤따를 수 있다는 점이다.

반면에 법관이나 검찰관은 정의의 구현자이자 공익의 대변자이기 때문에 변호사와 차원을 달리하는 특성을 갖게 마련이다. 법관은 단순히 지나간 일들의 소극적인 재단에 그치는 것이 아니라 무엇인 법인가를 밝혀주는 등대와 같은 역할을 담당해야 한다. 검사는 수사와 기소를 책임지는 독점적 지위를 갖는다. 바로 그런 점에서 판사나 검사에 대한 사회적 시각은 더욱 예민할 수밖에 없다.

그런데 최근에 일어나고 있는 판사와 검사의 행동에 대해서 새삼 논란이 되고 있음은 안타까운 일이다. 자유민주주의는 다름 아닌 다원적 민주주의를 의미하기 때문에 사회 각계각층에서 다원적 목소리가 울려 퍼져야 그 사회는 건전한 사회라고 할 수 있다. 그런 관점에서만 본다면 판사나 검사도 한 사람의 자연인으로서 자신의 사상이나 신념을 자유롭게 표출할 수 있어야 한다는 대 명제에는 어느 누구도 이의를 제기할 이유가 없다. 하지만 판사나 검사라는 직의 특성상 일반인에 준하는 언행을 자유롭게 할 수 있는가에 대해서는 여운을 남긴다.

최근 몇 몇 법관들이 자신의 페이스북SNS이나 법원 내부통신망에 국가사회의 현안과 관련하여 자신의 견해를 표출한 것이 문제가 되고 있다. 대법원장도 "법관은 언동과 처신을 항상 유념해 신뢰를 저버리거나 훼손할 만한 행동을 자제하고 성찰해야 한다"며 일부 법관들의 언행에 우려를 나타내면서 이 사안을 대법원 공직자윤리위원회에 회부하였다. 이에 대해서도 다른 중견법관들은 이를 비판하고 있어 법관의 현실문제에 대한 참여와 법관직 사이에 무엇이 균형추인가에 대한 논란이 가열되고 있다.

법관도 자연인 내지 민주시민으로서 헌법상 보장된 표현의 자유 특히 정치적 표현의 자유를 최대한 누려야 한다는 점에서는 이론의 여지가 없다. 그러나 공직자로서의 정치적 중립성뿐 아니라 법관은 헌법과 법률과 양심에 따라 재판하여야 하는 직업적 특성을 갖고 있다. 이를 구현하기 위해 법관에게는 법관의 물적 독립 못지않게 인적 독립을 위해 헌법적 수준의 신분보장을 해 주고 있다는 점을 고려한다면 법관을 다른 일반인과는 확연히 구분되는 고도의 공공성을 요구하기 마련이다. 바로 그런 관점에서 본다면 법관의 사회 참여도 일정한 한계를 갖기 마련이다. '법관은 판결로 말한다'라는 법언法諺이 있듯이 법관도 현실 문제에 목소리를 낼 수 있겠지만 자칫 이러한 목소리와 유관한 사안이 법정에 이를 때 법관의 입장은 매우 어려워지기 마련이다. 바로 그 점 때문에 법관은 가급적 현실 문제에 직접 뛰어드는 일은 자제하여 마땅할 것이다.

이번 사태를 기화로 SNS에서 법관의 참여가 바람직한 것이냐 또 어느 정도여야 하느냐도 한번은 짚어 보아야 한다. 이를 순수한 사적 공간이라고 방기하기는 어려울 것으로 보인다. 어차피 SNS에 드러난 정보는 대량적.집단적으로 유통되기 마련이기 때문이다. 이를테면 옛날에는 사석에서 술자리에서 친구들과 어울려 자연스럽게 나누던 담소들조차도 비밀이 없는 사회가 되었다. 즉 이 모든 사항들이 휴대폰 · 스마트폰과 SNS를 통해서 실시간으로 전송되고 있는 사회에 살고 있다. 이를테면 전 국민이 이 정보기기를 통해서 카메라와 녹화기를 들고 다닌다고 본다면 시대 변화에 따라 법률가의 윤리강령이나 자세도 달라져야만 한다. 바로 그런 시대적 상황에서 고도의 윤리를 요구하는 직업적 특성에 따른 윤리강령이 필요하기 마련이다.

법률저널_2011. 12. 2.

실리콘밸리와 법률가의 도전

서울대학교 법과대학 대학원에는 새로운 과정이 도입되었다. 유사 이래 법학석사과정은 전공과 무관하게 입학한 다음에 각자 전공을 택하는 자유로운 형태이다. 그런데 두 해 전부터 지적재산권법 과정이라는 특수한 석사과정이 개설되었다. 아예 입학부터 교육과정이 독자적으로 운영된다. 그러니까 대학원 법학과가 아니라 대학원 지적재산권법학과인 셈이다. 이 과정은 재학 중에 실리콘 밸리에 위치해 있는 산타클래라 로스쿨에서 8주간의 교육을 받아야 한다. 산타클래라 로스쿨은 안경환 전 서울법대 학장 때부터 인연을 맺기 시작해서 필자가 학장 재임시에 상호협력을 위한 MOU를 체결한 바 있다.

실리콘 밸리는 샌프란시스코에서부터 산타클래라에 이르는 일대에 광범위하게 포진하고 있는 지적재산 관련 기업들의 메카라 할 수 있다. 거기에 버클리 · 스탠포드 · 산타클래라 같은 명문 대학까지 포진해 있으니 연구와 창업에 안성맞춤이다. 일년 내내 활동하기에 쾌적한 날씨까지 도와주니 금상첨화 격이다.

이번 여름 방학을 이용해서 실리콘 밸리의 실상을 곁눈질이라도 할 수 있는 기회를 가졌다. 산타클래라 대학에서 연수중인 지적새산권법 석사과정 학생들의 열정적인 모습에 경의를 표하지 않을 수 없다. 다른 한편 산타클래라 비즈니스 스쿨과 연계된 서울대산학협력단의 2주 단기 프로그램에서는 지적재산과 기업경영에 관한 이론과 실무를 수습한다. 실리콘 밸리의 풍부한 인적 자원은 법과 경영 이론에서부터 창업실무에 이르기까지 광범위한 학습의 장을 마련한다.

실리콘 밸리의 현장감은 대학에 인접해 있는 기업들에서 확연히 드러난다. 10여 년 전 마이크로소프트에서 처음으로 자신들의 회사를 캠퍼스라 지칭할 때만 해도 건방지기 짝이 없다는 생각을 가진 적이 있었다. 11년 전 그러니까 2001년 9월에 서울대 법대와 마이크로소프트 사이에 법의 지배를 위한 MOU를 체결한 후 MS에서 장승화 교수의 주선으로 김동희 학장과 부학장인 필자를 초청하였는데 출발 전날 바로 9 · 11 사건이 터져서 방문 기회를 놓쳤다. 그런데 이번에는 한국 구글 관계자와 정상조 서울법대 학장의 소개로 구글 본사에 근무하는 한국인 상무를 통해서 방문하게 되었다. 우선 캠퍼스라 해도 결코 지나침이 없는 방대한 규모에 놀라지 않을 수 없다. 더구나 회사 안에서 모든 기업경영과 창조활동이 이루어질 수 있게 배려하고 있었다. 나쁘게 보면 회사에 가두어 놓고 마음껏 부려먹는다는 인식을 가지게도 한다. 하루 세끼 식사에서부터 심지어 세탁까지 가능하게 되어 있다. 식사도 온갖 가지가 다 제공되는데 직원뿐 아니라 우리 같은 방문객까지도 공짜다. 그러니 특별한 일이 아니면 굳이 외부에 나가서 식사하느라 시간을 빼앗길 필요가 없는 셈이다.

구글의 아우 쯤되는 회사가 페이스북인 것 같다. 페이스북은 동행한 이수원 전 특허청장의 친척을 통해서 김 박사라는 분이 자상하게 소개해 주었다. 하루 세끼 식사 제공 등 일련의 행태나 시설은 거의 구글에 유사하다. 이 쪽 건물에서 저 쪽 건물로 이동하고 있는데 유리로 환히 들여다보이는 건물 일층에 웬 젊은이 셋이서 담소를 나누고 있는데 안내하던 분이 바로 그 사람들이 페이스북의 창업자인 마크 저크버그와 부사장이라는 것이다. 20대의 젊은 창업자 CEO라서 그런지 세계적인 부호의 모습은 전혀 찾아볼 수 없었다. 점심시간에 짧게 방문한 구글보다 저녁시간 퇴근 이후의 시간을 할애받아 구글보다 더 상세하게 페이스북을 방문하고 설명을 들을 수 있었다. 전반적인 분위기는 페이스북이 젊은 구글이라고 평가해도 좋을 법하다. 특히 모든 사무실의 구조가 열린 공간으로 작동되고 종이문서가 거의 사라진 점에서 더욱 그러하다. 그 열린 공간에서 부사장 책상 바로 옆에 똑 같은 사이즈의 비서 책상이 나란히 놓여 있는 것도 인상적이다.

어렴풋이 들여다 본 미국의 힘은 워싱턴DC와 뉴욕을 잇는 세계 정치경제의 중심축과, 보스톤의 하버드를 중심축으로 하는 아카데미즘에, 서부개척을 연상케 하는 실리콘밸리의 신지식창출이 그 바탕을 이루면서 세계의 두뇌를 빨아들이는 인텔리겐차 블랙홀이 아닌가 하는 단상을 갖게 한다. 이를 둘러싼 중심축에 미국식 법치주의와 로스쿨의 산물인 미국식 법률가들이 자리 잡고 있다.

법률저널_2012. 8. 3.

대통령선거와 법률가

다변화된 법률가의 사회적 진출은 법학전문대학원의 도입 의도와 직결된다. 그런데 현실은 그리 녹록치 않다. 국회만 보더라도 제18대 국회보다 19대 국회에서는 법률가 내지 법대 출신 인사들의 의회 진출이 오히려 줄어드는 양상이다. 특히 법률가 출신 의원들에 대한 비판적 시각도 한 몫을 차지한 것 같다. 그렇지 않아도 인기 없는 국회에 법률가들까지 많다보니 비판의 목소리가 많았던 것도 사실이다. 행정부는 더 하다. 사법시험 합격자 수 1천명 시대를 지나 로스쿨이 도입되면서 법대 출신들이 변호사나 판사・검사로 진출하다보니 행정부 국장급 이하에는 거의 법대 출신들을 찾아보기 어려운 실정이다. 이래가지고는 우수한 인재들이 사법부 한 모퉁이만 차지하는 기현상을 초래하기 때문에 바람직하지 않다.

로스쿨의 모국인 미국에서는 대부분의 대통령들이 변호사 출신이다. 저 유명한 에이브라함 링컨 대통령에서부터 현직 버락 오바마 대통령도 변호사 출신이다. 오바마 대통령은 하버드 로스쿨을 졸업한 후 선망의 대상인 맨하탄의 로펌을 마다하고 고향인 시카고에서 인권운동을 한 것은 우리의 눈으로 보면 특이하기 그지없다. 오바마 대통령의 탄생은 바로 그와 같이 어릴 적부터 새로운 세상을 보는 눈을 가진 결과라고 할 수 있다.

우리나라에서는 1987년 이후 여러 차례 직선 대통령 선거가 실시되었는데, 그 중 단 한 번 법률가 대통령을 배출하였다. 2002년 대선에서 집권여당인 새천년민주당에서는 비록 짧은 기간이긴 하지만 판사를 거친 노무현 변호사와 제1야당인 한나라당에서는 대법관과 총리를 거친 화려한 경력의 이회창 변호사가 접전 끝에 노무현 후보가 승리했다. 노무현 대통령은 상고 출신이라 법대를 다니지는 않았지만 최초의 법조인 출신 대통령이라는 점에서 87년 체제에서 민주화 이후에 민주법치국가의 정립을 위해 바람직하고 적합한 대통령으로 기대가 많았었다. 특히 그는 변호사로 활동하면서 인권변론을 많이 한 소위 인권변호사였다는 점에서 더욱 그러했다. 하지만 대통령이 된 이후에는 의회로부터 탄핵소추를 당하는 수모를 겪기도 했다. 그런데 바로 오늘의 법학전문대학원 제도가 노무현 대통령의 핵심적인 사법개혁 어젠다의 하나였다는 점이 특징적이다.

이제 대통령 선거가 100여일 앞으로 다가왔다. 그런데 이번 대선에서는 유력한 법률가 후보가 보이지 않는다. 여야의 상황을 보면 그럴 가능성도 전혀 보이지 않는다. 어쩌면 국가지도자로서의 대통령에 법률가가 적합하다는 좋은 이미지를 심어주지 못한 결과이기도 하다. 또한 어쩌면 아직도 대한민국에서 법률가가 대통령직을 수행하기에는 너무도 많은 비법적인 장애가 도사리고 있는지도 모를 일이다. 최초의 법률가 대통령의 비극적인 최후가 이를 반증한다.

그럼에도 불구하고 지구촌의 대세는 논쟁적인 사안이 발생할 때마다 반드시 법적 대응으로 갈 수밖에 없음을 보여준다. 삼성전자와 애플 사건이나, 코오롱과 듀폰 사건은 이를 단적으로 말해 준다. 비록 자국이기주의가 판친다고 하더라도 어쩔 수 없이 모든 분쟁의 종착역은 법적인 판단일 수밖에 없다. 바로 그런 점에서 87년 체제가 사반세기에 이르면서 민주화 이후의 민주주의는 법적 민주주의가 살아 숨쉬는 민주법치국가로 나아가야 한다면 그 국가의 정점에 법률가가 자리 잡아야 한다는 명제는 자연스럽게 제기된다. 그럼에도 이번 대선에는 법률가 후보가 드러내지 못하고 있다는 점에서 안타깝기 그지없다.

여야를 포함해서 10여명에 이르는 대선예비후보들 중에 법률가가 단 한 명뿐인 사실이 그저 안타깝다는 수사로 그칠 수는 없다. 왜 이토록 이번 대선에서 법률가는 단지 법적인 자문관에 불과해야 하는지도 곱씹어 보아야 할 일이다. 기왕에 로스쿨이 도입되어 법률가를 시험을 통한 선발보다는 교육을 통한 양성에 목표를 두고 있고, 학부에서 다양한 전공을 한 학생들에게 더 넓은 사회를 체험할 지도자를 양성하는데 심혈을 기울여야 할 것이다. 이제 국가적 지도자는 스스로의 노력도 중요하지만 그 못지않게 교육을 통한 양성이 더 중요한 몫을 차지할 때가 되었다.

법률저널_2012. 9. 8.

법률가의 현실참여

새 정부의 출범에 즈음하여 법률가들에게 한편으로는 시련이, 한편으로는 영광이 겹치고 있다. 법과 원칙을 강조해 온 박근혜 대통령은 법률가들을 중용하면서 과거 권위주의 시절에 군과 법률가를 합친 육법당이라는 비아냥이 재현되고 있다. 지난 시절 법률가들이 권력의 하수인으로 전락한 후유증일 수 있다. 하지만 산업화와 민주화 과정에서 제대로 뿌리내리지 못하였던 법치주의를 구현해야 할 시점에 이르렀다는 점에서 법률가들의 전면 배치는 당연한 시대적 흐름이라 할 수 있지만 사회적 논란거리도 제공된다.

김용준 전 헌법재판소 소장이 총리 후보를 자신 사퇴하면서 다시금 고위 검찰관 출신의 정홍원 총리 시대를 열었다. 헌법재판소장을 지낸 분이 새삼스럽게 정치의 장인 대통령직 인수위원회 위원장과 국무총리에 지명된 것에 대해서는 비판의 목소리가 높다. 외견상으로는 바람직하지 않아 보일지 모르지만 그간 헌법재판소장을 지낸지 10여년의 세월이 흘렀을 뿐 아니라 '재판의 한 길'(김용준 소장 화갑기념논문집 제목)을 벗어나서 국가 정치행정의 중심축인 국무총리로 나서는 것에 대해 굳이 비판적 시각으로만 볼 필요는 없다. 다만 국무총리 직이 갖는 그 정치적 성격에 비추어 본다면 국무총리를 지낸 분이 헌법재판소장이나 대법원장에 부임하는 것에 대해서는 아직까지 회의적이다. 하지만 언젠가 사법의 정치화를 초래할 우려가 불식되는 시점에 이른다면 대법원장은 몰라도 전 국무총리가 헌법재판소장으로 부임할 수도 있을 것이다. 다만 대선을 직접 관리한 중앙선거관리위원회 위원장이 바로 대통령이 지명하는 총리나 헌법재판소장으로 부임하는 것 또한 자칫 정치적 오해를 불러일으킬 소지가 있다. 그런 점에서 현직뿐 아니라 변호사 개업까지 마다한 김능환 전 위원장의 처신은 높이 평가할 만하다.

이강국 헌법재판소장 후임으로 이동흡 전 재판관이 지명되었다. 국회 인사청문회까지 마쳤음에도 불구하고 인사청문보고서 채택도 하지 못한 상태에서 자진사퇴로 귀결되었다. 이동흡 후보자에 대한 비판적 여론과 관련하여서는 새삼 인사청문회 제도의 문제점을 드러내고 있다. 국민 일반의 시각에서 본다면 후보자가 몇 가지 도덕적 흠을 가진 것은 사실이다. 하지만 정작 결정적인 위법이나 중대한 흠은 없었다는 점에서 아쉬움이 남는다. 위법성 논란의 핵심인 특정업무경비는 제도적 미비로 보아야지 후보자만 일방적으로 매도당할 사안이 아니기 때문이다. 이제 헌법재판소장의 공석이 장기화되고 있다. 다음 달에는 권한대행인 송두환 재판관마저 퇴직하는데 아직까지 후임 소장과 재판관 지명도 이루어지지 않고 있다. 소장과 재판관의 공백상태가 작년에 이어 또 다시 발생하여 헌법재판기능이 사실상 마비되는 것은 중대한 헌법위반이다.

정홍원 국무총리와 황교안 법무장관 후보자와 관련하여 새삼 논쟁을 촉발한 것은 전관예우 문제다. 오랜 검사생활 덕분에 비교적 높은 연금을 수령하는 분들이 로펌에서 작게는 월 2천만원 많게는 1억원 이상을 수령하였다. 변호사 시장의 양극화 현상이 극에 달한 시점이라 더욱 그러하다. 변호사 숫자 증대에 따라 변호사들이 취업도 쉽지 않을 뿐 아니라 급여도 매우 낮아 변호사업계의 저항이 심각한 수준이다. 그 여진은 전국 변호사의 절대다수를 차지하는 서울변협에 30대 회장을 배출하기에 이르렀다. 연봉 5천만원도 안 되는 변호사가 수두룩한데 월 1억 이상을 벌어들이는 변호사 또한 한 둘이 아니다. 유능한 변호사는 월 1억 아니라 수억을 벌어들일 수도 있다. 기업의 CEO들만 연봉 수십억 원이어야 할 이유는 없다. 다만 법원검찰 고위직에 있다가 퇴직 후 1년 또는 2년 동안에만 거액을 벌어들이는 것 자체가 전관예우의 오해를 받게 만든다. 정홍원 총리도 인사청문 과정에서 변호사로 활동할 때 후배 검사에게 전화한 적이 없다고 말할 수는 없다는 인지상정이 법조계의 부조리한 현상으로 비춰질 수도 있다. 일찍이 퇴임 후 모교 교수로 부임한 조무제(동아대), 배기원(영남대) 전 대법관이나 최근에 이용훈 전 대법원장, 이강국 전 헌법재판소장이 석좌교수로서 대학 강단에 선 모습은 신선해 보인다. 이제 돈과 명예를 동시에 누리려는 데서 오는 부조리 현상을 걷어내야 할 때가 되었다.

법률저널_2013. 2. 28.

변호사 수뇌부의 새바람

법조삼륜의 한 축인 변호사업계에 부는 바람이 예사롭지 않다. 그간 변호사를 대표하는 단체인 대한변호사협회의 회장은 간접선거로 선출되었다. 이에 따라 서울변호사협회를 대표하는 인사가 대한변협 회장으로 당선되는 게 유사 이래 관례가 되었다. 그런데 변협회장 선출 규정의 개정으로 금년부터는 변협회장 직선제가 시행되었다. 4명의 후보자가 전국을 순회하면서 치열한 선거전을 치룬 끝에 2명의 후보자가 결선에 진출했다. 결선투표에서 예상 밖으로 전 수원변협 회장인 위철환 변호사가 전 서울변협회장을 누르고 당선되었다. 서울변협 소속 변호사가 대한변협 회장직을 맡아오던 관례가 무너진 것이다.

변협회장 직선제가 바로 지방변협 소속 변호사의 변협회장 시대로 진입케 한 것이다. 게다가 대한변협회장은 대체로 SKY서울대, 고려대, 연세대 출신이 차지해 왔는데 신임 회장은 비록 성균관대를 졸업하기 했어도 야간대학 출신이라 사실상 독학자나 마찬가지라는 점에서 더욱 이채롭다. 여기에 더하여 전국 개업 변호사의 절대다수를 차지하는 서울변협 회장에는 약관 36세의 나승철 변호사가 재수 끝에 당선되었다. 전임 회장에 비하면 연령상으로도 대한변협회장과 서울변협회장 모두 열 살 이상의 나이 차이를 보이고 있다는 점에서 세대 차이를 실감케 한다.

변호사단체는 우리 사회에서 가장 보수적인 전문직업단체로 인식되어 왔다. 그런 점에서 변호사단체는 그간 원로들을 중심으로 작동되어 왔다. 대한변협 회장은 대체로 60대 원로가, 그 규모면에서 대한변협 못지않은 서울변협회장도 50대에서 선출되었다. 그런데 이번에 대한변협 회장은 50대 중반, 서울변협회장은 30대 중반이라는 점에서 연령과 세대의 혁신이라 아니할 수 없다.

변호사단체의 새로운 바람은 젊은 변호사들의 새로운 사회적 수요를 반영한 것이기도 하다. 1948년 건국 이래 50년 넘게 전국의 변호사 숫자는 몇 천 명 수준에 머물러 있었다. 심지어 어떤 해에는 사법고시에 열 명도 채 안되는 합격자를 배출한 적도 있었다. 그것이 2천 년대에 들어서서 사법시험 합격자 1천명 시대를 맞이하면서 불과 몇 년 사이에 50년간 배출한 법조인 숫자보다 더 많이 배출되었으니 변호사 업계에도 가히 충격이라 아니할 수 없다. 더구나 2012년부터 로스쿨 출신 변호사가 배출되면서 한 해 배출되는 변호사 숫자가 2천 명에 이른다. 이 같은 시대적 상황에서 변협회장 직선제는 숫자상으로 압도적인 젊은 변호사들의 목소리가 커질 수밖에 없는 구조적인 시점에 이른 것이다.

변호사의 대량배출은 전통적인 변호사에 대한 인식의 변화를 초래한다. 젊은 변호사의 취업대란이 이를 반영한다. 게다가 우리 사회에 만연해 있는 양극화 현상이 변호사업계에도 더욱 심화되고 있다. 덩달아 평생 직업으로 알아 왔던 원로 변호사의 은퇴시기도 앞당겨진다. 좋은 시절 다 갔다는 한숨소리가 깊어진다. 하지만 낙담만 하고 있을 상황도 아니다. 개혁과 개방의 물결은 변호사시장에도 마찬가지로 밀려온다. 외국로펌의 물량공세가 이미 시작되었다.

그래도 우리 사회에서 가장 우수한 엘리트들이 법조인의 길을 걷고 있다. 마침 권위주의 시대를 청산하고 민주법치국가를 지향하고 있다. 바로 이 지점에서 법률가의 시대적 사명과 역할을 결코 과소평가해서는 안 된다. 시대변화에 따라 변호사도 자신의 능력을 최대한 발휘할 수 있는 길을 찾아 나서야 한다. 우리 사회도 생산성 향상만이 부국의 지름길로 생각하던 사고를 벗어나서 법치주의가 바로 국부 창출의 근원이 된다는 사실을 인지해야 한다. 예컨대 준법지원인 제도가 마치 법률가의 자기 밥그릇 챙기기의 일환으로 생각할 것이 아니라 좋은 법률가를 옆에 두고서 사전 · 사후에 일어날 수 있는 법적 분쟁을 미리 준비하는 것이야말로 법치주의를 굳건하게 다지는 지름길이다. 다행히 최근에는 기업들에서도 자발적으로 법률가의 우수성을 인식하고 적극적으로 끌어들이고 있다. 법치주의의 현장이라 할 수 있는 경찰에서도 전국 경찰서에 법률가를 옴부즈만 형태로 배치하기 위한 '롬부즈만' 제도를 도입한다고 한다. 법률가의 적극적인 참여와 협력을 통한 법치주의의 기반을 다져나가고 있다는 점에서 환영할 만한 현상이다. 법률가의 숫자상 증원을 오히려 긍정적으로 활용하는 지혜가 필요한 시점이다.

법률저널_2013. 2. 1.

여성 법률가에 거는 기대

1970년대까지만 해도 법과대학에 여학생은 극소수에 불과했다. 심지어 여학생이 없는 학년도 있었다. 그런데 2천 년대에 이르러 법대 여학생 숫자가 폭발적으로 증가해 왔다. 대부분의 법대는 여학생이 40%를 돌파하고 이에 따라 사법시험 합격자 숫자도 40%대에 이르렀다. 사법시험뿐 아니라 행정 · 입법 · 외무 고시에도 여성 강세 현상이 두드러지고 있다. 공직에서 여성채용목표제를 실시한지 엊그제 같은데 벌써 남저여고 현상이 뚜렷하다. 이공계도 전통적으로 여성이 강세인 약대는 말할 것도 없고 의대 · 치대에도 여학생이 넘쳐난다. 사회 각 영역에도 여성의 진출이 현저하다. 동아시아나 중남미에서 여성 대통령이 등장하기는 했어도 경제개발협력기구OECD에서는 여태껏 직선대통령은 남성의 독무대였다. 그런데 마침내 대한민국에서 최초로 여성 대통령을 배출하였다. 그런 점에서 새로 취임한 박근혜 대통령에 대한 국민적 기대뿐 아니라 전 세계적인 이목이 집중되고 있다.

로스쿨이 도입되면서 여학생 강세 현상은 더욱 속도를 내고 있다. 마침내 2013년도 서울대 로스쿨의 신입생은 여학생이 50%를 넘어서는 기록을 세웠다. 그야말로 21세기는 여성의 시대가 전개될 모양이다. 아직까지는 전체 2,738명의 판사 중에서 여성은 733명(26.7%)에 불과하고, 전체 1,865명의 검사 중에서 여성은 440명(23.65%)에 불과하다. 하지만 지금의 로스쿨이나 사법연수원 출신들이 졸업할 즈음이면 신규 진입은 여성이 남성을 초과할 가능성이 근접해 있다. 헌법재판관과 대법관에도 이미 10여 년 전부터 여성이 등용되었지만 아직까지는 특별 우대적 성격이 짙다. 하지만 최고사법기관에도 조만간 여성이 지배할 시기가 도래할 것 같다.

유교국가적 틀에 갇힌 대한민국 여성들이 기지개 한 번 제대로 펴지 못하고 살아왔던 시절이 엊그제 같은데 벌써 여성상위시대가 본격적으로 도래한 것이다. 정치 · 경제 · 사회 · 문화 각 영역에서도 여성들의 진출이 현저하다. 특히 법학계 및 법조계에 여성 진출은 매우 환영할만한 일이다. 법을 해석하고 적용하는 과정은 그 어느 직역보다도 섬세함을 요구한다. 바로 그런 점에서 여성의 부드러운 손길이 법률가로서 직업적합도가 매우 높다. 실제로 영미법과 대륙법의 선구적인 국가에서도 이미 재판부는 여성중심으로 작동한지 오래이다. 재판 과정에서 양측 당사자의 주장을 끝까지 경청하는 여성법조인의 어머니와 같은 손길이 필요하다. 변호사단체의 우수법관 평가에서도 법정에서 당사자의 진술을 경청해 주는 법관을 최고로 꼽고 있다는 점은 시사하는 바 크다.

검사직의 여성 증대에 대해서는 희망과 우려가 교차하는 것 같다. 검사의 가장 중요한 일은 수사라 할 수 있다. 수사는 범죄혐의자를 상대로 범죄혐의를 추궁하여 실체적 진실을 밝혀내는 힘든 과정이다. 따라서 연약한 여성들이 거친 범죄혐의자를 상대로 제대로 수사할 수 있을까 하는 의구심이 들기도 한다. 하지만 현실에서는 여성 검사들의 섬세한 판단을 통해서 오히려 더 큰 성과를 거두고 있다는 목소리가 힘을 얻고 있다. 다만 체력적으로 힘든 수사를 진행하기란 결코 쉬운 일이 아닐 것이다. 최근 검찰도 직접 인지수사 보다는 경찰과의 유기적인 협조체제를 통하여 공소유지에 책임감을 더해 가고 있기 때문에 발전적 성과를 거둘 수 있으리라고 본다. 특히 경찰에도 여성경찰관시대를 새롭게 열어가고 있다. 치안총수 다음 직급인 치안정감에 사상 처음으로 여성이 등용된 것은 시대적 흐름과 무관하지 않아 보인다. 강압 수사보다는 인권존중 수사로 이행하고 있는 시대적 상황을 고려한다면 수사에도 여성의 섬세한 손길이 장점으로 작동할 수도 있을 것이다.

법조인이야말로 다른 그 어느 직역보다도 능력에 따라 일하고 평가받을 수 있는 직종이라는 점에서 여성법조인의 분발을 바라마지 않는다. 안에서 뿐 아니라 밖으로도 눈을 돌려 대한민국 여성법률가의 우수성을 전 세계에 펼쳐 보일 때가 되었다. 최근 전 대법관이 여성법률가의 어려운 실상을 설명하다가 여성비하라는 구설수에 올랐다. 여성법률가들이 온전한 역할을 다하기 위해서는 출산 · 육아에 대한 배려가 더욱 절실하다는 점을 강조한 것으로 보인다. 법률가들조차 일 · 가정 양립이 불가능하다면 남녀평등의 현실적 구현은 요원할 것이다.

법률저널_2013. 4. 5.

로스쿨 출신 변호사의 저변 확대

최근 언론보도에서 "로스쿨 출신 변호사, 삼성, 일반직 채용"이라는 제목의 특이한 내용의 기사가 눈길을 끈다. "40~50명 규모 대리급으로 마케팅-기획-인사 분야 배치"라는 부제목을 읽으면 더욱 그러하다. LG전자도 다수의 로스쿨 출신 변호사를 일반직 직원으로 채용한다는 보도가 있었다.

그간 우리나라의 법률가 숫자가 너무 미약하여 국민을 위한 사법서비스가 제대로 이루어지지 않는다는 비판을 받아 왔다. 이에 따라 1981년부터 사법시험에 3백 명을 뽑기 시작했고, 2천 년대에 이르러 1천 명까지 배출해 왔다. 로스쿨의 도입에 따라 매년 1천 5백명 이상의 변호사를 배출한다. 1948년 정부 수립 후 5십 년 동안에 배출한 변호사가 1만 명이 채 되지 않았는데 지금대로라면 5년이면 1만 명의 변호사가 배출된다. 그러니 고급인력이 법조시장으로 빨려 들어간 이후에 고등실업자로 전락할 것이라는 우려도 지나친 기우는 아니다.

법원 검찰을 중심으로 송무만 담당하는 법률가는 만원사례인 것은 틀림없다. 급격하게 늘어나는 변호사 수만큼 사건은 늘어나지 않기 때문이다. 하지만 우리 사회에 법적 수요는 여전히 늘려 있다는 사실을 간과해서는 아니 된다. 그 사이 법률가의 충원확대 방안으로는 정부의 법무관이나 기업의 법무담당자 정도로만 생각해 왔다. 하지만 이들은 법률 전공자라는 한계의 틀을 벗어나지 못하고 당해 기업의 전반적인 업무에는 소외될 수밖에 없고, 그 시야 또한 좁디좁다보니 기관의 업무 전반을 총괄할 만한 역량을 기를 기회가 없었다.

하지만 이제 법률가는 하나의 자격인 시대가 온 것이다. 변호사 자격을 갖고 있다고 해서 언제나 법적 업무에만 전념할 필요도 없고 또 그래서도 안 된다. 이미 회계사들은 회계사 자격을 갖고 회계업무 아닌 여러 분야에 진출하고 있다. 변호사도 마찬가지여야 한다. 대학에서 다양한 전공을 수학한 이후에 로스쿨에서 법학을 충실히 이수하여 리걸 마인드를 형성했다면 사회의 어느 분야에 진출해도 훌륭히 그 직분을 수행할 수 있는 역량을 갖추었다고 보아야 한다. 로스쿨에서 수학한 리걸 마인드에 터 잡은 논리적 세계에 익숙한 그들이 법무 업무를 벗어나서 기획 · 인사와 같은 전통적인 법대생들의 주요 영역뿐 아니라 상경학도들의 영역인 마케팅까지 담당하도록 하는 것은 획기적인 전환의 모티브를 제공한다.

흔히들 변호사가 종래 대기업의 부사장에서 전무로, 전무에서 상무로, 상무에서 부장으로, 부장에서 과장으로 전락하였다고 한숨짓는 소리가 들여온다. 하지만 젊은이들이 자기 수준과 연령에 부합하는 업무를 시작하는 게 오히려 당연하다 할 것이다. 그런 점에서 삼성 · LG 그룹에서 초임 변호사를 대리급으로 채용하는 것은 특혜도 아니고 폄하도 아닌 자연스러운 직위 부여로 보인다. 대학을 졸업하면 신입사원이지만 로스쿨 출신들은 3년의 전문석사과정을 이수하였으니 대리급은 당연하다. 삼성 · LG 그룹의 이와 같은 결정의 배경에는 이미 여러 명의 로스쿨 출신 변호사를 채용해서 일반 부서에 배치한 결과 업무 성과가 향상되었다는 긍정적인 결과라고 한다. 이들을 통해서 업무의 시너지효과도 기대되고 더 나아가 법적인 문제가 생긴 뒤 법무팀이 사후에 대응하는 것과는 달리 사전에 분쟁거리를 없애는 효과가 있을 것이다. 기업업무가 날로 글로벌화하고 있고 그 과정에서 예견되는 법적 분쟁을 법률가들이 선제적으로 대응하는 것은 바람직한 일이다. 최근 삼성과 애플 간, 코오롱과 듀폰과의 소송을 지켜보면서 사전적 대응이 얼마나 중요한 가를 실감할 수 있다. 삼일 회계법인 같은 곳에서는 일찍이 다수의 변호사를 채용해 왔던 터에 삼성 · LG 그룹의 로스쿨 출신 변호사의 대폭 채용이 젊은 변호사들의 활동영역을 확대하고 우리 사회에 법치주의와 법의 지배가 보편적 가치로 자리잡을 수 있는 계기가 되기를 기원한다.

차제에 정부나 공공기관에서도 변호사들을 법무직렬에 한정하지 말고 일반 행정직에 포진시켜 그들의 정밀하고 훈련된 법률가로서의 지식에 기반한 업무에 임할 수 있도록 해야 한다. 그래야만 법률가들이 일상적인 업무 속으로 빠져 들어가게 될 것이고, 그것은 결국 법률가가 법이 지배하는 사회를 위한 초석을 마련할 것이다.

법률저널_2012. 11. 2.

새내기 법률가들에게 차가운 봄바람

춘래불사춘春來不似春, 유달리 금년은 봄이 와도 봄이 온 것 같지 않다. 단순히 겨울의 종반에 추웠던 일기 탓만은 아닐 것이다. 추위가 채 가시지 않은 캠퍼스에도 로스쿨 1기 졸업생을 배출하고 4기 새내기들이 입학했다. 하지만 로스쿨 주변에는 따뜻하고 밝은 소식보다는 어둡고 힘든 소식들만 난무한다.

로스쿨을 통해서 시험보다는 대학에서의 보편적 교육을 통한 법조인 양성, 법조인의 증원을 통한 보편적 법률 서비스의 확대를 통한 민주법치국가의 완성이라는 거창한 명제는 현실의 벽에 가로막혀가고 있다. 로스쿨은 고사하고 사법시험 1천명시대를 마감하는 연수원 졸업생들조차도 취업난이 매우 심각한 상황이다. 로스쿨 졸업생들에게 '주사'도 주기 어렵다는 식의 비아냥거림 속에 설마 했던 상황이 현실로 다가왔다. 국민권익위원회가 사법연수원 출신을 6급 공무원으로 채용하는 사태가 벌어졌다. 이를테면 사법시험 합격자가 행정고시 합격자인 5급 사무관의 부하직원으로 일해야 하는 신세가 된 것이다. 연수원을 나오자마자 3급 부이사관 대우를 받는 법관, 4급 서기관 대우를 받는 검사에 비하면 같은 날 사법시험합격하고 같은 날 연수원을 졸업한 사람 사이에 너무나도 현격한 양극화 현상이다. 더구나 다른 정부부처도 아니고 국민권익위원회의 김영란 위원장은 대한민국 최초의 여성 대법관 출신이다. 김 위원장의 초임이 3급 부이사관 예우를 받는 판사였다는 점에서 더욱 그러하다.

변호사라고 해서 무조건 융숭한 예우를 해달라는 것은 아니다. 다만 그들이 공짜배기로 법률가가 된 것이 아니고 어려운 시험과 힘든 공부를 한 결과라면 최소한 그에 상응한 예우를 해 주어야 한다. 실제로 그 동안 공무원 채용은 모두 5급 사무관 예우를 받아 왔다. 갑자기 국민권익위원회가 무슨 법률가 권익에 대한 평가절하의 전령사가 되어버린 것도 전혀 이해가 되지 않는 장면이다. 게다가 이에 응모한 변호사가 있다하니 취업의 어려움을 단적으로 보여준다. 오죽했으면 그렇게라도 취직하고 싶었겠느냐는 장탄식이 나올 수밖에 없는 장면이다.

로스쿨로 가면 사정은 더욱 심해지고 있는 양상이다. 극히 일부 대학을 제외하고는 연수원 출신과 비슷한 취업이 하늘의 별따기인 것 같다. 특히 연수원 출신과 로스쿨 출신이 동시에 대량 배출되어 혼란과 불안을 가중시킨 당국의 책임을 묻지 않을 수 없다. 뻔히 보이는 상황을 호도하고 적당히 넘어가려하지만 현실은 그리 녹록치 않다. 구인하는 입장에서는 2년간 공무원으로서 실무수습을 한 연수원생을 선호하기 마련이다. 하지만 로스쿨이 국가 정책적으로 도입한 제도라면 그에 상응한 정책적 배려가 뒤따라야 함에도 불구하고 취업이라는 사적인 문제로 치부해 버리고 나 몰라라 하는 식이다. 미래 한국의 법치주의를 책임질 이들에게 좀더 따뜻한 국가적 배려가 절실하다.

로스쿨 출신들의 취업 상황도 문제다. 취업자의 절대 다수는 연수원 출신과 마찬가지로 로펌 행이다. 다른 데서 뽑아주지 않으니까 하는 수 없다는 식이 아니라 새로운 시장을 개척하는 적극적인 의지가 필요하다. '세계는 넓고 할 일은 많다'라고 했듯이 젊음을 앞세워 새로운 장을 개척해 나가는 도전정신이야말로 로스쿨 출신의 장점이 될 수 있다. 더구나 그들은 학부에서 다양한 전공을 이수했기 때문에 법률가로서 자신의 학부 전공을 최대한 살릴 수 있는 길을 모색해 보는 것도 좋은 방안이 될 수 있다.

차제에 우리 사회도 법률가에 대한 편견을 씻어 내려야 한다. 종래 판사, 검사, 변호사를 통틀어 5천명도 안 되던 시절에 왜곡된 법률가상이 아직도 국민들 가슴 속에 자리 잡고 있는 것도 엄연한 현실이다. 하지만 이제 법률가가 법률귀족이 아니라 보통사람의 시대에 접어들었다는 점에서 법률가의 도움을 통한 법적 안전망 구축에 귀를 기울여야 할 때가 되었다. 직장에서의 그 많은 법적 문제를 적당히 넘어가려 할 것이 아니라 법률가로부터 직접 도움을 받는 시스템이 정착되어야 한다. 그런 점에서 준법지원인 제도를 마치 법률가들의 직역이기주의에서 비롯된 것이라는 비판만 일삼는 경제계도 반성의 여지가 크다. '위기는 기회'라는 말도 있지 않은가. 새내기 법률가들이여, 희망과 용기를 가지세요.

법률저널_2012. 3. 2.

법률가의 이전투구

무릇 법률가는 법과 정의의 사도로 자타가 평가하고 있다. 법률가란 헌법과 법률에 입각하여 법률가의 양심에 따라 법을 집행하고 적용하여야만 한다. 그것이 법률가에게 부여된 직업적 소명이다. 그와 같은 소명에 따라 법을 해석하고 적용하는 법률가들에 대한 국가적 · 국민적 신뢰가 뒤따를 때 국민들은 편안하게 삶을 영위할 수 있다. 그것은 곧 민주법치국가의 초석을 마련하는 길이기도 하다.

그런데 근래 정치적 소용돌이의 와중에 법률가들의 언행이 새삼 국민들을 불안하게 한다. 문제는 작년 12월 19일에 있었던 제18대 대통령선거로부터 비롯된다. 대선을 목전에 두고 국가정보원 직원이 SNS를 통해서 대선에 개입했다는 의혹이 제기되었다. 이에 따라 이 사건에 대한 경찰의 수사가 전개되었고 경찰은 대선을 불과 며칠 앞둔 시점에 국정원 직원에 대해 사실상 무혐의 결론을 발표하였다. 이에 대해 야당은 거센 비난을 가한 바 있다.

대선이 끝난 후에도 이 문제는 결국 국정조사로 이어졌다. 국정조사과정에서 변호사 출신의 주임 수사과장은 서울지방경찰청장의 수사외압을 주장함에 따라 일반 국민들이 보기에 일개 일선 경찰서 수사과장이 경찰서장을 뛰어넘어 지방경찰청장을 걸고넘어지는 게 가능하냐는 의구심을 자아내기에 충분하였다. 수사과장과 지방경찰청장의 치고받는 모습은 처연하기까지 하였다.

결국 이 사안은 서울지방검찰청에 특별수사팀이 차려지면서 본격적인 수사에 들어갔다. 예전 같으면 대검찰청 중앙수사부가 담당함직한 사안이지만 박근혜정부에서 대검 중수부가 간판을 내리면서 일선 지검에서 수사하게 된 것이다. 특별수사팀은 여주지청장을 차출하여 팀장을 맡기면서 수사에 활력을 더해갔다. 그런데 그 과정에서 전 국정원장에 대해서 공직선거법 위반을 적용할 것인가의 여부에 관해서 공안팀과 특수팀 사이에 갈등이 야기되고 있다는 언론보도가 줄을 이어갔다. 이 와중에 검찰총장이 혼외자 논란에 휩싸여 사퇴하면서 수사를 둘러싼 정치적 공방은 더욱 심해졌다. 마침내 서울고등검찰청에 대한 국회 국정감사장에서 터질 것이 터지고 말았다. 수사팀장과 이를 지휘하는 서울중앙지검장 사이에 설전 아닌 설전이 오가는 장면이 TV 생방송 화면을 통해서 생생하게 보도되었다. 심지어 지검장은 하염없이 눈물까지 흘러내리는 모습까지 말이다.

검사동일체의 원칙이 지배하는 검찰과는 달리 법원은 사법권 독립 특히 법관의 인적 독립이라는 차원에서 상급자의 지휘감독은 원칙적으로 배제되어 있다. 그렇기는 하지만 법원장은 법관에 대한 최소한의 지휘감독은 불가피한 측면이 있다. 하지만 그 한계는 여전히 논쟁적이다. 두 해 전 서울중앙법원장이 법관들에게 재판에 임하는 일련의 훈시를 하였다는 비판이 제기되면서 평판사들의 집단적인 항의를 받고 곤욕을 치른 바 있다. 법원장의 지휘감독과 법관의 인적 독립 사이에 그 한계를 설정하기란 예나 지금이나 결코 쉬운 일이 아니다. 이럴 때일수록 법관은 개인의 주관적 양심보다는 법관으로서의 직업적 양심에 보다 투철하여야 할 것이다.

다시 법원과 달리 검찰과 경찰은 비록 행정부 소속의 행정기관이긴 하지만 일종의 준사법기관으로서의 성격을 가진다. 특히 기소독점권을 갖는 검찰은 더욱 그러하다. 경찰과 검찰은 일반적으로 상명하복의 조직으로 이해하고 있다. 판관과는 달리 실제로 원활한 수사를 진행하기 위해서는 상관의 지휘감독과 통솔이 불가피하다. 바로 그러한 이유로 결제라인이 설정되어 있다. 그런 조직에서 벌어진 일련의 사태에 대해서 우려를 표하지 않을 수 없다. 무엇보다도 국민들은 법률가들의 행태에 대해서 불안해하고 있다. 유사하거나 동일한 사안에 대해서 법관들 사이에 서로 상이한 판결이 내려지는 데 대해서도 매우 우려하고 있다. 그래도 재판은 삼심제가 마련되어 있다. 극히 예외적인 현상이긴 하지만 하급심에서 상이한 판결이 내려지더라도 상급심에서 교정되고 통일될 기회가 마련되어 있다. 그런데 수사기관 내부에서의 갈등은 교정되고 통일되는 과정 그 자체가 혼돈에 빠지기 때문이다. 혼돈에 빠져든 수사결과에 대해서 입장을 달리하는 그 어느 쪽도 쉽게 수긍하기 어려울 것이다. 그것은 궁극적으로 법집행기관에 대한 국민적 불신으로 이어질 수밖에 없다.

법률가는 결코 스포츠 선수나 탤런트와 같이 외부적으로 화려하게 드러나는 직업이 아니다. 법률가들이 언론에 정치권에 논쟁적인 얼굴을 드러내는 순간 그것은 사회적 불안으로 이어진다는 점을 명심해야 한다. 박세리의 맨발 투혼, 박지성의 멋진 슛, 류현진의 삼진은 환호작약하기에 충분하다. 그렇지만 법률가는 외형적 화려함보다는 내면세계의 숙고를 거듭하는 가운데 침잠하는 자세를 견지해야 한다.

법률저널_2013. 11. 1.

제 6 장

한국적 법률문화의 창달

소통과 통합의 법률문화

지난 한 해는 한국사회가 소통의 부재로 몸살을 앓아 왔다. 계층 간, 세대 간 그 어느 때보다도 갈등이 심했던 해였다. 새 대통령이 취임했음에도 불구하고 대선의 여진은 1년 내내 지속되었다. 정치적 갈등 못지않게 대선 때 시작된 경제민주화 열풍으로 인하여 경제적 갈등의 골은 더욱 깊어만 갔다. 연말에는 마침내 '안녕들 하십니까?'가 때 아닌 시대의 화두가 되기도 했다. 남북이 분단된 상황에서 언제쯤이면 이와 같은 갈등적 상황이 통합과 화합의 새 시대를 맞이할 수 있을지 회의에 찬 한 해를 보냈다.

정치 · 경제 · 사회적 갈등 못지않게 입법 · 행정과 더불어 국가제도의 한 축을 이루는 사법을 비롯한 법률가 사회에도 갈등의 골은 더욱 깊어간다. 사법시험 합격자 1천명 시대에 이르면서 청년 변호사들의 대폭적인 증원에 따른 노소간 대립이 심화되던 와중에, 로스쿨이 도입되면서 그 양상은 더욱 깊어만 간다. 로스쿨 출신 변호사들이 연 1천 5백 명 이상 배출되면서 법조시장이 포화되었다는 비명과 더불어 사법시험 출신과 로스쿨 출신이 보이지 않는 미묘한 갈등도 드러난다. 보다 근본적으로는 로스쿨 제도 자체에 대한 비판에서부터 시작된 로스쿨 폐지 내지 변형을 주창하는 이들부터 로스쿨을 하는 수 없이 존치하더라도 사법시험은 지속되어야 한다는 논리도 폭넓게 전개되고 있다.

사법의 중심축인 대법원과 헌법재판소도 그리 편안하지 못하다. 2700명이 넘는 법관시대에 이르고 보니 국민적 기대에 부응하지 못한 법관들의 일탈이 자주 언론지면을 장식한다. 새 정부의 헌재 수장후보는 낙마의 비운을 벗어나지 못했다. 검찰도 바람 잘 날 없었다. 새 정부 첫 검찰총수의 어이없는 낙마, 국정원 댓글수사 여진으로 검사동일체의 원칙에 따른 상명하복은 실질적으로 무너지고 말았다.

우리 사회에서 그간 가장 보수적인 집단을 대표하는 것으로 인식되어 왔던 변호사회도 젊은 변호사들이 주축을 형성해 나가고 있다. 2013년에는 사상 최초로 대한변호사협회 회장 직선제를 도입했다. 그간 회장은 으레 서울변협 소속의 60대 원로 변호사의 몫으로 인식되었지만 50대 중반의 지방변협 회원이 회장으로 당선되었다. 더구나 소위 SKY 출신이 주축이었는데 야간 법학부 출신이라 더욱 이채롭다. 변협의 중심축이자 실질적인 대한변협이라 해도 과언이 아닌 서울변협 회장은 더욱 파격적이다. 법조경력 10년 미만의 변호사들로 청년변호사회를 창립하여 관심을 모은 30대 중반의 젊은 변호사가 서울변협 회장에 당선되었으니 말이다. 불과 10여년 전만해도 법정을 누비던 백발의 변호사 시대는 혈기왕성한 청년변호사로 대체되어 간다. 노장의 지혜가 필요한 법조계에도 청년의 열정이 앞서간다. 100세 장수사회로 진입하고 있음에도 불구하고 로펌들은 63세 혹은 65세 정년제를 도입하고 있다. 박근혜 정부의 신386의 등용으로 70대 원로들이 핵심 요직에 등용되고 있는데 반해, 법조계 원로들에게는 불편한 시대로 접어든 아쉬움이 남는다.

법학계도 예외가 아니다. 로스쿨 도입에 따라 로스쿨과 비로스쿨 사이에 보이지 않는 골이 깊어만 가는 듯하다. 로스쿨 도입 이전까지 법학자들을 대표하는 단체는 한국법학교수회가 유일했다. 그런데 로스쿨 도입 이후에 법정기구로서 법학전문대학원협의회가 신설되면서 모든 로스쿨이 참여하고 특히 로스쿨 원장이 당연직 이사가 되었다. 이에 학부 법과대학에서는 이에 상응하는 전국법과대학협의회를 창설하였다. 그런데 이에 그치지 아니하고 로스쿨 교수들의 모임은 더욱 다변화되어 갔다. 전국법학전문대학원교수회가 창설되었을 뿐 아니라 로스쿨실무교수협의회까지 설립되었으니 말이다. 더욱 충격적인 것은 그나마 법학교수를 아우른 유일한 기관이었던 한국법학교수회마저 분파현상이 일어나고 말았다. 2012년 말에 실시된 회장 선거가 법정다툼까지 가더니 결국은 대한법학교수회가 새로 설립되고 말았다.

청마의 새해를 맞이하면서 이제 법조계와 법학계 모두 새로운 기상을 펼쳐야 할 때가 되었다. 더 이상 갈등적 상황을 방치하다가는 법률가들의 사회마저 찢어질지 모를 위기가 감돈다. 법률가들도 심기일전하여 새 시대에 적합한 법률가상을 정립해야 한다. 그래야만 국민적 신뢰를 바탕으로 한 민주법치국가의 초석을 다지는 선도자가 될 수 있다.

법률저널_2014. 1. 3.

법의 날과 법률 문화의 창달

달력을 넘기고 있노라면 수많은 기념일이 빼곡히 적혀 있음을 발견한다. 일반적으로 기념일은 00날이라고 표기되지만 4대 국경일 즉 삼일절 · 제헌절 · 광복절 · 개천절은 절節로 표기될 뿐 아니라 공휴일로 지정되어 있었다. 그런데 주 5일제가 실시된 이후 노무현 대통령 시절에 공휴일을 줄이는 과정에서 제헌절이 공휴일에서 제외되었다. 행여 나라의 기틀이 되는 기본법인 헌법을 제정한 역사적 의미가 퇴색되는 것이 아닌지 못내 아쉽다.

제헌절과 더불어 법과 관련된 날이 4월 25일 법의 날이다. 미국에서 법의 날은 1958년에 드와이트 아이젠하워 대통령이 미국변호사협회American Bar Association 회장인 라인의 제안에 따라 사회주의국가의 노동절에 대항하는 의미로 법의 지배의 중요성을 일깨우기 위해 5월 1일로 공포하였다. 국제적으로는 1963년 그리스 아테네에서 열린 '법의 지배를 통한 세계평화대회'라는 주제의 제1회 세계법률가대회에서 법의 날 제정을 권고함으로써 세계 각국이 동참하게 되었다.

우리나라에서도 1964년 2월에 대한변호사협회가 법의 날 도입을 건의함에 따라 같은 해 4월 30일에 대통령령 제1770호 '법의 날에 관한 건'에서 5월 1일로 법의 날이 제정.공포되었다. 하지만 5월 1일은 우리나라의 법제사적 전통과 아무런 관련성이 없다는 반론이 제기되었다. 대한변호사협회에서는 경국대전經國大典 반포일을 법의 날로 하자는 의견도 제시하였다. 하지만 2003년부터는 갑오개혁甲午改革 법률 제1호인 재판소구성법의 시행일인 1895년 4월 25일을 법의 날로 변경하기에 이르렀다. 1895년은 재판소구성법의 시행과 더불어 행정과 독립된 근대적 사법제도가 도입되고 법관양성소가 개원한 역사적인 해이기도 하다. 서울대학교 법과대학은 1895년을 기리는 근대법학백주년기념관1895~1995을 개원한 바 있다. 또한 금년부터 서울대학교는 개교원년은 1946년을 그대로 두고 건학建學 원년을 법관양성소 개원 해인 1895년으로 결정하였다. 그만큼 법관양성소의 중요성을 새삼 인정하고 있으며, 서울법대 역사박물관에는 이와 관련된 기록들이 전시되어 있다. 법관양성소가 배출한 제1기 졸업생으로는 함태영 초대 부통령과 헤이그에서 순국한 이준 열사가 있다.

금년 4월 25일에도 제48회 법의 날 기념식이 개최되었다. 국가를 대표해서 법무부가 주관하는 행사인 만큼 장소적 편의에 따라 대검찰청 강당에서 기념식이 개최된다. 불과 몇 년 전만해도 법의 날 행사에는 단상이 마련되어 법조 유관인사들이 자리를 차지하고 있었다. 하지만 최근의 민주화・문민화의 흐름에 따라 단상 의자를 모두 없애고 모든 참석 인사들이 단하에 나란히 앉는다. 법무부가 주관하는 행사이긴 하지만 대법원장, 헌법재판소장, 법무부장관, 검찰총장, 대한변협회장, 한국법학교수회장, 한국법학원장, 대한법무사협회장과 같은 법조유관단체장이 참석한다. 이 날은 특별히 법의 날 유공자에 대한 서훈도 있다. 관례적으로 법조유관단체의 추천을 받아 훈・포장을 수여한다. 훈・포장은 행정과정상 법무부장관-행정자치부장관을 거쳐서 대통령이 수여한다. 그런데 간혹 법무부 실무자들이 마치 훈・포장 수여를 법무부의 고유한 권한으로 곡해하여 자의적인 영향력을 행사하는 경우가 있는데 이는 매우 잘못된 행태다.

근년에 이르러 법의 날 행사도 딱딱한 법률가들의 기념사나 축사로 끝나는 것이 아니라 문화행사로 연결된다. 어려운 환경에 처한 여성 재소자 합창단의 열창은 가슴 뭉클하게 한다. 하지만 TV로 생중계되는 그들의 모습을 보여줄 수 없는 안타까움도 뒤따른다. 딱딱하고 고답적이라는 선입견을 갖게 되는 법률가상이지만, 근년에 들어 신세대 법률가들은 매우 다양한 특기를 보여준다. 기념식 후 문화행사에서 법률가들은 바이올린 협주곡에서부터 성악에 이르기까지 다양한 재능을 발휘한다. 때마침 한전 갤러리에서는 서울대 법대 출신들이 갈고 닦은 작품을 한자리에 모은 제1회 서울법대동창미전法門藝展을 4월 25일까지 개최한 바 있다. 일찍이 독일의 문호 괴테는 '법은 영원한 시詩다'라고 하지 않았던가. 법률가들이 시서화에서부터 아리아에 이르기까지 다양한 재능을 뽐내고 있는 것을 보면 이제 우리의 법률풍토도 진정 법률 '문화'의 시대를 열어가고 있음을 실감나게 한다.

법률저널 사회_2011. 5. 6.

제7회 한국법률가대회 단상

제7회 한국법률가대회가 조선호텔 그랜드 볼룸에서 2010년 10월 25일부터 이틀간 진행되었다. 이번 대회는 '사회변화와 법률가의 역할'이다. 한국법률가대회는 2년에 한번씩 개최되는 이른바 비엔날레 대회다. 한국법률가대회는 한국법학원 원장을 준비위원장으로 하고 한국법학교수회, 대법원, 헌법재판소, 법무부, 대한변호사협회가 주최하고 법률신문사가 후원함으로써 우리나라에서 유일하게 법학자와 실무가가 함께 참여하는 가장 큰 학술대회다.

한국법률가대회는 1998년에 개최된 제1회 한국법학자대회를 기점으로 한다. 이 때는 한국법학교수회가 중심이 되어서 법학자들 중심의 학술대회 성격이 강하였다. 물론 법무부와 같은 유관기관의 적극적인 협조와 실무가들도 헌신적으로 참여하였다. 하지만 법학자와 실무가의 학문적 교류라는 측면에서는 미흡한 점이 많았다. 그러던 차에 2007년에 '한국법학원 육성법'이 통과되었다. 이 법은 사단법인 한국법학원을 육성하여 국내외의 법률 관련 실무계와 학계 및 국제기구와 단체 간의 상호협력을 증진하고 법률학을 발전시킴으로써 법치주의의 발전과 국민생활의 안정에 이바지함을 목적으로 한다. 이 법의 제정에 따라 한국법학원은 국가의 법상 기구로 격상됨과 동시에 국가는 한국법학원 운영에 소요되는 경비에 충당하기 위하여 보조금을 교부할 수 있게 되었고(법 제2조), 국가는 한국법학원의 육성을 위하여 필요한 때에는 「국유재산법」에도 불구하고 국유재산을 그 용도에 지장을 주지 아니하는 범위 안에서 무상으로 대부하거나 사용·수익하게 할 수 있게 되었다(법 제3조). 사단법인이면서도 독자적인 법률상의 육성지원단체가 된 것은 이례적인 일이다. 한국법학원 육성법의 제정을 계기로 법률가대회는 한국법학원을 중심으로 대한민국을 대표하는 모든 법률 관계 단체들이 공식적으로 참여하게 되었다.

한국법학원은 1954년 미국의 권유에 따라 설립의 계기가 마련되었으며 1954년에는 이승만 대통령이 국무회의 석상에서 한국법학원 설립을 직접 지시하기도 하였다. 1956년에 설립된 한국법학원은 우리나라 법학연구의 모태인 셈이다. 한국법학원의 주도와 권유로 1957년부터 한국공법학회와 같은 법학 관련 학회들이 창립되었다.

한국법률가대회가 법률가들의 법적 공식적 학술대회가 되었다는 점은 매우 의의 있는 일이라 아니할 수 없다. 첫날 오전 개회식에는 모든 법률가단체의 장들이 참여하였다. 이재후 한국법학원장의 개회사에 이어, 이용훈 대법원장, 이강국 헌법재판소장, 이귀남 법무부장관, 김평우 대한변호사협회장, 성낙인 한국법학교수회장이 각기 축하의 메시지를 전달하였다. 300명이 훌쩍 넘는 법률가들이 참여하여 성황을 이룬 가운데 박세일 서울대 교수가 미래한국의 선진화에 관한 기조연설을 통해서 법률가의 사고의 지평을 넓혀 주었다. 박세일 교수가 기성세대의 대표로서 기조연설을 하였다면 이어서 등단한 김상헌 NHN 대표는 신세대 법률가로서 인터넷시대의 새로운 전개에 따른 법적 문제와 법률가의 역할을 강조하였다. 김상헌 대표와 같은 젊은 법률가들이 대기업의 CEO로서 적극적이고 긍정적인 활동을 펼치고 있는 것은 법률가의 대량 배출에 따른 바람직한 현상이다. 특히 김 대표가 NHN 대표로 취임한 이후 7명의 변호사를 인 하우스 카운슬러로 채용하였다는 점에서 더욱 그러하다. 법률가들이 기업의 법무실장 역할에 머물 것이 아니라 스스로 기업경영의 책임자로 나설 때 법률가의 사회적 활동 지평이 더욱 넓혀질 수 있을 것이다.

이틀간 4개의 룸에서 법학자, 판검사, 변호사가 함께 참여한 학술대회는 법의식, 법교육, 통일법, 디지털법, ADR, 전문화와 직역확대 등의 영역에 걸쳐서 풍성하게 진행되었다. 다만 아쉬운 점은 학기 중이고 업무시간 중이라 법학교수, 판사, 검사, 변호사들의 참여가 매우 한정적일 수밖에 없었다는 점이다.

풍성한 학술대회에도 불구하고 무언가 허전한 감을 지울 수 없는 것은 법학전문대학원의 도입에 따라 법학교육과 법률가 충원시스템이 근본적인 변화에 처해 있음에도 불구하고 아직도 법률가들 사이에 공론의 장이 마련되지 못하고 있다는 점이다. 법률가대회를 계기로 근본적이고 본질적인 성찰이 이어졌으면 한다.

법률저널_2010. 11. 5.

제8회 세계헌법학회 참관기

세계헌법학자의 집합체인 세계헌법학회(프랑스어로는 Asso ciation internationale de droit cosntitutionnel(약자 AIDC), 영어로는 International Association of Constitutional Law(약자는 IACL))는 1980년대에 유럽을 중심으로 결성되어 4년마다 정기총회 및 학술대회는 개최한다. 제1회 대회는 폴란드의 바르샤바에서 개최되었는데 당시로서는 아직 동구권이 미수교 상태인지라 참여하기가 어려웠다. 제2회 대회는 1987년에 프랑스의 파리에서 이틀을 하고 다시 엑스-언-프로방스에서 개최되었다. 그 당시만 해도 그리 많이 알려지지 않은 상태라 몇 백명 정도의 헌법학자와 헌법재판관 등이 참여하였다. 그런데 이번에 멕시코 시티에서 개최된 세계헌법학회는 창립이래 이미 성년을 지난지라 1천명이 넘는 헌법학자가 전 세계에서 운집하였다.

제8회 멕시코대회의 주제는 헌법과 원리Constituton and Principles이다. 대회는 12월 5일부터 10일까지 1주일간 진행되었다. 5일에는 참석자를 위한 전야제가 멕시코 힐튼 호텔에서 개최되었다. 6일 아침부터 본격적인 학술대회가 진행되었다. 주로 오전에는 모든 참석자들이 참여하는 전체회의로 진행되었다. 회의는 멕시코의 유서 깊은 컨벤션 센터의 중앙 홀에서 진행되었다. 전체회의의 주제로는 1. '헌법원리에 관한 법철학적 조망', 2. '헌법과 세대 그리고 원리', 3. '원리: 보편성과 특수성', 4. '헌법원리와 재판'이었다.

나머지 시간에는 각 분야별로 워크샵이 진행되었는데 각 세미나 장에 각자의 관심 분야에 참석하는 형태인데 헌법과 관련된 거의 전 분야에 걸쳐서 논의가 헌법원리의 차원에서 모색하는 학술대회가 진행되었다. 그 개별적 주제로는 선거제도와 헌법원리, 구 권위적 헌법과 신 민주제도, 미디어와 헌법원리, 분화된 사회와 헌법원리, 국가내 헌법들, 테러와 법의지배, 다문화와 인권, 연방주의가 헌법원리인가. 원리로서의 비례성, 인권의 불가분성, 종교와 국가, 외국법, 헌법학자들의 유럽네트워크-중부유럽의 헌법재판소 판례의 가치, 헌법학 잡지, 인간존엄성, 라틴아메리카 헌법의 새 경향, 권력분립원리의 재검토, 헌법원리에 미친 국제법의 영향, 헌법원리와 민주적 이행, 비교헌법론, 지역연계와 헌법적 합의와 같은 주제가 설정되었다.

수요일에는 세계헌법학회에 각국을 대표하는 헌법학자의 카운슬미팅Council Meeting이 진행되었다. 이는 사실상 세계헌법학회 총회나 마찬가지의 역할과 기능을 수행하는 회의이다. 이 자리에서 차기 제9회 대회는 4년 후 노르웨이의 오슬로에서 개최하기로 합의하였다. 또한 프랑스의 디디에 모스Didier Maus 회장의 임기가 종료됨에 따라 수석부회장인 핀란드의 마르틴 쉐이닌Martin Scheinin이 관례에 따라 회장으로 추대되었다.

그간 한국에서는 제2회 파리대회에서 김철수 교수님을 모시고 조병윤, 성낙인, 정재황 교수가 참여한 이래 많은 헌법학자들이 한번도 빠지지 않고 참여해 왔다. 이번에도 조병윤(명지대), 성낙인, 이우영(서울대), 박인수(영남대) 교수가 서울에서 찾아갔고, 스탠포드에 연수중인 허성욱(서울대), 텍사스에 연수중인 홍완식(건국대) 교수도 참여하였다. 이번 대회부터 법원에서도 적극적으로 법관들을 참여하게 하여 전광식 부장판사를 비롯해서 도진기, 고일광, 노태헌, 이재홍 판사가 참여하였다.

세계헌법학회는 4년마다 개최되는 정기학술대회 이외에도 소규모의 포럼이 4년 동안 진행된다. 그간 일본에서는 '요코하마 라운드'를 개최한 바 있고, 한국에서도 2008년에 세계헌법학회 한국학회회장 조병윤 주최로 포럼이 개최된 바 있다. 일본은 이미 1991년에 도쿄에서 성대하게 세계대회까지 개최한 바 있다. 언젠가는 한국에서도 세계대회가 개최될 수 있는 여건이 마련되었으면 하는 바람이다. 이제 우리나라는 아시아에서 모범적인 민주헌정을 일구고 있고, 특히 헌법재판소가 활성화되어 있는 상황인지라 세계헌법학회에 당당히 나설 수 있는 입장이다. 또한 그간 척박했던 헌법학계도 세계적인 수준에 이른지라 더욱 세계헌법학회 개최의 열망이 고조된다. 이를 통해 한국 민주주의의 발달상과 한국헌법학계의 수준을 더욱 업그레이드할 수 있는 날을 고대한다.

고시계_2011. 1.

미래성장동력의 축 콘텐츠산업의 진흥과 분쟁해결

21세기 지식기반사회에서는 초일류만이 살아남을 수 있다. 특히 자원이 부족한 우리나라에서는 창조적 콘텐츠를 핵심적인 미래 성장 동력으로 육성해야 한다. 콘텐츠contents란 부호 · 문자 · 도형 · 색채 · 음성 · 음향 · 이미지 및 영상 등의 자료 또는 정보를 말한다.

오늘날 콘텐츠 산업은 아날로그 시대를 마감하고 디지털 시대에 있어서 융 · 복합 형태로 진화한다. 1세대 콘텐츠는 종이 활자, 라디오, TV, 극장을 통해서 이용하는 아날로그 세대이다. 20세기 후반에 인터넷이 일상화되면서 온라인 콘텐츠 시대를 맞이하였다. 21세기에는 UCC(User Created Contents) 즉 이용자가 곧 제작자가 되는 시대가 열렸다. 나아가서 스마트 기기의 등장으로 시간과 장소에 구애되지 않고Ubiquitous 자유롭게 콘텐츠를 이용하고 제작할 수 있다. 또한 스마트TV나 전자책과 같은 새로운 형태의 플랫폼Platform을 통해서 정보가 대량적 · 집단적으로 유통됨에 따라 콘텐츠 비즈니스로 연결되고 있다.

국제적으로 콘텐츠산업의 시장규모가 2012년에는 약 1조 5천억 불에 이를 것으로 전망된다. 우리나라 콘텐츠산업의 매출규모는 2005년에 약 57조3천억 원에서 2009년에 약 69조 원으로 해마다 약 4.8% 정도 성장하고 있다.

한국콘텐츠진흥원과 콘텐츠분쟁조정위원회는 콘텐츠산업 진흥이라는 공동의 목적을 달성하기 위해 설립된 법정기구다. 진흥원은 콘텐츠의 산업적 진흥을 촉진하고, 분쟁조정위원회는 콘텐츠와 관련된 각종 분쟁을 사전적 · 사후적으로 조정한다.

콘텐츠분쟁조정위원회는 콘텐츠사업자 간, 콘텐츠사업자와 이용자 간, 이용자와 이용자 간의 콘텐츠 거래 또는 이용에 관한 분쟁을 조정調停한다. 위원회는 분쟁을 공정하고 신속하게 해결함으로써, 콘텐츠 산업현장에서 야기되는 갈등을 해소하여 시장의 신뢰성을 제고하고 공정한 거래가 이루어지게 함으로써 콘텐츠산업 종사자뿐 아니라 콘텐츠 이용자들의 편익을 제공한다. 위원회는 30명 이내의 위원이 4개 분과로 구성된다. 제1분과 게임, 제2분과 에듀테인먼트, 제3분과 방송영상, 제4분과 출판 · 음악 · 공연 · 미술 · 캐릭터 · 만화 · 애

니메이션 · 광고 · 패션 · 공예품 · 데이터베이스 등 일반 콘텐츠 분야로 구성된다. 예컨대 연예산업종사자 사이의 분쟁도 콘텐츠 산업적 차원에서 조정된다.

무릇 모든 분쟁은 종국적으로 법원의 판단을 통하여 해결된다. 이는 현대 법치국가 사법의 기본원리이다. 하지만 법원을 통한 분쟁의 해결은 많은 경제적 · 시간적 비용이 들기 때문에 비효율적이다. 이에 법원의 재판 이전 단계에서 분쟁을 해결하는 대체적 분쟁해결Alternative Dispute Resolution: ADR이 활성화된다. 그 대표적인 예로 볼 수 있는 '조정'은 당사자의 동의를 전제로 하기 때문에 법원에 의한 강제적 분쟁해결보다 오히려 더 효과적일 수 있다. 당사자가 조정안을 수락하고 조정위원회가 조정서를 작성하여 당사자에게 통보한 때에는 그 분쟁조정의 내용은 재판상 화해와 동일한 효력을 갖는다. 또한 효율적인 분쟁조정을 위해 정보통신 즉 인터넷을 이용한 분쟁해결도 가능하다.

지난 4월 27일에 위원회가 문을 연 이래 벌써 수십 건의 분쟁사건이 접수되고 있다. 그만큼 위원회에 대한 국민적 관심과 기대가 크다는 점을 반증한다. 미래 성장 동력인 콘텐츠가 국부창출의 토대를 마련하는데 분쟁조정위원회가 밀알이 될 수 있기를 기대한다.

서울대 동창회보 칼럼_2011. 5. 26.

월송 유기천 선생과 나

월송 유기천 선생은 생전에 남긴 공적만큼이나 사후에도 여전히 많은 여적과 여백을 남겨두는 어른이시다. 월송 선생은 일제 시대에 동경대학 법학부를 졸업하셨지만 이후 서울대학교 법과대학 교수로 취임함에 따라 선생의 일생은 서울대학교 법과대학과 함께하셨다고 해도 과언이 아니다.

아직도 학문의 세계가 척박하던 시절에 선생은 일찍이 미국에서 학위를 취득한 후에 서울대학교 법과대학 학장과 서울대학교 총장이라는 학자로서의 최고의 행정직을 수행하신 바 있다. 그러나 학문세계에 천착해 있던 순수학자로서의 선생은 행정직이 그렇게 잘 어울리지 못한 것 같기도 하다. 결국 서울대학교 총장직을 중도하차하신 후에는 다시금 학자로서의 열정을 동숭동 서울대 법대 교정에서 불태우고 계셨다.

필자가 서울대 법대에 입학했을 시점에는 이미 전설적인 총장님이 아니라 자상한 학자로서의 유기천 선생을 접할 수 있었다. 선생은 언제나 단아한 모습으로 캠퍼스를 거닐면서 특유의 깐깐한 강의로 유명했다. 필자가 법대 재학 중에 그 유명한 유기천 선생의 형법총론과 형법각론이 출간되었는데 당시의 법서로서는 비교가 안될 정도의 상세한 각주와 많은 분량에 압도되기도 했다. 동료 학생들 사이에 유기천 형법은 좋기는 한데 이해하기가 너무 어려워 교과서로 하기에는 벅차다는 이야기가 파다했다. 당시만 해도 대학가는 박정희 정부가 한참 대학과 시민사회를 조여 오던 때인지라 하루도 조용할 날이 없었다. 더구나 정치적으로는 한일협정반대 시위가 일단락되고 난 후에 1967년에 재선에 성공한 박정희 대통령이 1962년에 제정된 제3공화국 헌법에서 "대통령의 계속 재임은 2기에 한 한다"라고 못을 박아 놓았기 때문에 새로운 쟁점으로 부각된 것이 3선 개헌이었다. 마침내 1971년 대통령선거를 2년 앞둔 1969년부터 본격적인 헌법개정 곧 대통령의 계속재임을 3기까지로 연장하는 소위 3선 개헌논의가 진행되었다. 이런 상황에 저항하는 야당과 대학생들이 들고 일어난 것은 당연한 이치였다. 학생들의 3선 개헌 반대 시위에 직면한 정부는 1969년 5월부터 전국의 모든 대학에 대해 휴교를 명하고 3선 개헌안을 여당만의 날치기로 통과시켰다. 국민투표를 거쳐서 3선 개헌이 확정된 후인 10월 중순에 이르러 대학은 새로 문을 열었다. 개학하자 마자 1학기 기말고사를 치르고 곧이어 2학기가 시작되어 두 달만에 2학기를 끝내는 대학의 파행상태가 계속되고 있던 시점이었다.

아마도 유기천 선생은 대학의 파행상태가 계속되는 가운데 자행된 3선 개헌을 군사독재의 새로운 시작으로 이해하고 계셨던 것 같다. 대학이 혼란에 빠졌음에도 불구하고 유기천 선생의 형법 강의는 차질없이 진행되었다. 선생께서는 9시 첫 시간 강의를 언제나 9시 15분쯤 시작하시면서 외국에서도 첫 강의는 조금 늦게 시작하는 관례가 있다는 점을 강조하면서 다만 늦게 시작한 15분만큼 늦게 강의를 끝내셨다. 이 때문에 다음 시간 수업에 늦게 들어가는 진풍경이 연출되면서 다음 수업 교수님으로부터 본의아니게 야단을 맞는 경우도 발생하곤 했다.

당시 선생의 형법강의는 합반 형태로 진행되었기 때문에 동숭동 법대 강의실 중에서 제일 큰 강의실에서 진행되었다. 아마도 이 강의실은 동숭동 법대에 있던 유일한 계단 강의실로 기억된다. 그런데 어느 봄날 심각한 표정으로 입장하신 선생께서 강의를 시작하시기 전에 모든 학생들의 학생증 검사를 지시했다. 그러자 개중에 일부는 슬며시 강의실을 빠져 나가는 이도 있었다. 지금은 그렇지 않지만 당시만 해도 학원프락치가 있다는 게 공공연한 비밀이었다. 중앙정보부(이는 국가안전기획부를 거쳐서 현재는 국가정보원으로 개칭되어 오늘에 이르고 있다) 직원이 학생으로 가장해서 학교에 상주한다는 이야기도 있었고 심지어 학생 중에도 중앙정보부 프락치가 있다는 설도 난무했다. 유언비어인지는 몰라도 아무튼 그 시절에는 국가기관의 정보원이 주요대학에 상주하고 있었던 것으로 보인다.

학생증 검사를 마치고 나니까 선생은 강의실 문을 닫으라고 말씀하시고는 곧바로 형법 강의가 아니라 군사독재정부에 대한 비판을 시작하셨다. 아마도 기억컨대 중화민국(현재의 대만) 식 총통제를 도입하려 한다는 비판이 주목을 끌었다. 당시만 해도 냉전시대가 계속되고 있던 시절이다. 우리나라는 중화인민공화국(중공)과는 미수교 상태였고 중화민국과 수교하고 있었다. 그 때 대만에서는 대륙에서 모택동이 이끄는 중국공산당에 패퇴한 국민당의 장개석이 이곳으로 옮겨와서 중화민국을 건설하고 장개석 자신이 총통으로 재임하고 있었다. 유기천 선생은 박정희 정권이 대만식 총통제를 통해서 박정희의 영구집권을 획책하고 있다는 취지의 말씀을 하신 것으로 기억된다. 하지만 이 강의로 인해서 유기천 선생은 모국을 떠나서 유랑의 길 즉 현대판 망명의 길을 걸어가게 되었다. 학기 중간에 선생의 공백을 다른 교수님들이 메워가긴 했어도 뒤숭숭한 가운데 정상적인 수업이 진행될 수 없었다. 연세대 법대에 재직중이시던 정영석 교수님이 새로 강의를 진행하였는데 공연히(?) 학생들이 수업거부 운동을 벌이기도 해서 지금 생각하면 정 교수님께 엄청난 결례를 범한 것이기도 하다.

실제로 1972년에 단행된 10월 유신은 제4공화국의 유신헌법으로 이어지면서 대통령직선제도 폐지하고 대통령의 간선과 임기는 6년이되 연임에 대한 제한을 철폐함으로써 유기천 선생이 말씀하신 사실상의 총통제를 도입하고 말았다. 제4공화국이 겨울공화국, 긴급조치 공화국으로 지탱되면서 선생의 귀국도 멀어져갈 수밖에 없었다.

우리는 유기천 선생의 마지막 수업을 직접 들은 세대라는 점에서 한편으로는 추억과 가슴아픈 편린들을 간직하고 있지만 그 이후로 선생을 접할 기회를 전혀 갖질 못했다. 선생께서는 미국에서 역시 같은 법학자이신 헬렌 실빙 여사와 함께하시면서 이국에서 생을 마감하신 것으로 안다. 첨언하면 선생의 형법 교과서에 헬렌 실빙 여사에 대한 언급이 있는데 당시로서는 해외에 간다는 사실 그 자체가 어쩌면 특권이던 시절에 사모님이 미국인이라는 사실과 또 그 사랑을 자신의 교과서 서문에 언급함으로써 선생은 어쩌면 우리와는 다른 존재 아닌가 하는 생각을 갖기도 했다.

유기천 선생의 학문과 삶에 관해서는 그 사이 필자도 대학에 몸담게 되면서 은사이신 김철수 선생님이나 선배이신 최종고 · 안경환 교수님으로부터 간간이 소식을 전해 듣기도 했다. 이제 민주화와 산업화가 어우러진 대한민국이 되었건만 세계적인 석학이 그 혼돈과 간난의 세월 속에서 학문적 역량을 후배 · 제자들에게 마음껏 전수할 수 없었던 동시대의 아픔은 한편의 추억의 장으로 남게 되었다.

선생이 남기신 학문적 성과를 기리는 월송 유기천 재단은 그 사이 여러분들의 노력으로 결실을 보고 있다. 마침 부족한 필자에게 월송 재단의 유훈 이사장님과 최종고 이사님께서 감사로 추천해 주셔서 송구스러운 마음 금할 길 없다. 대학에 몸담고 있는 한 사람으로서 선생의 유지를 조금이라도 받들 수 있기를 기원드리고 다짐을 해 본다.

월송회보_2011. 11. 28.

김철수 헌법학

김철수 교수는 한국헌법학계의 새로운 학문적 기풍을 일구워 낸 헌법학자이다. 1956년에 서울대 법대를 졸업하자 말자 곧장 독일유학의 길에 오른 김철수 교수는 독일에서 새로운 헌법학을 연구하였다. 사실 그 당시 한국헌법학계에서는 아직도 일본식 헌법이론의 틀을 벗어나지 못하고 있었다. 바로 그런 시대적 상황에서 제2차 세계대전 이후 독일에서는 인간존엄을 최고의 가치로 삼는 자연법이론에 기초한 헌법학이론이 전개되고 있었다. 김철수 교수는 바로 이와 같은 새로운 시대적 흐름을 직시하여 헌법학뿐만 아니라 법철학 · 국가학 등 헌법학의 인접학문에 이르기까지 폭넓은 연구를 한 후 일본 동경대학에서의 연구기간을 거쳐 1961년에 귀국하였다. 이제 한국헌법학계에서 김철수 교수의 논문과 저서는 헌법학의 새로운 지평을 여는 것이었다.

1962년 약관의 나이에 서울대 법대의 헌법학 전임교수로 부임한 선생은 그 특유의 학문적 열정으로 수많은 헌법학과 법철학 관련 연구논문을 발표하기 시작하였다. 1962년에는 '헌법질서론'을 출간하였다. 이 책은 당시로서는 헌법학적 문제를 가장 심오하게 연구한 역저이다. 1963년에는 '헌법총람'을 편집하였다. 이 책은 헌법조문의 해석과 판례 및 입법, 논설 등을 단권으로 정리한 것으로서 한국헌법학계에 있어서 헌법해석학과 헌법판례연구, 헌법정책학연구의 선구적인 것이라 할 수 있다. 이와 같은 연구서의 출간은 그야말로 김철수 헌법학의 본격적인 궤도 진입을 알리는 신호이기도 하다. 그의 헌법학이론은 아직도 생경한 독일의 최신이론에 기초하면서 한국적 입헌주의의 정립을 위한 몸부림이라고 할 수 있다.

김철수 교수는 1966년에 미국 하버드대학교 법과대학원의 방문교수로서 방미하였다. 미국 연방대법원의 위헌법률심사를 통한 사법적 민주주의의 구현은 아직도 군사정권의 구태를 벗어나지 못하고 있던 한국헌법학자에게는 신선한 충격이 아닐 수 없었다. 독일에서의 폭넓은 지적 사고, 미국에서의 입헌주의의 실천적 상황을 체득한 김철수 헌법학은 이제 한국적 헌법학의 모색으로 자연스럽게 이어지고 있었다.

미국에서 귀국한 후 금랑 선생은 미국헌법판례를 소개하면서, 6 · 3 계엄 당시의 통치행위에 관한 판례를 비판하여 학계의 주목을 받기도 하였다. 그는 제3공화국시대에 비교법적 방법론을 동원하여 '헌법학'1966을 출간한 바 있고, 1972년에는 '헌법학上,下'로 완결지은 바 있다. 그밖에도 비교법적 연구로서 '비교헌법론上', '입법교재헌법', '판례교재헌법' 등을 출간하여 김철수 헌법학의 심오한 헌법학적 세계를 펼쳐 보인 바 있다.

이론과 실천을 겸비한 그의 헌법학이론은 '현대헌법론', '위헌법률심사제도론', '헌법개정 회고와 전망', '헌법이 지배하는 사회를 위하여' 등으로 정서되어 있다. 뿐만 아니라 한국헌법학의 국제화를 향한 노력은 일본 一橋大學을 비롯한 유수의 외국대학에서 한국헌법학 강의로 이어졌으며, 그것은 일본에서 '韓國憲法の50年'敬文堂, 1988으로 출간되어 있다.

또한 '법과 사회정의', '정치개혁과 사법개혁', '법과 정치', '헌법과 교육' 등은 헌법규범과 헌법현실, 헌법이념과 헌법실천과의 관계를 끊임없이 탐구한 결과물이기도 하다.

금랑 선생의 대학에서의 헌법학강의 10년의 결산은 1973년 명저 '헌법학개론'으로 빛을 보았다. 그러나 1972년 10월유신 직후에 출간된 그의 헌법학개론은 채 잉크도 마르기 전에 강제적으로 유폐되고 말았다. 초헌법적 국가긴급권이 발동된 상태에 아랑곳하지 않고 정통 헌법학이론을 펼쳐 보인 헌법학개론의 운명은 필연적으로 징벌의 대상이 될 수밖에 없었다. 그럼에도 불구하고 새로이 출간된 그의 헌법학개론은 시대의 아픔을 대변하면서도 미래지향적인 한국헌법학의 새로운 초석을 다진 명저로 길이 남아 있다. 헌법학개론은 지난 30년간 법학도의 필수교재로 자리잡아왔다.

금랑 선생은 평생을 학교에서 생활해 온 그야말로 상아탑을 굳건하게 지킨 학자였다. 금랑 선생은 격동의 20세기 후반에 서울법대 헌법학 주임교수로 재직하면서 정 · 관계의 유혹을 뿌리치고 오직 상아탑을 지킨 참된 헌법학자였다. 서울법대에서 헌법뿐만 아니라 행정법까지 통털어서 공법학분야에서 최초로 정년퇴임을 맞이한 교수였다는 사실이 이를 단적으로 증명해 주고 있다.

학자로서의 학회활동은 한국공법학회회장뿐만 아니라 한국법학교수회회장으로 법학교수의 나아갈 길을 제시한 바 있다. 국제학회에서의 활동은 더욱 빛나고 있다. 특히 국제헌법학회 한국학회를 창설하여 국제헌법학회에 참여하면서 현재 국제헌법학회 부회장에 오른 것은 그의 헌법학자로서의 열정과 한국헌법학의 국제화에 초석을 다진 증명서이기도 하다. 서울법대 재직 중에 대한민국 학술원 회원에 피선된 것은 바로 이와 같은 김철수 교수의 학자로서의 삶에 대한 당연한 평가일 것이다.

하지만 금랑 선생은 연구실에서의 학문연구에만 안주하지 않은 시대정신에 투철한 헌법학자였다. 일찍이 중앙일보 논설위원을 비롯하여, 신문윤리위원회 위원 등을 역임하면서 날카로운 필력을 통하여 언론에 입헌주의를 위한 변론을 계속하여 왔다. 또한 대법원·헌법재판소·법무부 등 국가사법기관의 자문위원으로서 시대가 요구하는 사법개혁의 필요성을 강조하여 왔다.

교육자로서의 금랑 선생은 한국교원단체총연합회(교총) 인권옹호위원장 등을 통하여 그 자신 평생 열정을 담아 온 교원인권에 헌신한 바 있다. 그의 교육자로서의 열정은 한국교육법학회의 창설과 회장 취임으로 연결되어 있다. 금랑 선생은 또한 1980년 서울의 봄에는 서울대학교교수협의회 부의장으로서 대학 민주화의 선봉에 서기도 하였다.

월간중앙_2003. 12.

제 7 장

시민과 함께 하는 법교육과 법률구조

선진 법질서 구현해 국격을 높이자

2011년은 신묘년 토끼해다. 토끼는 자고로 지혜로운 영물이다. 반면에 토끼는 깡충깡충거리기는 하지만 거북이 같은 은근과 끈기가 부족한 동물로 인식돼 왔다. 한민족은 은근과 끈기를 가진 민족적 자긍심을 갖고 살아 왔다. 그런데 언제부터인가 우리는 '빨리빨리'에 익숙해져 있다. 그 서두르는 문화가 인류 역사에서 최단 기간에 빈곤으로부터의 탈출을, 한강의 기적을 이루는 데 기여한 것 또한 사실이다.

세계화와 민주화를 동시에 달성한 나라들은 나름대로 오랜 역경을 겪어오는 과정에서 그들 스스로 터득한 진실을 발견한다. 그것은 다름 아닌 적법 절차와 법의 지배다. 언젠가 야기될 갈등적 상황에 슬기롭게 대응하기 위해서는 법이라는 이름의 잣대에 의탁할 수밖에 없다는 사회적 합의가 이루어져 있다.

그런데 우리는 민주화와 산업화를 동시대에 이룩하는 과정에서 위정자에서 일반 국민에 이르기까지 전투적 모델을 벗어나지 못했다. 법질서를 준수하는 것보다는 법을 어겨서라도 폭정에 항의하는 것이 오히려 민주시민의 미덕으로 인식돼왔다. 위정자 자신들은 법 위에 군림하면서 오히려 국민들이 법을 지키기 않는다고 개탄한다. 그 과정에서 치자와 피치자 사이에 갈등의 골만 깊어진다.

대한국민은 우리가 생각하는 것보다 훨씬 더 자랑스러운 근대국가를 이룩하고 있다. 산업화의 정신적, 물질적 토대를 마련한 새마을운동은 우리 스스로 외면하는 가운데 개발도상국의 발전 모델로 인식된다. 한국적 민주주의는 민주화 도정에 있는 아시아 아프리카 각국의 이상향이다. 하지만 준법의식은 세계 10대 경제교역대국이라는 국격國格에 크게 미치지 못한다.

농경사회와 산업화사회를 거쳐 지식산업사회로 진입하면서 사회는 다변화하고 그 와중에 갈등적 상황은 더욱 빈번할 수밖에 없다. 그 과정에서 잉태되는 사회적 갈등의 궁극적인 해결은 법의 몫이다. 하지만 우리는 아직도 법률행위 과정에서 게마인샤프트적인 틀을 벗어나지 못한 채 '당신과 나 사이에' 무슨 계약서 같은 게 필요하냐는 식이다. 생활 속에 이루어지는 수많은 법적 행위에 대해 의식적, 무의식적으로 법적 잣대를 외면하고 그저 무난하게 넘어가면 그만이라는 안이한 인식이 팽배해 있다. 이래서는 안 된다. 사리 판단을 명확히 하고 정의와 원칙을 분명히 구분할 줄 알아야 한다.

이제 누구나 수긍할 수 있는 생활 속의 법질서를 구현하는 가운데 난마처럼 얽힐 수 있는 법적 갈등도 생활 속의 일부로 수용해 나가야 한다. 일상적인 삶의 현장에서부터 법의 중요성을 인식하고 이를 생활 속에서 구현해야 한다. 예컨대 도시생활에서 가장 많이 부닥치는 현장은 도로교통 질서다. 안전운행을 위한 안전띠 착용, 과속 금지, 신호 준수와 원활한 교통 소통을 위한 꼬리물기 금지 같은 기초적인 교통법규는 자신을 위해서 스스로 지켜야 한다.

이제 거창한 민주시민의식을 논하기 이전에 우리 주변에서 일어나는 갖가지 현상에 대해 보다 냉철하게 되돌아보면서 자신에게 주어진 책임과 의무를 다하는 자세가 필요하다. '권리 위에 잠자는 자는 보호되지 않는다'는 법언에 못지않게 '권리는 동시에 의무를 수반한다'는 점을 명심해야 한다.

공동체적인 삶의 현장에서 자신만의 정의는 통용되지 않는다. 법이란 다름 아닌 사회적 합의가 가능한 사항을 법이라는 이름으로 규범화한 것에 불과하다. 그 법은 동시에 우리가 받아들여야 할 최소한의 도덕적, 윤리적 기초 위에서 정립된다. 이제 우리 모두가 법을 불편한 이웃이 아니라 가까운 친구로 받아들여야 할 때다.

지난 한 해 우리 사회에 화두로 등장한 정의와 공정이라는 추상적인 잣대에 휘둘릴 필요도 없다. 우리 모두가 자신에게 주어진 자신의 삶을 성실하게 수행하는 길이 곧 정의롭고 공평한 사회의 첫걸음이다. 정의란 '각자에게 그의 것을' 부여하는 곳에 안착한다.

매일경제_2011. 1. 4.

자연법칙에 순응한 법교육

한자의 법法은 물 수水에 갈 거去의 결합어다. 즉 법은 물이 흘러가듯해야 한다는 의미에서 서양의 법은 건전한 상식common sense이라는 말과 일맥상통한다. 인간이 살아가는 곳에는 으레 법이 있기 마련이다. 법질서가 무너지고 무질서 상태에 빠지면 그 혼란은 고스란히 공동체 구성원 모두에게 되돌아온다. 바로 그 때문에 인류사회가 형성되면서부터 법과 질서가 자리 잡아 왔다. 선사시대에도 법은 존재했다. 고조선의 8조금법이나 고대 바빌로니아의 함무라비법전이 그것이다.

나라의 민주화를 주창하던 시절에 법은 민주화를 가로막는 애물단지나 마찬가지였다. 권력자는 언제나 법의 이름으로 민주인사를 짓눌렀다. 법은 가진 자의 편이라는 오해를 받았다. 악법도 법이라는 '소크라테스의 독배'는 법이념과 정의에 어긋나는 배척의 대상이었다.

이제 나라의 민주화는 완결단계에 이르고 있다. 헌법재판소의 위헌결정을 통해서 과거의 악법도 대부분 청산됐다. 더 이상 악법논리로 실정법을 폄하해서는 안 된다. 국가사회의 안정을 위해서는 법질서의 안정이 필요한 시점이다. 비록 가슴에 와 닿지 않고 시대정신에 어긋나는 법이 있다고 하더라도 위헌법률심판과 같은 법적 절차를 밟아 잘잘못을 따지는 것이 순리다.

법규범이 국가생활에서 제대로 뿌리 내리지 못한 대에는 정부당국의 소극적 대응도 한 몫을 차지한다. 수많은 법과 관련된 국가기관이 있음에도 생활 속의 법을 가르치는 법교육은 대한민국의 정책과제에서 제외돼 있었다. 김승규 전 법무장관의 적극적인 의지에 따라 시작된 법교육은 겨우 기틀을 마련해 나간다. 백화점 꽃꽂이 강의 못지않게 생활 속의 법교육이 민주시민의 기본소양강좌로 자리 잡아야 한다. 마침 국회에서 법교육을 제도화하는 법교육지원법이 통과됐다. 이제 체계적인 법교육을 통해서 법의 무지로부터 법의 존엄함을 일깨우고 준법정신의 함양이 민주시민의 필수적 덕목이라는 인식의 확산이 시급하다.

장마가 끝나면 여름 바캉스가 본격적으로 시작된다. 주 5일 근무 덕분에 연휴도 한껏 즐길 수 있다. 국민소득이 증가되면서 국내여행이 해외여행으로 확대된다. 여행은 재충전의 좋은 기회다. 집을 떠나 여행을 하면 생활 속의 긴장감이 이완된다. 이럴 때일수록 공동체 구성원으로서의 윤리와 질서를 지켜야 한다.

"창문을 열고자하는 사람과 닫고자하는 사람 사이에 다툼이 있으면 닫고자 하는 쪽이 우선권을 갖는다." 프랑스 파리의 시내버스 유리창문에 쓰여 있는 작은 글귀다. 버스나 기차 안에서 흔히 창문을 열어 제치려는 사람과 닫으려는 사람 사이에 묘한 갈등이 생긴다. 이 작은 문제도 미리 규범을 설정해 놓으면 다툼의 여지가 없어진다. 왜 창문을 닫고자 하는 쪽이 우선인가. 해답은 간단하다. 창문은 외부로부터 차단하기 위한 장치다. 마냥 열어 놓으려면 창문을 설치할 필요가 없다. 그러므로 창문은 닫아 놓는 것이 원래의 설치목적에 부합할 뿐 아니라 자연스럽다. 이와 같이 사회규범은 자연법칙 내지 사물의 본성에 부합해야 한다.

길을 걷다보면 전봇대에 갖가지 광고물이 덕지덕지 붙어 있다. 이를 차단하기 위해 행정당국은 '불법광고물 부착금지'를 덧씌워 놓는다. 그런데 왜 길거리에 광고물을 함부로 부착하면 안 되는지에 대한 법적 해명이 없다. 행정당국은 규제에 대한 법적 근거도 제시하지 않은 채 마냥 금지하기에 급급하다. 외국에서는 광고물 부착이 금지되는 장소에 "ㅇㅇ 법률에 근거해서 이 곳에는 광고물을 부착할 수 없다"라고 표기해 놓는다. 공공복리와 질서유지를 위해 규제는 필요하지만, 그 규제는 국민의 대표기관인 국회에서 충분한 논의를 거쳐서 제정한 법률을 통해서 이루어져야 한다. 바르고 정당한 법에 근거한 규제에 대해서만 시민들은 승복한다.

이제 법이 국민의 생활 속에 자리 잡아야 한다. 국민 모두가 법을 지키는 것이 곧 자신에게 유익한 삶이 보장된다는 인식의 확산도 필요하다.

미발표 칼럼_2008. 4. 22.

법교육을 통한 생활법치의 구현

인간이 한 평생 사는 동안에 법 없이 살 수 있으면 그만큼 좋은 일은 없다고들 한다. 실제로 인격적으로나 도덕적으로 훌륭한 분에게는 "법 없이도 살 사람"이라고 칭송한다. 그만큼 법은 불편한 존재로 여겨왔던 증좌다. 하지만 이 같은 말은 원시 농경사회에서나 통할 수 있다. 오늘날과 같이 복잡다단한 사회에서는 법의 그물을 불편한 것으로만 여기고 살 수는 없는 세상이 되었다. 이제 법 없이는 정상적인 사회가 작동되기 어렵다. 법을 무시하거나 법을 모르면 엄청난 사회적 개인적 손해를 감수해야 한다.

그간 우리 사회는 산업화와 민주화라는 두 마리 토끼를 쫓는 과정에서 법을 귀찮은 존재로 치부하거나 법을 가진 자의 전유물쯤으로 잘못 인식하여 왔다. 실제로 산업현장에서는 법은 인권을 짓밟는 존재로, 민주화를 가로막는 애물단지로만 인식되어 법을 지키지 않는 것을 일종의 미덕으로 여겼다. 하지만 국가와 사회의 민주화가 정착되어 가고 있는 마당에 여전히 법을 백안시하는 사고로서는 더 이상 국민소득 2만 불 시대의 바람직한 국민국가로서 자리매김하기 어렵다.

법은 정의의 원리에 기초하여야 국민적 지지를 받을 수 있다. 정의에 어긋나는 법은 법이념을 왜곡시킨다. 하지만 정의와 법이념 못지않게 법적 안정성도 중요하다. 사회가 안정을 되찾고 있는 시점에서는 더욱 그러하다. 혁명의 시대에 법은 거추장스러운 존재일 뿐이다. 하지만 안정과 번영의 시대에 이르면 법은 우리의 정다운 친구여야 한다. 최고의 안정과 번영을 구가한 로마제국은 가장 정제되고 완성된 법체계를 인류사회에 유산으로 남겨 주었다.

"악법도 법"이라고 독배를 든 소크라테스의 변소가 한국 사회에서도 자리 잡을 때가 되었다. 악법은 헌법과 법률이 정한 적법절차를 통하여 교정된다. 헌법소원 위헌법령심판은 악법을 퇴출시키는 제도적 장치다. 한국 민주화의 성과는 헌법재판을 통하여 잘 드러난다. 헌법재판소의 성공적 착근은 세계적 모범사례로 꼽힌다. 아시아 각국뿐 아니라 경제대국 일본도 우리 헌법재판제도를 학습하고 있다.

성숙한 시민사회는 법을 통한 법에 의한 지배를 통해서 완결될 수 있다. 건전한 상식을 가진 일반 국민들이 법을 익히고 배워야 한다. 경제성장과 민주화에 가려져 법교육은 그간 국가적 어젠다에서 멀리 떠밀려 있었다. 다행히 법무부를 중심으로 법교육을 체계적으로 구축하기 위한 행정시스템이 가동되어 판사 검사 변호사 법학교수들이 두루 참여하는 법교육의 장이 활짝 열려 있다. 초중등학생에서부터 대학생에 이르기까지 논술경시와 모의재판을 통해서 학생들의 법교육에 대한 열기를 이어가고 있다. 법무부의 법교육위원회와 법교육체험센터의 체계적인 행정지원과 법교육학회를 통한 학자들의 연구활동은 법교육의 새로운 이정표를 제시한다.

"세살 버릇 여든까지 간다"는 속담이 있다. 어릴 때부터 법의 존귀함을 일깨워 줘야 한다. 그간 학생들의 교과과정에 법교육이 너무 소홀히 취급되어 왔다. 법적 사고의 함양은 단순히 법의 중요성을 일깨워 줄 뿐만 아니라 성장과정의 학생들에게 논리적 사고도 동시에 함양시킨다. 양식 있는 시민들에게도 마찬가지다. 지식기반사회에서는 더 이상 법의 무지나 무시가 변명으로 통하지 않는다. 돈을 빌려주면서도 차용증조차 작성하지 않는 것이 상대방에 대한 동양적 미덕의 발로로 착각하는 한 우리 사회에서 법이 뿌리내리기 어렵다.

때마침 법률전문가들이 '한국인의 생활법률'을 출간하여 유익한 법률정보를 제공하고 있다. 지금부터라도 우리의 일상생활 속에서 일어나는 모든 문제를 법적으로 해결할 수 있는 역량과 사회적 기반을 다져야 한다. 더 이상 떼법이 통하지 않는 사회다.

평생교육이 정착되어 감에 따라 백화점의 교양강좌나 대학의 사회교육원에서는 다방면에 걸쳐서 강의가 개설된다. 한 때는 꽃꽂이 강의 열풍이 일더니 부동산과 증권에 걸친 재테크 강의가 인기를 끈 적도 있다. 이제 꽃꽂이나 재테크 강좌보다 생활법률 강의가 더 인기리에 진행돼야 한다. 한국적 민주주의는 생활법치의 정착을 통해서 완결단계에 진입할 수 있다. 민주주의를 향한 열정은 법의 생활화를 통해서 대미를 장식해야 한다. 민주법치국가의 건설은 우리 모두에게 부여된 시대적 과제다.

방송통신대학학보_2009. 4.

생활 속의 법교육을 통한 법치주의 구현

세살 버릇 여든까지 간다는 속담이 있다. 이는 어린 시절에서부터 어떠한 환경에서 자라고 성장했느냐가 한 사람의 일생에서 중요한 지렛대가 된다는 사실을 역설적으로 표현한 것이다. 그간 산업화와 민주화를 거치면서 목소리 큰 사람이 이긴다고 할 정도로 법과 원칙이나 적법절차는 소홀히 해 왔다. 수단 방법을 가리지 않고 돈을 벌고 출세하고자 하는 세속적인 욕망의 덩어리들은 산업화와 민주화를 악용해 왔다. 실제로 가난한 나라에서 산업화를 이루는 과정에서 위정자를 비롯한 사회지도층에서부터 정상적인 법과 절차를 거치기보다는 탈법과 위법을 자행해 왔고 이 와중에 노동자들도 떼법을 쓴 것이 사실이다. 민주화 과정도 따지고 보면 민주화라는 이름으로 데모나 폭력이 난무해도 그 모든 것은 민주화라는 이유만으로 정당화되었다. 그런데 산업화도 민주화의 외형적 성공에도 불구하고 법과 원칙보다는 실력행사를 앞세우는 경향은 여전하다. 이제 다시금 원칙으로 돌아가서 모든 것을 제자리에 갖다 놓고 정관할 때가 되었다. 혁명의 시대에는 법이념의 구현을 위해서 모든 폭력과 불법이 정당성의 이름으로 용납된다. 하지만 평화의 시대에는 법이념에 매몰된 초실정법적인 저항권의 논리 보다는 사회적 평온을 구현하기 위해 법적 안정성이 더욱 요구된다.

일반적으로 법이라 함은 무엇인가 딱딱하고 고답스럽고 거추장스러운 존재로 인식하는 것 같다. 그래서 법대로 하자고 하면 그 사람은 무엇인가 사회성이 뒤떨어지는 것 아닌가 하는 생각부터 갖게 된다. 농경사회에서는 생활자체도 단조롭기 때문에 까다로운 법보다는 오히려 도덕률이 더 필요한 사회다. 이제 우리 사회도 급격하게 산업화 과정을 거치면서 농업국가의 모습을 벗어던진 지 오래다. 그러나 사람들의 일상생활에서는 딱딱하고 까달스런 법보다는 여전히 동양적인 덕을 강조하고 이를 미덕으로 삼고 있다. 법이 국민의 생활 속의 일부로 자리 잡지 못한 결과다. 더구나 우리의 법은 고래의 전통적인 법의 현대화를 통해 재현된 것이 아니라 서양의 법을 이어받은 소위 법의 계수繼受를 통해서 이 땅에 이식된 이를테면 외래종이다. 덕치를 강조하는 동양에서도 예컨대 조선의 경국대전經國大典 같은 법전도 있지만, 서세동점의 결과로 19세기 중반 일본의 메이지유신으로부터 시작된 서양문물의 동양적 이식의 대표적인 산물이 법이다. 즉 서양의 합리적 전통에 기초한 법제는 새로운 시대의 법제로 동양에서도 타당하였기 때문에 일본은 이를 전적으로 계수하였다. 우리의 경우 한일병탄에 따라 일본의 법 즉 서양의 법을 계수한 일본의 법이 한국에도 그대로 적용되었다. 해방과 건국 이후에도 일본을 거쳐 온 서양법은 그대로 한국에 적용되었다. 그런데 서양의 합리성에 기초한 법제는 이를테면 권력의 분립이라든가, 형사법과 민사법의 구획을 분명히 한다. 동양적인 원님재판의 종식을 의미한다. 동시에 국가의 형사사법권이 개입하는 영역과 개인간의 사적 자치에 내맡기는 영역을 분명히 구분하기 때문에 이에 익숙하지 않은 일반 국민들은 흔히 민사사건을 형사사건으로 처단받기를 원하지만 현실적인 장벽을 느끼기 마련이다.

다원화된 사회에서 일반 국민들이 부딪치는 일상생활에서는 언제나 법적인 문제를 야기하기 마련이다. 그럼에도 일반 국민들은 법적인 사고나 행태를 쉽게 수용하려 하지 않는다. 이 모든 문제의 기저에는 어렸을 때부터 법의 소중함을 인식하고 법을 가까운 이웃으로 대하지 않는 우리 사회의 일 단면으로부터 비롯된다. 1948년 대한민국헌법을 제정하고 이에 터 잡아 많은 법률을 만들었지만 국민들에게 법의 소중함을 알리고 법을 교육하려는 국가적 의지는 전혀 보이지 않았다. 법의 무지는 변명이 되지 않음에도 불구하고 법은 특별한 사람들이 알아야 하는 특별한 존재로 인식되어 왔다. 대한민국정부 수립 반세기가 지나도록 국가적 어젠다에 법교육이 존재하지 않았다는 사실도 이를 반증한다. 민주화 이후에 이제는 일반 국민들에게 법의 소중함을 알려야 한다는 정부의 의지에 따라 2006년에 이르러 처음으로 법무부의 정책과제로 '법교육' 항목이 들어오게 되었고, 마침내 2008년에는 '법교육지원법'도 제정되었다. 법무부 범죄예방정책국에 법교육지원팀이 가동되고 법정기구로 법교육위원회도 설치되면서 법무부를 중심으로 교육과학기술부, 법제처, 대법원을 비롯한 국가기관과 한국법학교수회, 한국법교육학회, 대한변호사협회, 자녀안심재단 법교육팀과 같은 민간단체도 적극적으로 참여함으로써 법교육의 활성화가 본격적인 궤도에 오르고 있다.

법교육을 위한 각종 프로그램의 개설과 더불어 법학계와 법조실무계 인사들을 중심으로 하는 법교육 출장강의도 활성화되면서 국민들로부터 기대 이상의 호응을 얻고 있다. 이제는 백화점 문화강좌에서도 꽃꽂이 강의 못지않게 법교육 강의가 인기를 끌 수 있는 시대가 열려가고 있다는 신호를 읽을 수 있다. 일상생활에서 수많은 법률행위를 하고 있음에도 불구하고 이를 소홀히 했다가 법적으로 봉변을 당한 연후에야 후회한들 소용이 없다. 집을 사고 팔 때, 전세계약을 할 때부터 돈을 빌리거나 갖가지 물건을 사고 팔 때 언제나 법률행위를 하고 있다는 사실을 잊어버리고 우리 사이에 계약서가 무슨 필요가 있겠느냐는 식의 안이한 행태가 결국 당사자 사이에 법적 분쟁으로 이어지고 있다. 이에 국가생활에서 알아야 할 기본적인 법적 사고를 형성하기 위해 펴낸 '청소년의 법과 생활'과 '한국인의 법과 생활'은 상당한 대중의 호응을 얻고 있다. 이 정도의 책이라면 국민 일반이 모두 일독할 필요가 있다.

법교육은 어린이에서부터 성인에 이르기까지 광범위하게 이루어져야 한다. 사실 어린이들은 법적인 문제에 의외로 관심이 많음에도 불구하고 그 동안 법교육에 관한 한 공백상태로 남아 있었다. 초등학교에 법과목이 개설되어야 할 필요는 없겠지만 적어도 법적 사고를 할 수 있는 여지를 마련해 주어야 한다. 헌법재판소, 대법원을 비롯한 사법기관들도 학생들의 방문을 환영하는 프로그램을 마련하고 있다. 특히 법무부에서 운영하는 '솔로몬로파크'는 예약이 장기 지체될 정도로 인기다. 어린이들이 스스로 재판정을 만들어서 자신들의 일상에서 일어나는 문제를 판단해 보는 것은 굳이 법적 사고에 기초하지 않더라도 얼마든지 가능한 일이다. 또한 어린이들이 법을 제정하는 프로세스에 동참해 봄으로써 법의 소중함을 일깨우고 법을 더욱 가까이 할 수 있을 것이다. 어릴 때부터 민주시민의 법의식을 함양하는 일이야말로 민주법치국가 건설의 모태를 튼튼히 하는 길이다. 초등학교시절부터 학습과목으로서의 법이 아니라 사회생활의 한 단면으로서의 법을 가까이 할 수 있는 통로가 공식적으로 마련되어야 하는 이유이기도 하다.

어린시절부터 법치행정의 중요성을 심어주고, 어린이 관련 법령을 어린이 시각에서 개선해 나아가기 위해 법제처가 마련한 어린이법제관 제도는 그런 의미에서 특별한 관심의 대상이다. 어린이법제관이 되면 지역별 토론마당, 법캠프, 법 관련 기관 방문, 좋은 책 보내기와 우수독후감 공모, 온라인 토론마당, 제안의견 등록 등 다양한 온오프라인 활동을 해 나갈 예정이다. 어린이법제관은 앞으로 우리 사회의 풀뿌리 법치주의의 소중한 보고가 될 것이다. 어린이 법제관 제도는 법무부가 주관하는 솔로몬로파크의 어린이 법탐험캠프, 배심원캠프와도 직접 연계시켜 시너지 효과를 배가할 수 있을 것이다.

중등학교 과정에서는 법에 대한 최소한의 교육이 필요한 시점이다. 법무부가 유관단체의 협조를 얻어 주관하는 청소년법치세상아카데미, 모의재판경연대회, 생활법경시대회, 저작권퀴즈대회, 법게임개발 같은 행사는 자라나는 청소년들에게 법의 소중함을 일깨워준다. 특히 고등학교부터는 법에 관심을 갖는 학생들로 하여금 사회과목의 선택과목으로 법지식을 함양할 수 있는 기회를 가지도록 해야 한다. 그럼에도 불구하고 그간 '법과사회'로 존치하던 과목조차도 '법과정치'로 합쳐버리더니 최근에는 '법과정치'를 '사회문화'와 통합하여 일반사회로 개편하려는 어처구니없는 일이 벌어지고 있다. 고교 사회과목 중에서 어느 것 하나 소홀히 할 수 없다는 점은 충분히 인식한다. 그러나 이 시점에서 대한민국의 청소년들이 함양하여야 할 기본적인 덕목이 무엇인지 다시 한 번 성찰해 볼 때이다. 청소년뿐만 아니라 대학이나 성인들을 상대로 한 법교육도 강화되어야 한다. 특히 법학전문대학원로스쿨 제도의 시행에 따라 대학의 법학교육이 전문대학원으로 이행함에 따라 자칫 대학에서의 법학교육이 공동화할 우려도 있다. 전문적인 법학교육도 중요하지만 지성인이라면 적어도 생활법률 정도는 알고 있어야 한다.

민주주의가 내실을 기하려면 민주적 정당성을 갖는 법규범에 대한 존중과 이해에 기초한 법치주의가 생활화되어야 한다. 어린이부터 성인에 이르기까지 법의 소중함을 인식하고 법을 지켜 나갈 때 진정으로 민주법치국가의 참다운 자리매김이 가능할 것이다.

법제시론(한국법제연구원)_2010. 8. 1.

솔로몬 로파크와 법교육

한 아이를 두고 두 여인이 서로 자신이 엄마라고 주장하다가 솔로몬 왕 앞에서 재판을 받게 되었다. 솔로몬 왕은 아이를 서로 반반씩 나눠 가져라 라고 판결하였다. 이에 한 여인은 반씩 나눠 갖자는 데 동의한 반면에 다른 여인은 오히려 제 아이가 아니니 다른 여인에게 아이를 주라고 했다. 그제야 비로소 아이의 진짜 어머니가 누구인지 밝혀냈다는 점에서 솔로몬 왕의 지혜로운 판결로 유명하다. 민주화 이후의 민주주의는 법의 지혜를 밝히는 법치주의를 통해서 민주주의를 완결할 수 있다. 그런 의미에서 법교육은 새로운 국가적 어젠다로 자리잡아야 한다.

법교육은 법학교육과는 또 다른 차원에서 접근해야 한다. '법보다는 주먹이 앞선다'는 속설이 작동하는 한 공정사회 구축은 불가능하다. '민주화 이후에 정의가 강물처럼 흐르는 사회'를 만들겠다는 대통령들의 취임사에도 불구하고 정의사회 구현은 아직도 요원해 보인다. 정의에 목마른 국민들로 하여금 다소 뜬금없이 미국의 마이클 샌델 교수의 '정의란 무엇인가'라는 책을 백만 부나 구독하는 기록을 세우게 한다. 정의사회에 이은 공정사회도 다름 아닌 대법원 현관에 새겨진 자유 · 평등 · 정의의 소중함을 다시금 일깨워 주는 것이다. 특히 법적 정의의 구현은 우리 사회가 구현해야 할 영원한 숙제인지도 모른다.

'법의 무지는 변명이 되지 아니한다'는 법언法諺에도 불구하고, 국민들은 법이란 불편한 존재쯤으로 생각한다. 법을 알면 그만큼 자신의 생활이 편의로울 수 있다는 생각을 갖지 못한다. 따라서 생활 속의 법률문제를 스스로 터득할 수 있는 소중한 기회를 외면하다가 결국 돌이킬 수 없는 법적인 어려움을 겪게 된다. 이제 법을 터부시하는 일반 국민들로 하여금 법의 소중함을 일깨워 주는 법교육이 정립되어야 한다. 하지만 그간 대한민국의 국가적 어젠다에서 법교육은 제외되어 있었다. 2006년에 이르러 겨우 법무부의 업무 중의 하나로 채택되었다. 만시지탄의 감은 있지만 2008년에는 법교육지원법까지 제정되어 법교육의 소중함을 확인하고 있다.

국민 모두가 법을 친근한 이웃으로 여길 수 있는 길은 교육을 통해서 이루어져야 한다. 그런데 교육이라고 하면 종래 고답적인 위로부터의 억압적인 강요나 강제 교육을 생각하기 마련이다. 하지만 법이라는 딱딱한 소재의 교육은 그런 고답적인 방식으로는 불가능하고 또한 바람직하지도 않다. 전통적인 법률전문가 즉 판사 · 검사 · 변호사 · 법학자의 출장강의를 통한 법률지식 전파도 무시할 수는 좋은 법교육 방책이다. 그러나 이런 방식으로는 법률수요자의 관심을 끌 수가 없다. 그간 모의재판 · 모의국회 · 모의논술경시대회 등을 통해서 자라나는 청소년들의 새롭게 법에 대한 흥미를 유발한 바 있다. 실제로 학교현장에서도 상당한 호응을 얻고 있다.

법교육의 주무부서인 법무부에서는 2008년에 '솔로몬 로파크'를 대전에 개원하였다. 대전소년원 자리를 보수해서 큰 비용들이지 않고 개원하였다. 대전로파크의 법체험관은 청소년들의 현장학습 요청이 장기적체에 이르도록 폭발적인 수요를 가져왔다. 관람객이 연 20만 명을 넘어서고 있다. 법과 법치주의의 역사교육에 머무는 것이 아니라 각종 범죄와 관련된 살아 있는 현장 교육은 자라나는 청소년의 호기심을 자극하기에 충분하다. 예컨대 범죄현장의 지문채취, DNA 검사 등을 통한 과학수사의 간접체험은 매우 소중한 양식이 될 수 있다.

마침 지난 5월 27일에는 대전의 솔로몬 로파크에서 헌법광장을 개원했다. 세계 각국의 기념비적 인권헌장과 헌법을 게양함으로써 입헌주의적 가치의 소중함을 일깨워주고 있다. 솔로몬 로파크의 인기는 지방자치단체에서도 유치 붐을 일으키고 있다. 부산광역시에서는 부지 일체를 제공하면서 로파크 건설을 바라고 있다. 법무부도 이제 검찰에 의한, 검찰을 위한 법무부가 아니라 문민화된 법무행정을 구현해야 한다. 그런 관점에서 본다면 로파크와 같은 다양한 기제를 활용한 법교육은 대한민국 법무부와 검찰이 국민의 편에 있다는 소중함을 다시 한번 각인시킬 수 있을 것이다. 솔로몬 로파크 같은 대국민 서비스를 통해서 국민들이 세금 낸 보람을 찾을 수 있을 뿐 아니라, 법집행기관이 친근한 이웃도 될 수 있다.

법률저널_2011. 9. 2.

시급한 교권보호법의 제정
(교원의 교육활동보호법 제정을 촉구한다)

최근 보도에 따르면 상상도 할 수 없는 일이 벌어졌다. 학교에서 여선생님을 남학생들이 성희롱하는 장면이 인터넷을 통해서 유포된 것이다. 아무리 요즈음 학생들이 조숙하다고 하지만 교육현장에서 있어서는 안 될 일이다.

학생뿐 아니라 학부모 등으로부터 야기되는 교원에 대한 학교 폭력도 심각한 양상이다. 군사부일체라는 전통적인 관념의 현대적 적응을 논하지 않더라도 교직은 예로부터 성직자와 마찬가지로 예우해 왔다. 하지만 오늘의 현실은 더 이상 교직을 성직으로 받아들이지 않을 뿐 아니라 심지어 교육자가 학부모나 학생들의 각종 폭력과 희롱의 대상이 되어 버렸다. 어쩌다 이 지경에 이르렀는지 개탄스러운 우리 사회의 부끄러운 자화상이다.

교원의 교육활동보호와 학생의 수업권은 별개의 관념이 아니라 상호보완적이어야 한다. 자칫 교원의 교육활동보호가 학생의 수업권과 상충된다는 오해를 가질 수도 있으나 교원의 교육활동보호가 제대로 작동되지 못하는 곳에 정상적인 수업이 진행될 수 없다. 학교 현장에서 발생하는 갖가지 교육활동 침해 현상을 법적으로 예방하고 침해가 현실적으로 발생했을 때에는 이를 법적으로 뒷받침해 주어야만 정상적인 교육이 가능하다.

마침 '교원의 교육활동보호법안'이 국회에 제출됐다. 그간의 교육활동보호를 위한 일련의 논의를 이제 법적으로 뒷받침하기 위한 첫걸음을 내디딘 셈이다. 이 법안은 그간 교원의 교육활동보호를 위해서 교육관련법에 산재해 있던 내용들을 일목요연하게 정리하고 있다는 점에서 더욱 특별한 의의를 갖는다.

첫째, 학부모를 비롯해서 학교에 출입하고자 할 때에는 학교규칙이 정하는 바에 따라 미리 사전 약속을 해야 한다. 우리나라는 아직까지 예약문화가 성숙되지 못하고 있다. 식당에 밥 먹으로 갈 때에도 예약을 하는 실정인데, 하물며 교육현장에 외부인사가 아무런 사전 약속도 없이 무작정 출입하는 것은 바람직하지 않다. 학교 내의 평온과 질서유지를 위해서 불가피한 사항이다.

둘째, 학교에서 발생하는 각종 분쟁을 조정하기 위해 학교교육분쟁조정위원회를 설치해야 한다. 오늘날 복잡다기한 사회생활 속에서 각종 분쟁이 다양하게 발생한다. 이 분쟁을 조정하기 위한 사회적 합의기구와 이론 개발이 보편화돼가고 있다. 심지어 양당사자 사이에 첨예한 갈등 속에 진행되는 법원의 재판과정에서도 당사자 사이의 조정을 최대한 유도하려고 노력하고 있다. 교육의 장에서 야기되는 갖가지 분쟁을 학교당국과 당사자 사이의 합리적 조정을 거치는 것은 너무나 당연하기 때문에 그 제도화가 요구된다.

셋째, 우리나라는 너무 많은 민원이나 투서가 남발되어 새로운 사회문제가 되고 있다. 특히 교육자에 대한 민원이나 투서는 교원의 정상적인 교육활동에 회복하기 어려운 치명적인 침해를 야기한다. 이 과정에서 자칫 당사자에게 충분한 소명기회가 부여되지 못하는 일도 비일비재하여 결국 교권침해를 초래한다. 민주사회에서 적별절차는 소중한 가치이며 그 적법절차의 핵심은 당사자에게 충분한 반론권을 보장하는데 있다. 교원에게 충분한 소명기회를 부여하지 않은 채 여론몰이식 교권침해가 더 이상 발생해서는 안 된다.

넷째, 교육자치를 책임지고 있는 교육감은 교원활동보호위원회를 설치해 교원이 교육활동 과정에서 야기된 교권침해적 현상을 체계적으로 예방하고 조정하고 보호하는 역할을 적극적으로 수행해야 한다. 나아가서 법적 분쟁이 발생할 경우에는 교육활동보호전담변호인단을 설치해 교원이 법적인 보호를 충분히 받을 수 있는 제도적 장치를 마련해야 한다. 교원의 자발적 조직인 한국교총이 교권침해 사례가 발생할 경우에 변호사비용을 보조하고 있음에도 국가적 차원에서는 아직까지 체계적 지원이 이루어지지 못하고 있는 것은 시정돼야 한다.

학교 현장에서 교원의 교육활동이 정상적으로 보호되고 있다면 '교원의 교육활동보호법'이 제정되더라도 사실상 사문화될 것이다. 이 법이 제정되더라도 학교현장에서 이 법이 적용되는 일이 최소화되도록 교육환경이 이상적으로 작동되기를 기원한다.

교육신문(한국교총)_2009. 9. 21.

청소년 법교육 축소를 우려한다

권위주의 시절에 온 국민의 소망은 나라의 민주화였다. 법의 이름으로 자행되는 위정자의 온갖 탄압에 맞서서 외치는 민주화라는 화두는 그 자체가 곧 정의였다. 그 시절에 준법은 거추장스러운 외투에 불과했다. 하지만 1987년 체제 이후에 민주화는 성공적으로 정착되고 두 번에 걸친 평화적 정권교체는 한국적 민주주의의 안착을 보여준다. 권력의 민주적 정당성이 확보된 이후에 남겨진 과제는 바로 법치주의의 정착을 통한 민주법치국가의 건설이다.

하지만 아직도 민주화 여정의 피로감에서 벗어나지 못한 듯 준법보다는 떼법이 곧잘 통용된다. 윗물부터 흐려져 있다. 권력이나 부를 가진 사람들이 법을 무시하는 행태는 예나 지금이나 마찬가지다. 온 국민의 생활 속에 자리잡아야 할 기초질서는 마비상태다. 산업 현장과 노동 현장에서도 온갖 불법과 탈법이 난무한다. 하지만 위법에 대한 죄의식은 찾아보기 어렵다. 나만 걸려들었다는 억울함만 넘친다. 그 과정에서 고소·고발이 난무한다. 민주화와 산업화를 동시에 달성한 세계적 모범국가라는 외형에 자만한다. 국민의 법질서 준수지수는 30개 경제협력개발기구OECD 회원국 중에서 27위라는 최하위 수준에 머무른다. 법 경시는 곧 국가경쟁력의 저하로 이어진다.

이제 전 국민의 법의식을 함양하고 건전한 민주시민을 육성해 법치주의의 내실을 다져야 한다. 2008년에 제정된 법교육지원법을 통해 법교육이 활성화될 수 있는 법적 토대가 마련됐다. 법의 소중함을 일깨워주기 위해서는 학교에서의 법교육이 충실해야 한다. 법은 어렵고 까다로운 것이 아니라 가까운 이웃이라는 생활 속의 법교육이 정착돼야 한다. 모의재판·모의국회·논술경시대회를 통해 초·중등학교에서부터 생활 속의 법질서 구현에 능동적으로 참여하는 민주시민을 양성해야 한다. 국민의 형사재판 참여 제도에 따라 국민 누구나 배심원으로 활동하게 된다. 법에 대한 기본적 소양은 배심원의 소중한 덕목이다.

고교 심화선택과목인 '법과 사회'는 청소년들에게 생활법 중심으로 마련된 학교 법교육의 새 장을 열어간다. 그런데 최근에 제시된 '고교 일반사회 선택과목 개정 시안'에서는 '법과 사회'를 폐지하고 정치와 통합해 '정치와 법'을 개설하려 한다. 법을 정치의 일부로 이해하려는 무지의 발로다. 법학은 신학·철학·

의학과 더불어 4대 학문의 원류다. '법과 사회'의 폐지는 이제 겨우 걸음마단계에 있는 중등학교에서의 법교육을 황폐화시키기 마련이다.

그렇지 않아도 법학전문대학원로스쿨의 개원에 따라 대학의 법학교육이 흐트러진 마당에 고등학교의 법교육마저 사라진다면 학교교육 현장에서의 법교육은 설 자리가 없다. 사회 · 문화와 경제는 독자적으로 존속하고 법은 정치의 일부로 편입되면 법교육은 실질적으로 사라진다. 그래 가지고는 국정 어젠다인 '법질서 바로 세우기'는 고사하고 '정의가 강물처럼 흐르는 사회'는 요원해진다.

자라나는 청소년들에게 법의 소중함을 일깨워주고 왜 법을 지켜야 하는지에 대한 기본적인 소양교육도 외면하는 상태에서 국민의 건전한 법의식 함양은 불가능하다. 2007년에 법무부가 실시한 법의식 실태조사에서 73%에 달하는 국민은 학교에서 법교육을 충분히 받지 못하고 있다는 응답이다. 그렇잖아도 부족한 법교육이 '법과 사회'의 폐지에 따라 더욱 심화될 것임에 틀림없다. 수요자 중심의 관점에서 보더라도 '법과 사회'는 더 많은 학생이 선호하는 과목이다.

지구촌화한 21세기에 국가 간 치열한 경쟁에서 살아남는 길은 법과 원칙에 충실한 정상 국가의 초석을 다지는 데 있다. 경제 성장과 정치 발전도 법과 원칙에 충실해야 한다.

문화일보_2009. 12. 7.

서민 밀착형 법률복지와 법률구조

몸이 아프면 의사의 도움을 받아야 하고 법적인 고통이 있으면 법률가의 도움을 받아야 한다. 1970년대만 해도 어지간한 중병이 아니면 병원에 갈 엄두도 내지 못했다. 기껏 동네 약국에서 약사의 처방을 받는 정도였다. 이제 의료보험 덕분에 부담 없이 병원에 간다. 그런데 서민들에게 법률전문가의 법적 도움은 아직도 요원하다. 무전유죄 유전무죄라는 인식이 국민들 사이에 팽배해 있다. 하긴 유능한 법률가의 도움을 받은 당사자가 그렇지 않은 당사자보다 유리할 수밖에 없을 것이다. 능력 있는 변호사를 선임하려면 그만큼 많은 비용이 든다. 세기의 재판이라 할 수 있는 오제이 심슨 사건은 이를 난적으로 보여준다.

1994년 6월 13일 새벽, 미국 로스앤젤레스에서 여배우 니콜 브라운과 그의 애인이 난자당한 채 살해되었다. 경찰은 전설적인 미식축구 스타이자 그녀의 전 남편인 O.J. 심슨을 범죄혐의자로 체포한다. 형사사건에서 심슨의 초호화 변호인단은 배심원단으로부터 무죄평결을 이끌어 낸다. 그런데 민사사건에서는 피해자 유가족에게 2,500만달러에 이르는 징벌적 배상을 명하는 판결이 내려져 심슨은 경제적으로 파산하고 만다. 미국판 유전 무죄의 대표적 사례다.

최근에 법조인 수의 증가로 법률서비스도 강화될 수 있는 기반을 마련하고 있다. 매년 사법시험 합격자가 1천 명에 이르면서 전국의 개업변호사가 1만 명을 넘어섰다. 그래봐야 국민 4만 명 당 변호사 1인이다. 가까운 지인 중에서 변호사를 아는 서민은 거의 없다. 그러니 서민들에게 양질의 법률서비스란 그림의 떡이다. 이제 법률복지국가를 구현하기 위해 법교육과 법률구조를 병행해야 한다.

초등학생에서부터 사회인에 이르기까지 법교육의 장이 마련돼야 한다. '법의 무지는 변명이 되지 않는다.' 미국산 쇠고기 수입에 저항한 촛불집회는 동기의 순수성 여부를 떠나 대한민국은 민주공화국이라는 헌법 제1조를 국민들에게 분명히 각인시켜 준 훌륭한 교육의 장이었다. 민주시민은 기본소양으로 생활 속의 법을 숙지해야 한다. 산업화 사회에서 더욱 복잡다단해진 법적인 분쟁처리과정에서 최소한의 법적 소양은 민주시민의 기본덕목이다. 증권투자, 부동산투자, 꽃꽂이 교육에 소일할 것이 아니라 생활 속의 법교육에 친숙해야 한다. 법을 외면한 온정주의는 결국 사건사고를 유발한다. '뭐 우리 사이에 계약서 같은 게 무슨 필요 있어' 라는 식의 사고로는 서양식 합리주의에 기초한 법의 세계에서는 백전백패다.

법률복지란 더욱 생소하다. 의료복지에 이르지는 못하더라도 법적인 어려움에 처한 서민들에게 따뜻한 법의 보살핌을 펼쳐야 한다. 국민들의 고충을 호소하는 국민권익위원회, 공권력에 의해 헌법상 보장된 기본권이 침해되었을 때 헌법소원을 내는 헌법재판소, 인권침해의 시정을 호소하는 국가인권위원회가 있지만 법률서비스와는 거리가 멀다. 헌법재판을 하려면 변호사를 반드시 선임해야 한다. 민사, 형사, 행정의 갖가지 소송에도 법을 모르는 일반인들은 변호사의 도움을 받아야 한다. 그런데 돈이 든다. 소위 변호사를 사야하기 때문이다. 3년 송사에 기둥뿌리 날아간다는 말이 있다. 육체적 병은 칼로 환부를 도려내면 되지만, 법적인 병이 들면 정신적, 육체적, 물질적으로 피폐해진다. 그 서민들의 아픔을 안아주는 법률구조제도가 강화돼야 한다. 무의촌無醫村은 해소되었지만 아직도 무변촌無辯村이 산재한다. 법률구조의 사각지대에 있는 서민들의 법적 애환을 달래주는 공익기관으로서의 법률구조공단의 존재이유다. 서민들의 치열한 삶의 현장에서 야기되는 법적 분쟁에 대한 서비스는 법률구조공단의 몫이다. 소속 변호사의 찾아가는 법률서비스를 통해서 소외된 우리 이웃에게 따뜻한 법의 보살핌은 공동체 구성원으로서 긍지를 갖게 한다.

내년도 예산에서 가장 많이 증가된 항목이 복지예산이다. 이명박 정부의 중도실용 친서민 정책을 반영한 결과다. 사회공공의 안녕질서 예산도 적지 않게 증가되었다. 법치주의는 이제 더 이상 구호로는 안 되고 국민의 생활 속에 자리잡는 생활법치生活法治로 나아가야 한다. 인간다운 생활을 영위하기 위한 물질적 기초도 중요하다. 하지만 정신적, 문화적, 사회적 기반도 마련돼야 한다. 법률복지는 바로 국민소득 2만불 시대에 민주시민이 누려야 할 인간적 요구다. 법률복지를 구현하기 위한 법률구조의 저변확대만이 법치주의의 밑바탕을 제공할 수 있다. 법률구조야 말로 복지국가와 법치국가를 동시에 작동시킬 수 있는 기본소여다. 세계적 수준의 의료복지체계는 이제 법률복지체계에까지 이르러야 한다.

법률구조(법률구조공단)_2009. 10.

서민들의 삶의 현장에 찾아가는 법률구조서비스

올해는 여러 가지로 뜻 깊은 해이다. 대한민국 헌법이 제정된지 60년째에 이르고 있다. 그 동안 나라의 기본법인 헌법은 권력자에 의하여 노리개로 전락한 바 있다. 또한 1987년 6월항쟁을 통한 제6공화국헌법이 제정된지 20년을 맞이하고 있다. 헌법이 처음으로 10년을 넘어서서 성년이 되도록 안정을 유지하고 있다. 헌법이 안정을 유지하고 있기는 하지만 아직도 법치주의는 이 땅에 제대로 뿌리내리지 못하고 있다. 법의 날은 제정된지 44년이 되도록 일반 국민들은 법의 날이 있는지, 있다면 무엇 때문에 있는지 관심도 없다. 법은 마치 권력자와 가진 자를 위한 존재이고 법률전문가의 전속물로 생각하여 왔다. 그러니 유전무죄라는 말이 마치 당연한 말씀으로 여겨져 왔다.

법은 어디에서 나왔는가? 바로 국민이 직접 선출한 대표로 구성된 민의의 전당인 국회에서 만들지 않았는가? 그러므로 국민이 스스로 법을 지키고 국민이 스스로 법을 고맙게 생각할 때 비로소 국민은 나라의 주인이 될 수 있다. 민民이 주인이라는 민주주의는 법이 국민의 것이라는 인식이 깔려 있어야만 가능하다. 하지만 지난 세월 국민들은 법으로부터 소외되어 있었다. 먹고 살기에 급급한 나머지 내 자유 내 권리를 찾을 겨를조차 없었다. 하지만 산업화과정을 통하여 국민소득 1만불을 달성할 즈음에 마침내 국민들은 내 권리의 소중함을 피부로 느끼기 시작하였다. 바로 그와 같은 국민적 요구에 순응하기 위하여 20년전 법률구조법이 제정되었다. 사람의 사람다운 삶을 구현하는데 있어서 먹고 사는 것만 생각하든 시대를 뛰어 넘어 이제 국민들의 문화적 욕구도 동시에 충족시킬 수 있는 시대로 나아가게 되었다. 여기에 법문화의 향유는 바로 국민들의 살아 있는 요구가 되었다. 법률구조법의 제정에 따라 법률구조공단이 설치되었지만 아직도 많은 국민들은 법률구조공단의 존재 자체도 제대로 모르고 있는 실정이다. 그만큼 법률구조공단의 인적, 물적 기반이 미약하였다는 증거이다. 이제 성년을 맞이한 법률구조공단이 더욱 풍성하고 알찬 모습으로 국민 앞에 다가서야 한다.

법률구조공단이 서민들의 아픈 마음을 달랠 수 있는 독립적이고 능동적인 국가기관으로 거듭나기 위하여서는 먼저 공단에 대한 재정적 뒷받침이 뒤따라야 한다. 법률구조공단의 소명인 공익적 법률서비스 활동을 보장할 수 있는 정도의 국가적 재정지원이 절실하다. 국가공동체의 구성원이 온전한 법적 서비스를 받지 못한다면 국민소득 2만불시대에도 불구하고 사회적 양극화는 더욱 심해질 수밖에 없기 때문이다.

국민 일반의 법에 대한 인식의 전환도 필요하다. 이를 위해 법교육의 중요성이 강조되고 있다. 법무부와 법교육센터 및 법교육학회에서는 체계적인 법교육을 위하여 노력하고 있다. 하지만 서민들은 고달픈 삶 속에서 언제 한가하게 법교육을 받고 있겠느냐고 자탄할지도 모른다. 바로 여기에 법률구조공단의 공익활동을 통하여 서민들이 법적으로 겪는 아픔을 어루만져 줌으로써 법에 대한 인식의 근본적인 전환이 가능하다.

그간 문민정부, 국민의 정부를 거쳐 참여정부도 이제 마지막 해에 이르고 있다. 민주화가 이루어지지 아니하든 시대에 국민의 국정참여는 그야말로 꿈같은 이야기였다. 하지만 민주화와 정보사회의 진전에 따라 국민들은 국정에 직접 참여하고 국정정보를 알 수 있는 법적, 제도적 뒷받침이 마련되었다. 재판은 판사들만 하여야 하는 줄 알았는데 이제 재판에까지 널리 일반 국민들이 참여할 수는 국민의 사법참여에 관한 법률이 제정되어 내년부터는 국민들이 누구나 재판의 배심원이 될 수 있게 되었다. 하지만 나의 권리도 제대로 찾지 못하고 있는 법으로부터 소외된 우리의 이웃에게 따뜻한 법의 보살핌이 있다면 그들은 얼마나 행복해 할 것이며 또한 대한민국이라는 공동체 구성원임을 얼마나 자랑스러워할까.

이제 법률구조공단은 서민들의 민생현장에 다가서는 민생법률서비스를 구현하여야 한다. 서민들의 치열한 삶의 현장에 법률전문가가 찾아가서 그들의 생활 속에 스며드는 법의 중요성과 소중함을 일깨워 주어야 한다. 이제 법률구조공단은 법적 도움을 받기 위하여 찾아가는 곳이 아니라 서민들의 삶 속으로 뛰어드는 공단으로 자리매김하여야 한다.

법률전문가인 변호사는 서울과 같은 대도시에만 집중되어 있고 아직까지 변호사가 단 한명도 없는 시군이 많이 있다. 이와 같은 전문적 법률서비스의 사각지대에 법률구조공단 소속 변호사들이 직접 찾아가는 법률서비스를 담당하여야 한다. 이를 구현하기 위하여 법률구조공단의 전국적인 광역 네트워크를 대폭 강화하여야 한다. 대도시에도 가난한 이웃들이 모여 사는 치열한 삶의 현장에는 그 삶의 치열한 만큼이나 논쟁적이고 법적인 문제들이 소용돌이치기 마련이다. 이들은 변호사비용을 감당할 경제적 능력이 없기 때문에 변호사를 찾아갈 엄두도 내지 못하고 있다. 이런 우리의 가난한 이웃들에게도 법의 따뜻한 보살핌이 있어야 한다.

한편으로 음지에서 헌신한 법률구조공단 소속 변호사들의 공익활동에 대하여 충분한 보상도 뒤따라야 한다. 공익변호사로서 소명을 다한 이들에 대하여 공직취임의 또 다른 기회가 보장되어야 한다. 법률서비스가 국민의 아픈 곳을 따뜻하게 어루만져 줄 때 참으로 법치주의는 국민 속에 뿌리내릴 수 있다.

법률구조(법률구조공단)_2007. 6.

제 8 장

에필로그

한가위에 보름달에 담는 희망 메시지

고향과 어머니라는 화두는 언제나 마음을 설레게 한다. 고향에 찾아가지 못하여도 마음은 언제나 고향 하늘에 가 있다. 고향에 계시지 않더라도 어머니는 언제나 가슴 속에 함께 계신다.

오늘은 '더도 말고 덜도 말고 한가위만 같아라' 라는 추석명절이다. 오곡백과가 무르익는 수확의 계절이니 마음도 풍성하다. 오늘같이 좋은 날 어려운 우리 이웃과 아시아 각국에서 찾아 온 이방인을 배려하는 따뜻한 인정이 넘쳐 났으면 좋겠다.

농경사회가 해체되면서 자주 만날 수도 없는 온 가족이 오랜만에 오손도손 모여 앉아 차례를 지내면서 조상님의 음덕을 기린다. 특히 고향을 찾은 형제자매들은 웃음꽃을 활짝 피우면서 세상 돌아가는 이야기에 여념이 없다.

이번 추석 메뉴는 다채롭다. 다원화된 사회를 반영하듯 정치, 경제, 사회, 문화적 문제가 복합적으로 얽혀 있다. 한여름을 달구었던 탈레반에 의한 피납사건은 여진을 남긴 채 마무리 되었다. 하지만 제2차 남북정상회담, 신정아로 대표되는 학력위조 파문, 청와대 비서관의 부적절한 처신, 대선후보와 대선, 재벌회장에 대한 사회봉사명령, 언론 취재 통제, 양심적 병역 거부자를 위한 대체복무제도, 성적 자기결정권에 따른 간통죄 위헌제청, 그 어느 하나 따로 떼어서 말하기 어렵다. 그래도 올 추석의 주제어는 단연 신정아와 대선이다.

신정아 사건은 재물, 명예, 권력이 뒤엉켜 비린내가 넘쳐흐른다. 아무리 속이고 속는 세상이라지만 젊은 여성이 탐닉한 욕망의 전차 속에는 권력의 상징인 청와대, 학문과 지성의 본고장인 대학과 문화계, 종교계 인사들이 파노라마처럼 얽혀 있다. 우리 시대의 서글픈 자화상이다. 새삼 세상에 믿을 사람 아무도 없음을 실감한다. 우리 모두 앉았던 자리의 뒷정리는 제대로 하였는지 다시 한 번 뒤돌아보게 한다.

새해 벽두를 장식하던 대선이야기는 한 동안 뒤처져 있다. 임기 말이면 어김없이 레임덕 현상이 나타난다. 김영삼 김대중 전 대통령도 아들의 구속으로 힘을 잃었다. 그에 비하면 노무현 대통령은 선전하고 있다. 연초에는 원 포인트 개헌정국을 조성한 바 있다. 가을에 접어들면서 임기 말 대통령으로서는 파격적인 남북정상회담 메뉴를 차렸다.

그러나 청와대 정책실장과 비서관의 부적절한 처신은 대통령을 곤혹스럽게 한다. 대통령의 확신에 찬 어조는 불과 며칠 만에 사과성으로 변하였다. 하지만 아직까지 대통령이나 그 가족이 직접 연루된 스캔들이나 게이트가 없는 것만으로도 다행이다.

아무래도 추석민심의 초점은 끝나는 대통령보다는 누가 대통령이 될 것인가에 모인다. 언제나 그러하듯 지금보다 더 훌륭한 지도자가 출현하기를 기대한다. 한나라당과 민주노동당은 이미 후보를 확정지었다. 패자의 멋진 승복은 감동적이다. 하지만 열린우리당을 몇 차례 고쳐 쓴 긴 이름의 대통합민주신당 대선후보는 아직 오리무중이다. 대선은 불과 석 달 남짓 남았는데 집안에 싸움소리만 요란하다. 국민들은 '차떼기 경선'에 실망하고 있는데도 당내 경선에 몰두하느라 추석민심을 잡을 수 있는 처지가 아니다.

명절을 기점으로 한 민심의 동향은 연이은 선거에 대비하는 정당의 좋은 영양제이다. 대선을 앞둔 추석, 총선을 앞둔 설날이 그러하다. 하지만 이번 추석에는 카운터 파트도 없이 인물평만 난무하고 있다.

이제 한가위 보름달이 밝아 온다. 꿈과 희망의 상징인 보름달이 온 민족에게 환하게 비추도록 기도하자. 북녘 동포들에게 삶의 의욕을 북돋우자. 새로운 지도자는 지금보다 더 나은 미래를 약속하도록 기도하자.

내일이면 다시 일상으로 돌아온다. 로마의 철학자 키케로는 정의正義를 '각자에게 그의 것을'이라고 설파하였다. 국가원수로부터 서민대중에 이르기까지 남을 탓하기 이전에 각자가 자신의 직분職分에 충실히 해 보자. 분수에 맞는 수분守分의 삶을 살아가자. 각자의 몫에 합당한 관용과 화합을 실천할 때 우리 사회에도 정의와 평화가 넘쳐 날 것이다.

미발표 칼럼_2007. 8. 25.

법대 신입생들에게 드리는 글

지구 온난화 덕분인가, 짧은 겨울을 마감하고 따뜻한 봄날이 일찍이도 찾아온 새 봄의 캠퍼스는 개나리, 진달래, 철쭉에 이어 목련이 그 하얀 자태를 드러내기 시작하였다. 해마다 찾아오는 봄이건만 언제나 새 봄과 더불어 새 기운을 움 터는 자연의 섭리에 감회가 새롭다. 더욱이 새 봄에는 초등학교시절부터 무려 12년의 노력 끝에 이제 학교생활의 종착역이라 할 수 있는 대학 캠퍼스를 새내기들이 밝게 물들이고 있다.

하지만 이제 대학도 마음껏 마시고, 사랑하고, 공부하는 (Trinken, Lieben, Studieren) 질풍과 노도(Sturm und Drang) 시대의 낭만적 구호보다는 현실생활의 어려움에 시달려야 하는 세태의 변화에 새삼 젊은 그대들에게 드릴 수 있는 언어의 제한을 통감한다. 그래도 그대들은 청춘의 아름다움을 간직하고 있지 않은가! 두려움도, 무서움도, 부끄러움도 없이 오직 젊다는 이유 그 자체만으로 꽃보다 아름답지 않은가!

가르침을 당해 온 12년을 벗어 버리고 이제 스스로를 깨달아 가는 새 걸음을 내디뎌 나가야 한다. 담임선생님의 출석 체크나 조회, 종례도, 반장의 인사 구호도, 반별 수업시간표도 없다. 다만 그대들이 자유롭게 스스로 선택한 강의를 수강하면서 이 강의실, 저 강의실을 오갈 뿐 그 어느 누구도 오라는 말도 가라는 말도 없다. 자유와 자율이 처음으로 그대에게 부여된 것이다. 이제부터 처음으로 찾아 온 대학의 자유를 만끽하여 봄직도 하다. 때론 친구들과 어울려 만취와 고성방가로 지난 세월 쌓여 온 스트레스를 풀기도 하고, 때론 사랑하는 연인을 찾아 청춘시대를 구가해 보는 것은 또 어떤가. 하지만 이 모든 장면은 어쩌면 그대들보다 앞서 간 자의 립 서비스(lip service)에 불과하다고 비난할지도 모를 일이다. 형설의 공을 쌓아 대학 졸업장을 받아들었지만 오갈 데 없는 낭인 신세로 전락한 청년실업의 홍수시대를 남의 일로 남의 탓으로만 치부할 수 없는 현실이 아닌가.

그대들의 삶은 지금부터 새로운 시작이다. 청춘의 열정도 사랑의 향기도 지금부터 시작이다. 이 출발선상에서 어떻게 대학생활을 이끌어 가느냐에 따라서 밝은 미래가 약속되기도 하고 반대로 어둠의 나락으로 전락할 수도 있다. 똑 같이 시작한 2007년 3월의 대학신입생이 졸업과 더불어 4년의 성취도에 따라 사회의 첫 출발점이 달라질 수밖에 없다. 더더구나 10년, 20년 후면 이미 다른 곳에서 다른 인생을 살아가야 하는 것이 또한 숙명이기도 하다. 물론 사회적 성공이 곧 인생의 성공을 의미하지는 않는다고 하더라도, 자신이 인생의 어느 시점에서 자신이 젊은 시절 원하던 삶을 살아 왔는지 아니면 자신의 의지와는 관계없이 떠밀려서 살아 왔는지 반추해 보았을 때 자신이 원하던 삶의 방향으로 살아 왔음을 스스로 자위할 수 있어야 하지 않을까.

이제 복되고 알찬 미래를 위하여 몇 가지 당부를 하고자 한다. 첫째, 자신에게 스스로 충실하여야 한다. 스스로 충실한 대학생활이라고 느끼지 못할 때에 그 어느 누구로부터도 인정받을 수 없다. 둘째, 대학인으로서의 자유를 만끽하라. 그러나 나태와 일상을 일탈한 방종은 금물이다. 셋째, 전공학문에 진입하기 전에 스스로 대학인으로서의 교양과 덕목을 갖추어라. 다양한 독서, 문화적 친숙성을 통하여 현대적 지성인의 조건을 갖추어라. 넷째, 건강을 도모하라. 수험생활로 피폐해진 건강을 스스로 추슬러야 한다. 젊다는 이유로 함부로 무리하여서는 아니 된다.

신입생 법학도들에게 특별한 메시지는 무엇일까. 법학도라고 해서 특별히 다른 신입생과 달라야 할 이유는 없다. 다만 몇 가지를 추가하면 다음과 같은 사항을 유념해 주길 바란다. 첫째, 균형적인 삶을 준비하여야 한다. 법대생은 어쩔 수 없이 평생 법과 관련된 삶을 살아야 한다. 법대 초학년부터 법서를 둘러매고 다닐 필요는 없다. 그러나 굳이 법서가 아니더라도 형평의 저울질을 할 수 있는 역량을 배양하여야 한다. 둘째 그대들의 진로를 너무 서둘러 결정할 필요는 없다. 법학도에게는 매우 넓은 길이 열려 있다. 사법시험을 통한 법률가의 길은 가장 손쉬운 법학도의 선택이다. 그러나 오히려 훌륭한 법학도들은 행정부에서도 할 일이 더 많다. 나아가 금융계, 산업계, 언론계 등 사회의 전 분야에서도 법학도의 손길을 기다리고 있다. 자신의 취향, 자신의 역량, 자신의 이미지에 부합하는 길을 선택하여야 할 것이나, 지금은 이 모든 직업적 문제는 접어 두고 학교생활에 충실하여야 한다.

다만 그 어떠한 길을 택하든 간에 법학도는 법학에 충실하여야 한다. 신입생에게 요구되는 최소한의 법적 소양을 토대로 하여 법학전공과목에 대한 정진이 뒤따라야 한다. 흔히들 저학년에서부터 고시공부에 매달리다 스스로 지쳐버리는 우를 범하기도 한다. 학창시절에는 학교에서 정하여 놓은 스케줄에 따라 착실하게 공부하여야 한다. 교수님들의 정성어린 강의와 학문적 체취가 남아 있는 전공서들은 법학도의 훌륭한 길잡이가 될 것이다. 꼭 사법시험과 같은 어떠한 시험을 목표로 하는 것이 아니라 법학도로서의 기본적인 과제를 터득해 나가도록 노력하여야 한다. 하지만 결코 서둘러서 해결될 일은 아니다. 차근차근 고리를 풀어 나갈 때 어느 순간 법학의 참 의미를 알게 될 것이고, 어느 순간 자신도 모르는 사이에 법적 사고가 자리 잡게 된다.

대학 신입생 여러분들은 미래 한국의 주인공들이다. 그대들 앞에는 통일한국의 청사진이 있고, 세계화시대의 넓고 넓은 지구촌이 그대들의 품안에 있다. 이제 열정어린 그대들은 분단조국을 극복하고 갈등을 뛰어넘어 화합과 통합에 기초한 세계공동체의 주역이 되기를 바란다.

고시계_2007. 4.

서울대학교 법학전문대학원 새터자료집

성낙인 교수님께서는 본교 법과대학 및 대학원에서 법학을 전공하시고, 프랑스 파리2대학교에서 법학박사 학위를 취득하셨습니다.

Q. 법학에 뜻을 두게 되신 계기가 있으신가요?

A. 여러분과 같은 경우에는 이미 성인이 됐으니까 자기 스스로 무언가를 해보자고 입학하게 되었겠지만, 제가 법대에 입학할 시절에만 해도 고등학교 때 전공을 정하고 법대로 입학을 했습니다. 문과와 이과 중에 선택을 하자고 하면 수학이 재미가 없었기 때문에 문과를 선택했고, 문과에서는 법대, 상대, 문리대가 있는데 돈과는 인연이 없는지 상대는 뭔가 잘 맞지 않는다고 느꼈습니다. 그래서 법대냐 문리대냐를 고민했습니다. 그때는 기자가 괜찮다고 생각을 했고 기자가 되기엔 정치학과가 좋을 것 같아서 정치학과를 갈까 했는데, 집에서는 정치학과를 반대하셨습니다. 그래서 법대로 가야겠다고 결정했습니다. 당시에는 꼭 반드시 법대를 가야겠다는 생각을 하지는 않았던 것 같습니다.

Q. 학문의 길을 걸어오셨는데, 교수직을 해야겠다고 마음먹게 된 계기가 있으신가요?

A. 저는 왜 아직까지 부활되지 않는지 모르겠는데, 제 학창시절 법대에 공법학회가 있었습니다. 법이라면 공법, 사법이 있는데, 저는 학생 때 공법학회 회장을 했습니다. 공법학회 회장을 하면서 제가 그 공부가 좋아서 하다 보니 그렇게 된 것 같습니다. 또 실제로 사법은 학점도 만족스럽지 않고 재미도 없고, 공법이 뭔가 재미있어 보였습니다. 그래서 학부를 졸업하고 나서 대학원에 공법 전공으로 입학했습니다. 법학이라는 것이 근본적으로 정밀한 학문인데, 민법이론은 워낙 로마시대 때부터 가장 정밀하게 발전해 왔습니다. 민법은 법 중의 법이라고 하지만, 저 개인적으로는 민법을 안 하기를 잘 했다고 생각합니다. 사법을 했으면 아마 제가 교수는 됐어도 공부하기가 싫어서 조금 억지로 하지 않았을까 하는 생각이 듭니다. 그런데 공법 중에서도 헌법은 공부를 하면 재미가 있습니다. 모든 공부는 재미가 있어야 하는데, 그래서 하게 됐습니다.

A. 여러분도 이제 로스쿨을 졸업하고 나면 꼭 대학원 차원의 문제가 아니라 자기 전공영역, 법률가로서의 자기 전문영역이 생기게 될 것입니다. 자신의 성향이 공법 쪽인지 사법 쪽인지, 자신의 적성을 잘 한번 생각해보기를 바랍니다. 법이라는 것이 인간생활의 모든 면과 관련되어 있기 때문에, 예컨대 서울대학교에 100개 과가 있는데 이 100개 과가 각각 해당분야의 법을 모두 공부하고 있습니다. 경제학과에서도 경제관련 법을 공부하는데, 경제학에서 이론을 가르치지만 그것이 현실적으로 국가 사회에서 제도 정책으로 나오려면 법이 있어야 하지 않습니까? 그리고 공대 건축과에서도 건축법을 알아야 그것에 맞게 설계를 해야 하기 때문에 건축법을 가르쳐야 합니다. 그러니 앞으로 공부를 하면서 내게 재미있는 법이 무엇인가 항상 탐구를 해야 합니다. 자신이 느끼기에 재미없는 법을 다루면 당연히 재미가 없을 수밖에 없습니다. 또 능률도 오를 수가 없습니다. 과연 내게 재미있는 법이 무엇인가 생각해야 합니다. 사실 공부를 하다보면 저절로 재미를 찾게 됩니다. 발표제목 같은 것도 나 스스로 재미가 있어야 합니다. 재미없는 것을 발표하려고 하면 절대 좋은 발표가 나오지 않습니다.

Q. 교수님께서 생각하시는 헌법만의 재미는 무엇인가요?

A. 헌법이라는 것은 나라의 큰살림이 어떻게 될 것인가를 쭉 들여다보는 것입니다. 나랏일이 어떻게 돌아가는지 파악하고 나면, 그 나랏일에서 헌법학자가 할 일이 무엇인가 생각하게 됩니다. 대통령, 국회의장이 할 일이 따로 있고, 헌법학 교수로서 할 일이 따로 있습니다. 우리는 늘 그런 점에서 첫째, 헌법사회제도에서부터 법률사회제도까지 제도를 우선 들여다 봐야합니다. 제도라는 것은 이미 정해져있는 것이므로 예컨대 헌법규범이 있으면, 그것이 제대로 된 규범인가를 헌법학자가 봐야 됩니다. 그러나 헌법학자는 단순히 규범이 제대로 됐느냐 하는 문제가 아니라 그 규범이 현실적으로 한국사회에서 제대로 작동하느냐를 들여다봐야 합니다. 규범의 문제와 현실의 문제가 무엇인지, 규범은 정말 좋은데 현실이 안 되는 것인지, 규범도 문제고 현실도 문제인지, 규범만 문제이고 현실은 괜찮은지…. 이런 것들을 들여다보고 연구를 하면 재미가 쏠쏠합니다.

Q. 교수님이 생각하시는 법학자의 자질이란 무엇인가요?

A. 법학자의 신세타령을 하자면, 병원에 가면 의대교수가 최고고, 기계에 관한 한 공대 기계과 교수가 최고고 그렇지 않습니까? 그런데 법률가의 세계에는 판사, 검사, 변호사와 같은 실무자가 있고 저와 같은 학자가 있는데, 법학교수는 공부를 열심히 해서 이론을 내놓지만 실무자들이 다 가져가버립니다. 그리고 사람들이 변호사를 전문가라고 생각합니다. 하지만 사회가 워낙 복잡해지다 보니 법의 영역에서도 세분화가 될 수밖에 없습니다. 옛날에 상법을 보면 회사법, 기껏해야 보험법이 다였는데, 요즘은 증권법이라든지 M&A법과 같은 것들을 전문적으로 공부한 법대 교수들에 비하면 실무 사건만 다루는 변호사와는 이론적 깊이에 있어서 차이가 날 수 밖에 없습니다. 그런데 돈의 99.9%는 변호사들의 몫인 것이 현실입니다. 달리 말하면, 돈을 벌려면 교수를 하면 안 됩니다.

그렇다고 법학자들보다 깊이 알지 않는데 돈을 많이 번다고 비난할 문제도 아닙니다. 변호사는 우리 사회의 정의를 수호하는데 기여를 하고 현실의 사회에서 사건을 맡는 법률 상인인데, 그런 서비스를 제공하는 사람들과 교수를 같은 맥락에 둘 수는 없는 것이라고 생각합니다. 법학 교수는 정신적으로는 아주 부자인데, 물질적으로는 가난합니다. 물론 물질적으로 가난한 것을 감수하기가 쉽지 않지만, 그것만 감수하면 괜찮은 직업입니다. 멋있지 않습니까? 변호사나 판사는 매일 분쟁에 대해서 해결하는 일만 하고, 검사는 범죄자가 이만큼 잘못했으니 처벌해야한다는 근거를 찾는 일만 하는데, 법학교수는 그런 것들에 있어서 다 초연합니다. 제가 하고 싶은 이야기를 마음대로 할 수 있는, 소위 언론의 자유가 있는 겁니다.

Q. '성사모'라는 팬클럽이 생길만큼 학생들 사이에서 인기가 많으신데, 그 비결이 무엇이라고 생각하시나요?

A. 성사모라는게…. 저는 방금 얘기했다시피 시니어 교수로서 그런 것들에 조금 초연해졌습니다. 이제 와서 돈 벌겠다고 나서도 돈 벌 가능성도 없지만, 역시 교수가 돈은 못 버니 조용히 살자. 대신 교수로서의 역할은 잘 해내자고 언제나 생각합니다. 모든 분야에서 서울대학교 교수님들은 다 당대 최고의 분들이니까, 다 자신의 분야에서 해야 될 역할이 있고, 그런 역할들을 잘 해야 합니다. 제가 학생들을 좀 귀찮게 하긴 하는데, '귀찮게 하는 사람치고는 괜찮다. 맨날 야단치는데, 야단을 맞으면서도 별로 밉지는 않다.' 그렇게 생각하는 학생들이 있어요. 그래서가 아닐까….

Q. 앞으로 헌법을 배우게 될 텐데, 헌법을 공부하면서 유념해야 할 점들이 있나요?

A. 아까도 말씀드렸지만, 저는 아마 민법 교수가 되었으면 실무가 출신의 윤진수 교수나 김재형 교수 또는 순수이론가인 남효순 교수처럼 훌륭한 민법교수가 못 됐을 겁니다. 왜냐하면 헌법만큼 재미있지 않으니까. 법학에는 공법 사법이 있고, 공법과 사법은 그 성격이 아주 다릅니다. 사법은 개인과 개인 사이의 문제를 다루어야 하는 것이고, 공법은 말 그대로 공공적인 일들과 관련이 있습니다. 물론 사익이 희생되어야 되느냐고 하면 반드시 그런 것은 아니지만, 공법 중에서도 행정법은 법전이 없어서 일종의 민법 특별법으로 분류되어 공법과 발전해왔습니다. 헌법은 족보가 조금 다른 법입니다. 여러분이 공부를 해보면 아시겠지만 기본법이라는 의미에서 법학의 양대산맥이 헌법과 민법이라고 하는데, 민법은 아주 정밀하게 개인과 개인 사이의 문제를 논리적으로 해결하는 것이고, 헌법은 국가생활을 이끌어나가는 법입니다.

우리나라만 해도 5천만 국민이 살아가는데 무슨 조그만 일만 해도 득보는 사람이 있고 손해 보는 사람이 있기 때문에, 5천만 국민이 살아가면서 공동체적 가치를 끌고 나가야 합니다. 수없이 득 보는 문제와 손해 보는 문제들이 교차해가면서 하나의 공동체적 가치를 끌고 가게 됩니다. 이런 문제 때문에 같은 법이라도 태생도 다르고 성격도 다르고 종자도 다른 것입니다. 옛날엔 기본권이라는 것이 없었지만, 시민사회가 형성되면서, 국민주권주의가 되면서 생겨났습니다. 헌법과 정치제도는 이상향을 찾아가는 겁니다. 헌법은 앞서 얘기했던 헌법규범과 헌법현실의 조화를 추구하는 것이라면, 정치제도는 예를 들어 정부형태의 경우 대통령제가 좋냐, 의원내각제가 좋냐, 이원정부제가 좋냐, 그 모든 것이 다 이상만으로는 좋은 제도겠지만 현실은 이상만 가지고 되는 것이 아닙니다. 그렇게 이상과 현실의 차이를 이해하면서 국가생활을 이끌어나가도록 돕는 법이 헌법입니다.

Q. 학사 엄정화 때문에 과도한 경쟁이 발생하고, 학생들이 학점관리와 다른 기타 여가생활을 균형 있게 유지하기 힘들어하는데 이에 대해 교수님의 의견을 듣고 싶습니다.

A. 미국 예일대학의 경우에는 Pass or Fail 제도를 채택하고 있는데, 저는 서울대 정도 되면 Pass or Fail이 맞는 제도라고 생각합니다. 반드시 학점을 줘야 한다면 유연하게 이루어져야 하는데, 아직 로스쿨이 걸음마 단계에 있고, 그렇다 보니 서울대도 하는 수 없이 그런 공동체 질서에 동참한다는 차원에서 엄격하게 할 수 밖에 없는 상태입니다. 저도 안타깝게 생각하는 점이, 우리 학생들이 다들 학점 4.0씩 받아서 서울대 로스쿨에 들어왔다가 난생처음 C, D학점을 받으면 요즘 여러분 말대로 멘붕상태에 빠지는 문제가 발생합니다. 지금은 워낙 들여다보는 눈이 많아서 어쩔 수 없지만, 아마 몇 년 지나면 조금 여유를 가지지 않을까 싶습니다.

예전에는 지덕체智德體라고 했는데, 요새는 지智는 다들 충분할 정도로 많습니다. 서울대 로스쿨 정도면 지智가 있는 사람이니까, 학생들에게 있어서는 체덕지體德智로 바뀌었습니다. 건전한 신체에 건전한 정신이 깃든다는 말을 알리라 믿습니다. 제가 젊었을 시절에는 사실 먹고 살기 어려운 그런 시절이었고, 지금처럼 헬스클럽을 다닐 형편도 안 되고, 집에 아파트가 있어 더운 물이 나오는 것도 아니고, 사정이 어려워서 건강에 신경 쓸 형편이 못되어 20대에 쓰러지기도 했습니다. 하지만 여러분은 아주 좋은 환경에서 생활하고 있으니, 늘 체력관리를 잘 해야 합니다. 로스쿨 공부가 생각보다 쉽지 않습니다.

첫째로 내 몸이 좋아야 머리가 맑습니다. 내 몸이 당장 감기 몸살에 걸려서 머리가 아프고 졸리는데 공부를 하겠다고 하면 안 될 수밖에 없습니다. 감기 한번 걸리면 일주일간 공부를 제대로 할 수 없는데, 두세 달 간 매일 공부한 것들이 다 소용이 없어집니다. 건강은 상해본 사람은 압니다. 우리 서울대 로스쿨 정도 들어온 학생들은 공부하지 말라고 해도 열심히 공부하고, 이미 공부를 열심히 하는 것이 검증이 되어 있습니다. 지금부터는 다 같이 힘들게 공부하게 될 텐데, 내 몸과 마음이 튼튼해야 합니다. 공부도 중요하지만, 신체를 건강하게 유지해야 그 건강한 신체를 바탕으로 공부를 할 수 있는 것임을 기억해야 합니다.

Q. 로스쿨 학생들이 졸업 이후의 진로를 고민할 때, 고려해야 할 것들이 어떤 것들이 있을까요?

A. 사실 많이 어려워진 것 같긴 합니다. 검찰은 그대로 뽑는데, 법원은 로클럭만 뽑고, 로클럭 간다고 판사가 되는 것도 아니고 10년차가 돼야 판사를 시켜주는 것으로 압니다. 그 사이에 자기 계발을 해야 되는데, 좋은 공부를 좀 더 하는 것도 한 방법이 될 수 있고, 세상이 국제화 되니까 세계적인 안목을 가지고 시대의 흐름을 보면서 선택을 해야 되지 않을까 싶습니다. 지금 현실적으론 로펌을 갈 수 밖에 없는 상태인데, 그 로펌을 들어가는 데에서도 자기 관리 문제가 있고, 자기 건강 문제도 있고, 여러 가지를 고려해서 원하는 곳에 들어갑니다. 그런데 과연 그렇게 로펌으로만 가는 것이 맞느냐 하는 문제가 있습니다. 저는 사실 공직을 많이 권하고 싶은데, 이것은 헌법 교수라서가 아니라 사법시험 합격자를 늘리면서 서울법대의 맨파워가 많이 떨어졌기 때문입니다.

사법시험 오백 명, 천 명 시대에 들어서면서 동기들이 전부 판사, 검사, 변호사, 교수…. 우리 사회 전체의 포션을 보면 사법부가 3분의 1이라고 하지만 실제로 3분의 1까지도 안 됩니다. 그런 점에서 변호사가 된 것은 좋지만 변호사 직에 진로를 한정시키지 말라는 것입니다. 공공 부분이나 기업 같은데 눈을 열어둘 필요가 있습니다. 국가기관의 공무원, 사무관으로 들어간 후 잠시 후에 전부 다 월급이 적다고 뛰쳐나옵니다. 그런데 그것을 또 나무랄 수도 없습니다. 하지만 사무관 과장이 되면 대한민국에 그 일을 할 사람은 그 사람 밖에 없는데, 얼마나 창조적 형성적 일입니까. 너무 시야를 판사, 검사, 변호사…이렇게 좁게 보지 말고, 좀 더 크게 보면서 내가 할일이 무엇인가를 로스쿨 3년 다니면서 열심히 공부하면서 찾아보면 좋겠습니다.

Q. 프랑스로 유학을 다녀오셨는데, 특별히 프랑스로 가게 되신 계기가 있으신가요?

A. 제가 고등학교 다닐 무렵에는 좀 괜찮은 고등학교는 제2외국어로 독일어 불어를 가르쳤고 다른 언어는 없었는데, 제가 고등학교 입학하기 얼마 전에 불어 선생님이 없어져버렸습니다. 서울대 입학시험을 위해서는 제2외국어를 반드시 해야 했기 때문에 무조건 독일어를 해야 했고, 대학입학시험, 대학원석사과정입학시험 전부 독일어를 하게 됐습니다. 그런데 석사학위 논문을 쓴다고 독일 문헌을 봤는데 도저히 무슨 말인지 모르겠다는 생각이 들었습니다. 사전을 아무리 찾아도 이게 무슨 말인지 이해가 안됐는데, 지금 돌이켜보니 교과서를 읽어도 시원찮은 실력에 독일 교수님 논문을 독파해보겠다고 시도를 했던 것이 문제였던 것 같습니다. 그러니까 완전히 안 될 일을 달려들었던 겁니다.

아무튼 그래서 독일어를 도저히 못 보겠다고 생각하던 중에, 마침 불어를 한번 해보는 것이 어떻겠느냐는 말을 들었습니다. 가만히 생각해보니까 근대민법은 꼬드 나폴레옹(Code Napoléon) 프랑스 민법전이고, 헌법도 마찬가지이니까 불어를 해보자고 결심했습니다. 그때 불어를 해서 좀 재미를 봤는데, 제가 18년 전에 프랑스 헌법학이라는 1000페이지가 넘는 저서를 출간했습니다. 하지만 안타깝게도 10년도 전에 절판되고 시중에 없습니다. 다른 영역에 일이백 페이지 번역서는 있어도 프랑스 헌법학 같은 방대한 저서는 없습니다. 지금은 절판되었지만 법학도서관에 가면 있습니다. 남들이 잘 안 했던 것을 조금 할 줄 안 덕에, 한 획을 긋는 무언가를 할 수 있었습니다.

Q. 법학을 한 번도 공부해보지 않은 비법대생으로서 불안한 점이 많은데요, 저와 같은 학생들에게 해주고 싶은 조언이 있으시다면?

A. 일본은 법대를 졸업하면 2년, 비법대를 졸업하면 3년을 공부하도록 로스쿨 제도가 되어있습니다. 그런데 우리나라는 법대에서 5년, 6년씩 공부한 사람이나 비법대생이나 다같이 1학년에 입학해서 경쟁하니 이건 명백한 불공정게임입니다. 그러나 제도가 이미 그러니 어떻게 하겠습니까. 불쌍한 학생들이, 비법대생들이 순응하는 수밖에 없습니다. 그러려면 지금 서울대 로스쿨에 입학해서 마냥 기분이 좋을 때가 아니라 남은 시간동안 목숨 걸고 공부해야 합니다. 생각해보세요, 여러분들이 다 훌륭한 사람이지만, 5, 6년 법을 공부한 법대를 나온 사람들과 함께 경쟁을 해야 하는데, 그 사람들이 조금 게으름 피울 때 여러분들이 목숨 걸고 하지 않으면 따라갈 수가 없습니다. 구조적으로 그런 것인데, 1년 동안은 마음을 단단히 먹고 죽을 고생을 해야 합니다.

Q. 그럼 남은 기간 동안 가장 효율적으로 공부할 수 있는 방법은 어떤 것이 있을까요?

A. 많이 읽고 정 이해가 안 되면 외워버려야 합니다. 어차피 용어라는 것은 금방 들어오지 않습니다. 한국말이지만 모를 수 있고, 그러면 무조건 외우는 수밖에 없습니다. 외우다 보면 이해가 되고, 이해하다 보면 외우게 되고, 이렇게 됩니다. 읽기와 이해. 읽고 이해하고 또 써봐야 합니다. 책을 쭉 보면서 '그래 이거지' 하고 생각하는 것 가지고는 아직 이해가 안 된 겁니다. 써보면서 공부를 해야 체화가 됩니다. 써봤을 때 술술 써지면 비로소 이해가 다 된 것입니다.

Q. 교수님께서 학생들에게 추천하고자 하는 책이 있으신가요?

A. 굳이 추천할 책이라면 성낙인 헌법학을 교재로 할 예정입니다. 해마다 개정판 작업을 하다보니까 제13판인 금년판은 2월 1일에 출간되었습니다. 입문적 이해를 위해서는 헌법학입문을 보시면 됩니다. 판례보다는 이론 중심으로 저술되어 있지만 그래도 있을 내용은 다 있습니다. 그 밖에도 제가 저술한 책으로는 판례헌법 제3판, 헌법소송론, 대한민국헌법사가 있습니다. 특히 헌법소송론은 제자들과 함께 저술하였습니다. 또한 한국헌법학회에서 제가 간행위원장으로서 헌법판례백선을 출간하였습니다. 헌법의 핵심판례를 전국의 헌법학자들이 함께한 저술한 것으로서는 법학계 최초의 책입니다.

Q. 대부분의 신입생들이 로스쿨 입학 이후 방대한 학습량과 치열한 학점 경쟁에 대해 걱정하고 있습니다. 신입생들에게 조언 한마디 해주세요.

A. 로스쿨 학생들 모두 첫 1년간 매우 힘들 겁니다. 그 시기를 잘 극복해야 앞으로 법률가가 되는데, 예년에 보면 1학년 때 휴학생들이 대부분 비법학사입니다. 그런 점에서 입학 전에도 열심히 공부하시고, 학부 때 그 정도 열심히 해서 서울대 로스쿨에 들어왔을 정도면 내 인생에 1년이 없어졌다고 생각하고 목숨 바쳐 공부하면 먼동이 터올 겁니다. 몇 년 만 힘들면 평생이 보장되는데 그 정도는 고생해야하지 않겠습니까? 열심히 해서 원하는바 좋은 결과 이루기를 바랍니다.

기본과목 교수님께서 들려주시는 이야기 헌법 성낙인 교수님 편(15–20면)_2013. 2.

창간 9주년 특별인터뷰 내용

- 그동안 사법시험관리위원(이하 위원회)의 역할을 자평하신다면.

"제 자신이 위원이면서 만족스럽다고 한다면 자화자찬이 될 것 같아 조심스럽기는 합니다. 하지만 수험생 여러분들의 목소리를 최대한 수렴하여 법학교육의 정상화와 국가 최고인재의 등용문인 사법시험이 법학도들의 선의의 경연장이 될 수 있도록 나름대로 기여하고 있다고 자부하고 싶습니다."

- 위원으로서 법무부의 사법시험 행정을 평가하신다면.

"사법시험업무는 현재 법무부 법무실 법조인력정책과에서 총괄하고 있습니다. 사법시험업무를 총괄하고 있는 분들은 현직 검사로서 자신도 바로 사법시험을 통하여 법조인이 되었기 때문인지 사법시험 관리행정에 매우 섬세하고 깊은 애정을 갖고 일하는 모습을 볼 수가 있습니다. 그러나 수험생들의 요구사항을 전적으로 수용하는 일은 쉬운 일이 아니라고 봅니다. 그럼에도 불구하고 정신적, 육체적으로 매우 힘들어하는 수험생들의 편의를 돌보려는 서비스 정신을 높이 살만하다고 봅니다. 특히 총무처나 행정자치부에서 국가시험 전부를 관리할 때와는 달리 법조인력정책과는 사법시험업무에 주력하기 때문에 더 좋은 서비스가 가능하다고 봅니다."

- 위원회는 시험제도 전반에 대한 광범위한 심의를 하는 것으로 알고 있는데 스스로 시험제도에 대해 잘 알고 있다고 보시는지요.

"저는 개인적으로 총무처에서 국가시험을 관리하던 시절부터 법학교수로서 헌법분야의 1차 및 2차 시험위원과 3차 구술고사 위원을 여러 차례 경험한 적이 있습니다. 또한 행정자치부 시절부터 사법시험 역사상 처음으로 구성된 사법시험위원회 위원을 맡은 적이 있습니다. 이제 법무부에서 사법시험을 관리하게 되면서 사법시험관리위원회 위원을 맡게 되어 우리나라 최고인재를 선발하는 사법시험제도와 인연이 깊으면서도 또한 좋은 인재를 선발하여야 한다는 무거운 책임감을 느끼고 있습니다. 여러 인연에 비추어 본다면 저만큼 사법시험제도를 잘 아는 분도 많지 않으리라 자부하고 있습니다."

- 위원들도 심의를 하기 위해 수험생들의 목소리를 듣는 자체 메카니즘이 있는지요.

"위원님들이 개별적인 차원에서 수험생들의 목소리를 듣는 일은 제도적으로 되어 있지는 않습니다. 그러나 위원님들이 대부분 사법시험과 인연이 깊은 분들이기 때문에 나름대로 사법시험제도의 바람직 발전방향에 관한 소신을 갖고 있다는 점을 회의 과정에서 충분히 알 수 있습니다."

- 일각에서는 위원회가 법무부의 거수기가 아니냐는 지적도 있습니다.

"거수기라는 표현은 너무 지나칩니다. 위원회가 열리면 법무부 관계자뿐 아니라 법원, 변협, 시민단체, 언론계 및 학계에서 오신 위원님들 나름대로 법무부에서 상정한 안건에 대하여 소신을 펼치고 있기 때문입니다. 사실 사법시험과 관련된 복잡한 업무는 아무리

정성을 기우려도 부족한 부분이 있기 마련입니다. 바로 위원회의 책무는 사법시험제도 전반에 관한 큰 흐름을 잡아주는 일이 하나의 축이라면 또 다른 측면에서는 비상임위원회의 특성상 법무부에서 업무처리과정에서 혹여라도 오류, 착오, 유탈한 부분이 있다면 이를 함께 의논하여 바람직한 방향으로 이끌어 가는 일이라고 생각합니다."

- 현재 수험생들은 1차든 2차든 모두 시간이 턱없이 부족하다고 합니다. 이와 관련 개선할 사항은 없는지요.

"시험제도의 변화와 응시시간은 비례합니다. 사실 1차시험의 경우 5지 선다형의 평범한 문제일 경우에는 대부분의 수험생들이 시간이 남을 정도였습니다. 그런데 최근에 1차시험의 변별력을 높이기 위하여 심지어 8지선다형으로까지 출제되다 보니까 절대적인 시간 부족이 현안과제로 등장하고 있습니다. 이 문제는 지난번 위원회 회의에서도 앞으로 신중하게 연구검토되어야 할 사안으로 지적되었습니다. 2차시험도 단술논술형이 아니라 케이스문제와 더불어 논술형50점배점에 세 문제까지 출제되고 하니까 또 시간부족 문제가 제기되고 있습니다. 그런데 시간을 늘리자니 수험생들에게 추가적인 고통을 요구하는 것 같고 그대로 두자니 시간부족문제가 제기되고 있어서 합리적인 방안을 모색하고 있는 중입니다."

- 매년 1차시험에서 선택과목간의 형평성 문제가 제기되고 있는 실정입니다. 보완책이 필요하다고 보는데 어떻게 생각하시는지요.참고로 최근 본지 설문조사에서 폐지 37.1%, Pass제 32.6%, 점수조정제 13.6% 등이었습니다.

"수험생들의 여론을 무시하고 싶은 생각은 없습니다. 그러나 선택과목문제는 법학의 다양한 과목간의 갈등을 유발할 수 있는 예민한 문제이기 때문에 신중을 기하여야 합니다. 그렇지 않아도 현실적으로 매우 중요한 법학과목이 사법시험제도에 그 중요도만큼 반영되지 못하고 있다는 비판이 제기되고 있는 실정입니다. 기본3법도 중요하지만 나머지 법 또한 법과대학에서 정규교육과목에 있음에도 불구하고 그 중요성이 덜하다는 이유로 사법시험에서 가볍게 취급하여서는 안 됩니다. 글로발사회가 진전되고 특히 최근 한미FTA가 타결되면서 국제법, 국제경제법, 국제거래법 분야의 중요성이 배가되고 있습니다. 그럼에도 불구하고 사법시험을 기본3법 중심으로만 작동시킨다면 또 다른 폐해가 제기될 우려가 있습니다. 다만 과목간 편차가 너무 심하게 제기될 경우가 있기 때문에 표준편차제도는 한번 논의해 볼 가치가 있다고 봅니다."

- 또한 선택과목간 출제범위도 차이가 많아 수험생들이 분량이 적고 공부하기 쉬운 과목에 쏠리고 있습니다. 따라서 선택과목을 둔 취지를 살리지 못하고 있다는 지적도 있습니다. 어떻게 보시는지요.

"선택과목일수록 출제범위에서 다소간 차이가 있는 것 또한 사실입니다. 이 문제는 그간 오래토론 1차시험을 실시하여 왔기 때문에 그 때 그 때 마다 제기되는 문제점을 보완한다면 불충분한 문제를 해결할 수 있다고 봅니다. 그렇지 않고 1차시험 선택과목 제도 전반에 관하여 메스를 대려하면 또 다른 부작용이 더 심각하게 제기될 수도 있습니다."

- 위원으로서 사법시험의 바람직한 시험문제의 출제방향은 무엇이라고 생각하시는지요.

"법학교수의 입장에서 원론적인 말씀을 드린다면 소위 legal mind를 테스트하는 시험이 되어야 한다고 봅니다. 그런데 그간 사법시험이 어려워지면서 오히려 암기위주의 경향으로 나아가고 있는 것 같아 안타깝게 생각합니다. 사법시험은 기성법률가를 선발하는 시험이 아니라 법적 사고가 얼마나 훈련되어 있느냐를 테스트하는 시험이라는 점을 염두에 둔다면 출제방향도 가늠할 수 있을 것입니다. 현재 1차시험출제를 위하여 교수님들이 열흘씩 합숙하고 있는 실정입니다. 국가적으로도 낭비가 매우 많은 편입니다. 차라리 시험위원제도를 채택하여 연중 수시로 위원들이 모여서 출제방향, 출제내용 등을 종합적이고 안정적으로 운용하는 방안도 생각해 볼 때가 되었다고 봅니다. 그 사이에는 시험위원이 외부로 알려지는 문제 때문에 시도해 보지 모하였습니다만 투명성이 제고된 사회에서는 시도해 봄직 합니다."

- 1차시험 선발인원을 크게 늘리자는 의견도 있습니다. 어떻게 생각하시는지요.

"저도 개인적으로 1차시험 선발인원을 늘리자는 의견에 동의하고 있습니다. 그래서 사법시험관리위원회에서도 언제나 1차시험 합격자 인원을 늘릴 수 있는 방안이 없는지 고민하자고 하였습니다. 1차시험인원을 늘리면 결국 2차시험 인원이 늘게 되고 채점상 어려움이 발생합니다. 우선 2차채점상의 문제점을 극복하고자 50점을 각 2개조로 나뉘어 채점하게 함으로써 이제 출제위원들의 채점부담은 상당히 경감되었습니다. 그렇다면 대폭적인 증가는 불가능하더라도 현재와 같은 2차응시자 5배수 조금넘는 수준보다 더 나아가서 6배수까지는 가능하지 않겠느냐는 것이 제 생각입니다. 숫자가 늘다보면 행정관리상 많은 문제점이 제기되는 것도 사실입니다만 재시에서 불합격하고 다시 차루는 1차에서 불합격하는 많은 수험생들을 보면 정말 안타깝습니다. 지금까지도 그러하였고 앞으로도 적어도 현행 제도가 유지되는 한에서는 1차합격자수를 6배수 정도로 늘릴 수 있도록 노력하고자 합니다."

- 현재 위원회의 심의 사항이나 방법에 대해 보완할 점은 없는지요.

"특별히 문제점이 있는 것 같시는 않습니다. 특별히 보안을 요하는 사항이 아니면 이메일이나 직원들의 방문을 통하여 미리 회의안건을 숙지하고 있기 때문에 회의장에서 편하게 임할 수 있습니다. 굳이 말씀드리자면 위원회의 보완사항이라기 보다는 실무계에서 계신 분들의 의견은 대체로 현실적인 문제를 많이 지적하시고 학계에 계신 분들은 이상적인 방향을 많이 제시하고 있습니다만, 법학교육의 새로운 틀을 짜가는 과도기적인 상황에서는 새로운 시도도 많이 필요하리라고 봅니다."

- 개인적으로 로스쿨 도입에 대해 어떻게 보시는지요.

"비록 우리가 대륙법계 국가이긴 하지만 전 세계 10대 경제대국 중에서 좋든 싫든 미국의 영향력을 이렇게 많이 받고 있는 나라는 드물다는 현실과, 다른 한편 미국이 세계를 주도하고 있는 현실에서 미국적인 법적 이해가 불가피하다고 본다면 로스쿨 도입이 불가피하다고 봅니다. 그러나 로스쿨도입에 따른 현실적 문제를 피해 가서는 안 됩니다. 미국식 시장경제의 산물인 로스쿨이 한국판에서는 정부규제일변도 로스쿨로 변질되어 있습니다. 한국적인 법률가의 진출 로드맵이 사법시험이든 로스쿨이든 그것이 중요한 것은 아니라고 봅니다. 역동적인 젊은 법률가들이 세계를 누비면서 경쟁력을 제고할 수 있어야 합니다. 무엇보다도 가난한 천재들이 법률가의 길을 통하여 새로운 비상이 가능한 메커니즘이 되어야 합니다."

- 현재 한국공법학회장이시면서 서울대 법대 교수님으로 헌법을 가르치고 있습니다. 최근 헌법의 출제방향과 앞으로 전망을 해 주신다면.

"한국공법학회는 유진오박사가 초대회장을 역임한 바 있는 한국에서 가장 오래되고 가장 규모가 큰 법학회입니다. 헌법과 행정법을 전공하는 학자와 실무가들의 최대 학문공동체입니다. 제가 제26대 회장으로서 현재까지는 대과없이 학회를 이끌어 가고 있다고 자위하고 있습니다. 저는 평생을 헌법교수로서 강의하고 연구하여 왔습니다만 요즘에는 스스로 매우 힘들어하고 있습니다. 민주화 이후에 쏟아지는 판례와 제도 변경을 따라가기에도 힘이 부치고 있습니다. 그나마 독자들의 성원에 힘입어 저의 헌법학 교과서가 이제 7판에 이르고 있습니다. 요즈음 사법시험 1차시험에서는 논쟁을 회피하기 위한 수단으로 헌법재판소 판례 암기대회가 되어 버린 듯합니다. 하지만 1차시험 출제도 판례의 단순암기식이 아니라 판례의 흐름을 꿰뚫고 있는 학생이 승리할 수 있는 그런 구조가 되어야 합니다."

- 수험생들에게 헌법 공부방법에 대해 고견을 주신다면.

"요즈음 저 자신뿐만 아니라 학생들도 헌법공부하기가 힘들다고 합니다. 그러나 헌법만큼 이론적 흐름이 일관되어 있는 법학도 찾기 어렵습니다. 이 시대에 있어서 대한민국 헌법이론뿐만 아니라 자유민주주의국가가 지향하는 입헌적 질서가 무엇인가에 천착하여 원리원론에 충실한 공부를 하였으면 합니다. 시험의 특성상 작고 단편적인 내용의 암기도 불가피할 것입니다. 그러나 그 이전에 헌법학 또는 좁게는 한국헌법전에 흐르고 있는 기본적인 원리원론이 무엇인지를 잘 음미하면서 각 헌법규범의 의미를 이해한다면 헌법의 묘미를 새삼 느낄 수 있을 것입니다. 헌법이 담고 있는 큰 물줄기를 이해하지 않고 즉 숲은 보지 않고 나무만 보는 우를 범하여서는 안 됩니다."

- 끝으로 올해로 본지가 창간 9주년을 맞이합니다. 고견을 주신다면.

"각 직역마다 특유의 언론이 있게 마련입니다. 그 언론은 당해 직역의 의사를 충실하게 대변할 수 있어야 합니다. 사실 고시정보는 그간 고시계와 같은 월간지로부터 시작하였습니다만 세월이 변하면서 고시연구와 월간고시 등도 폐간되어 이제 월간지로는 고시계만 남아 있습니다. 새로 주간지로 창간되어 벌써 9주년을 맞이한 법률저널 관계자 여러분들의 노고에 경의를 표하며 또한 축하드립니다. 그런데 인터넷시대가 워낙 빨리 우리 앞에 전개되고 있기 때문에 가장 고전적인 언론매체인 종이신문으로서의 법률저널이 얼마나 성공할 수 있을지 아무도 예측하기 어렵습니다. 새로운 시대 변화에 능동적으로 대처하여 언제나 수험생들의 바램을 충족시킬 수 있는 신문으로 오래 기억되었으면 합니다. 1년에 단 한번 치러지는 국가시험에 대비하기 위하여 365일을 힘겹게 투자하고 있는 수험생 여러분들에게 법률저널이 따뜻한 동반자가 되었으면 합니다."

법률저널_2007. 5. 11.

서울대와 파리대의 대학원 생활 단상, 나의 대학원시절

우리 세대는 질곡의 군사정권 아래에서 학부와 대학원이 계속되었다. 그런 점에서 70년대 초반 서울대 대학원은 우울한 시절로 회상된다. 학창시절 애창되던 가요 '그 사람 이름은 잊었지만'은 회한과 울분 그리고 절망감의 한 표현이었다. 그 때나 지금이나 어느 서울문리대 학생의 시라는 소문만 무성할 뿐 이름 모를 이에 의한 작시에 기초한 이 노랫말의 '눈물 속에 봄비가 흘러내리듯 임자 잃은 술잔에 어리는 그 얼굴, 아아 청춘도 사랑도 다 마셔버렸네'로 대변된다. 대학로변 동숭동에 위치한 서울대 법대는 우중충하고 붉은 벽돌로 마치 교도소 같은 분위기를 연출하고 있었으며 그 우중충한 건물만큼이나 학창시절도 회색기라 해도 좋을 것 같다. 1969년 3선개헌과 1972년 유신으로 이어지는 기간에 민주주의를 향한 쓰라린 가슴을 안고 살아가야 했으니 공부인들 제대로 되었을 리 만무하다. 세월이 흘러 우리가 다닌 서울법대 자리에는 서울대학교 사범대학 부속 초등학교와 중학교가 자리 잡고 있다. 이제는 필자가 다니던 시절의 흔적조차 찾아보기 어렵다. 그나마 그 자리에 서울대 부속학교가 자리 잡고 있으니 불행 중 다행이라고나 할까. 2005년 필자가 서울법대 학장을 맡고 있던 시절에 당시 서울법대 총동창회장이던 정해창 전 법무부장관의 주선으로 학교 입구 화단에 총동창회와 법대학장 명의의 기념표석을 설치한 것으로 최소한의 위안으로 삼고 있다.

우리가 학생이던 시절 교수님들께서 박사학위를 받고 계셨는데 나중에 알고 보니 구제박사舊制博士라고 한다. 그 때까지 대학원 박사과정이 정상적으로 작동되지 않았으니 교수님들이 박사학위를 받을 수가 원천적으로 불가능한 상황이라 정부에서 대학원과정은 생략한 채 논문만 쓰면 박사학위를 부여한 것이 이른바 구제박사다. 사실 해방 이후 교수님들은 대학을 겨우 졸업한 학사세대였다. 예컨대 우리 법학계에 선구자이자 상징적인 인물이었던 유진오 고려대 전 총장은 흔히 유진오 박사로 지칭되었는데, 알고 보니 연세대에서 수여한 명예박사였다. 구제박사 제도가 정립되는 와중에 일부 교수님들은 교수이면 됐지 무엇 때문에 새삼스럽게 박사학위를 받아야 하느냐 라고 하여 구제박사를 거부하여 끝까지 학사 교수로 머문 분들로 여러분 계셨다. 우리 세대에 접어들어 대학원 석·박사과정이 본격적으로 진행되면서 이즈음 법대에서 처음으로 신제 박사가 탄생하기도 했다.

예나 지금이나 서울대 대학원 법학과에서는 석사과정과 박사과정을 분리하지 아니하고 통합교과과정을 진행한다. 이는 대학원 학생 숫자의 한계와 과정의 분리에 따라 야기되는 교무행정이나 교수인력의 문제점을 극복하기가 어렵기 때문으로 보인다. 아무튼 석사과정이든 박사과정이든 간에 이를테면 논문자격시험은 있어도 개별 이수 과목별 수업에 있어서는 학부와 달리 특별히 시험을 치르는 것이 아니라 평소의 수업과정에서 보여준 발표와 토론을 중심으로 학점이 부여된다.

석사과정까지는 대학로에서 다녔는데 박사과정은 관악캠퍼스에서 다니게 되었다. 관악캠퍼스는 석사과정수료 후 언젠가 한번 다녀간 적이 있는데 그야말로 황량하기 그지없었다. 아직도 강남이 제대로 형성되지 못하던 시절에 강북의 집에 간다고 버스를 올랐는데 알고 보니 비포장도로인 강남을 거쳐서 이를테면 세계일주하고 강북에 도달한 기억이 새롭다. 관악 캠퍼스의 박사과정은 마치 낯선 곳으로 유학 온 기분이었다. 당시 법대는 사범대와 같은 건물의 일부를 사용하고 있었다. 그나마 대학로 시절 직원의 일부가 아직도 법대에 근무하고 있는 반가움으로 관악시절의 황량함을 달래 볼 수 있었다.

박사과정 수료 후 대학의 조교수로 재직 중에 프랑스 유학길에 올랐다. 그 시절만 해도 유학은 매우 낯선 작업이었기에 다수의 친척과, 친구, 동료가 김포공항까지 와서 전송해 주었다. 지금 생각하면 우스꽝스럽기는 하지만, 그 또한 당시의 실상이었다. 사실 우리 시대는 제2외국어가 필수였는데 그나마 말이 제2외국어가 선택과목이지 실제로 고등학교에서 독일어밖에 가르치지 않았기 때문에 무조건 독일어가 필수였다. 당시 내가 다닌 고등학교에서는 독일어와 불어를 동시에 가르쳤는데 불어 선생님이 갑가지 파리로 유학을 가버리는 통에 불어 선생님이 공백상태가 되었다는 것이다. 나중에 프랑스에 유학 가서 알고 보니 바로 그 선생님이 유학 왔다가 아예 파리에 정착해 버렸다는 사실을 알게 되었다. 파리 소르본Sorbonne 대학은 좌파세력을 중심으로 하는 1968년의 학원소요사태 이후에 13개 대학으로 분리되었다. 그 중 과반수 정도는 지리상으로 파리에 위치해 있지만, 나머지 대학은 아예 파리 근교에 위치해 있어 파리와는 행정적으로 아무런 관련성이 없다. 68사태 이후의 평등지상주의가 야기한 특이한 양상 중의 하나로 볼 수 있다.

파리대학이 여러 개로 분산되는 과정에서 법대는 제2대학을 중심으로 형성되었다. 필자는 제2대학의 박사과정에 적을 두었다. 첫 해에는 외국인을 위한 헌법전공 박사과정D.S.U.을 수료한 이후에 일반대학원 국내공법전공 박사과정 D.E.A.을 이수했다. 이어서 법학박사학위Docteur en droit를 취득했다. 그러니까 필자는 서울대 대학원 헌법전공 박사과정과 두 개의 파리제2대학 박사과정을 이수했으니 박사과정만 세 개를 이수한 셈이다.

파리제2대학은 또 다른 공식명칭이 '파리 법 · 경제 · 사회학 대학'Université de droit, d'économie et de sciences sociales de Paris이라는 명칭이 지칭하는 바와 같이 법학 중심의 대학인데 다만 필요에 따라 최소한의 정치행정, 경제 및 사회학 관련 과목이 개설되는 정도다. 대학원과정은 석사과정은 공법 · 사법 · 형사법 등 비교적 세분되어 있지 않지만 박사과정은 수 십 개의 전공과정이 개설되어 있다. 따라서 프랑스 내에서 법학박사과정을 이수하려 할 때 보편적으로 존재하는 공 · 사법 등을 세외하고 특수한 과정을 이수하려면 결국 파리제2대학으로 진학할 수밖에 없는 실정이다. 이를테면 대학 학부과정은 곳곳에 개설하여 학생들의 편의를 제공하고, 석사과정에 이르면 약간 제한적으로 개설되다가, 박사과정에 이르면 특수한 대학만이 전 분야에 걸쳐서 과정이 개설되는 식이다.

대학원 과정의 특성 중에 하나는 반드시 과목별로 매 학기 시험을 실시한다는 점이다. 시험은 필답시험과 구술시험으로 분리된다. 박사과정 필답고사는 과목별로 다섯 시간에 이른다. 구술시험은 마치 은행 알 고르듯이 여러 개의 문제 중에서 각자 추첨을 통해서 정해진 제목에 대해 구술로 응답하는 형태를 취하고 있다. 그 사이 수 십 년이 흘렀기 때문에 제도가 다소 달라졌는지는 모를 일이다. 특히 시험답안은 반드시 서론과 결론을 제외한 본론은 두 부분으로 나뉘어야 한다는 점이다. 이는 '위 우 매'Oui ou Mais라는 행태의 소위 '예스, 그러나'라는 논법이 전개되어야 한다는 의미이다. 주어진 설문에 대하여 논리적 완결성을 강조하는 프랑스법학 특유의 시스템이라 할 수 있다. 본문이 두 파트 이상 즉 세 파트로 분리되는 경우는 교수님들의 논문이나 박사학위 논문 정도에서만 그것도 예외적으로 가능하다는 것이다. 참고로 프랑스에서도 다른 분야에서는 이와 같은 답안 형식이 강요되지 않고 있다. 또한 박사과정에서도 학생 수가 그리 많지 않은 인문과학분야에서는 특별히 시험이 없는 것으로 알고 있다.

박사학위 논문이 제출되면 심사위원이 정해지고 그 심사위원들이 공개적으로 모여서 발표자와 공개적으로 질의응답시간을 가진 다음에 최종적인 학위논문 성적이 즉석에서 발표된다. 따라서 박사학위 논문 작성 중간에 지도교수에게 중간 보고서를 통해서 심사 여부가 결정되기 때문에 실제로 자신이 작성하고 있는 논문이 어느 정도의 수준인지 판가름하기가 매우 어렵다. 그렇게 본다면 우리의 박사학위 논문심사는 친절하기 그지없다. 심사위원들이 모여서 지원자의 발표를 들어보고 제출된 논문에 대해서 함께 모여 질의와 토론을 거친 연후에 논문의 구체적인 내용까지 수정해 주고 있기 때문이다. 이는 단 한 차례 모여서 당락을 결정짓는 프랑스를 비롯한 외국의 예에 비추어 본다면 매우 이례적이고 좋게 보면 교수님들의 헌신적인 지도와 교정을 통해서 한국의 박사학위가 탄생한다.

또 하나 특히 적시하고자 하는 것은 근래 종종 등장하는 서울대폐지론과 관련하여 프랑스 파리 대학 모델이나 미국 캘리포니아 대학 모델이 거론된다. 파리대학 모델은 확실히 68년 사태 이후의 평등지상주의 모델이라 할 수 있다. 하지만 프랑스 대학에서도 평등 속의 불평등은 오히려 더욱 심화되어 있다. 즉 프랑스에서는 대학이 평등주의를 채택하는 것으로 보이지만 사실상 대학 위의 대학인 그랑 제콜grandes écoles이 자리 잡고 있다. 그랑 제콜은 거의 학문 전 분야에 걸쳐서 포진하고 있다. 이공계는 에콜폴리테크닉을 비롯한 여러 개의 그랑제콜이 있다. 인문사회분야에서도 국립행정대학원, 국립사법관학교, 파리고등사범, 파리 상공회의소가 관장하는 경영학대학 등 거의 모든 분야에 포진하고 있다. 이들 그랑제콜은 이를테면 우리 서울대학교에 해당한다고 보아도 무방할 것이다. 하지만 이들이 갖는 사회적 프레스티지나 영향력은 거의 절대적이다. 공공영역에서 국립행정대학원cole nationale de l'administ ration, 약칭하여 ENA의 영향력이 워낙 절대적이다. 심지어 대통령과 총리의 절대 다수가 여야를 막론하고 이곳 출신이라 에나공화국République de l'ÉNA이라고도 지칭된다. 이공계에서도 에콜폴리테크닉이 거의 절대적이다. 이와 같이 그랑제콜을 이해하지 못하고 서울대도 마치 파리대학처럼 분리되어야 한다는 주장은 겉만 보고 속을 들여다보지 못한 우를 범하는 것이다.

세계적으로 우수한 지도자들이 국가를 이끌어 간다. 미국의 아이비리그를 비롯한 핵심대학, 영국의 옥스브리지, 프랑스의 그랑제콜은 국민적 사랑과 존경의 대상이다. 서울대학교도 국민적 사랑을 더욱 받을 수 있는 우수한 인재를 배출하고 또 이들이 대한민국을 위해 헌신할 때 서울대학교는 세계로 향하는 국민적 대학으로 자리매김할 수 있을 것이다.

서울대 대학원 총동창회_2012. 8.

국민을 위한 사법개혁과 법학교육

지은이 ¦ 성낙인

발행인 ¦ 이항준

발행일 ¦ 2014년 4월 15일

가 격 ¦ 12,000원 ISBN ¦ 978-89-6336-188-8

발행처 ¦ (주)법률저널

등록일 ¦ 2008년 9월 26일 (제15-605호)

Address 서울특별시 관악구 복은4길 50

Tel (02)874-1144

Fax (02)876-4312

홈페이지 www.lec.co.kr